문밖에서 부르는

조선의 노래

문밖에서 부르는 **조선의 노래**

초판 1쇄 인쇄 | 2009년 2월 23일
초판 1쇄 발행 | 2009년 2월 27일

지은이 | 이은식
펴낸이 | 최수자

주간 | 이성길
편집 | 고수형
제작 | 김수지
표지 · 본문 디자인 | 블룸
인쇄 | 대원 인쇄사

펴낸곳 | 도서출판 타오름
주소 | 서울 은평구 녹번동 38-12
전화 | 02)383-4929
팩스 | 02)3157-4929
전자우편 | taoreum@naver.com

값 | 12,000원
등록 | 2008년 7월 28일 제311-2008-000027호
ISBN 978-89-962008-1-9 03900

부르는

문밖에서

조선의
노래

이은식 지음

타오름

『우리가 몰랐던 人物 韓國史』에 대하여

이어령
李御寧

· 초대 문화부 장관
· 신문인/문학평론가
· 이화여자대학교 석좌교수
· 중앙일보 상임고문

　나그네라는 말은 나간 이, 즉 밖으로 나간 사람이라는 뜻이다. 그러나 역사
기행이나 우리 고전 작품을 찾아가는 나그네는 밖이 아니라 안으로 들어오는
사람이다. 한마디로 우리 고전 작품을 다시 발견하고 그 배경이 되는 고장을
찾아가는 이은식李垠植 님의 글은 한국인의 내면을 탐구하는 소중한 '안으로
의 여행' 이라고 말할 수 있다.

　내면이란 무엇인가. 인체를 보면 안다. 겉으로 보면 인체는 모두가 대칭형
으로 되어 있다. 두 눈 두 귀가 그렇고 양손 양다리가 모두 짝을 이루어 좌우
로 나뉘어 있다.

　하나의 코와 입이라도 그 모양은 좌우 대칭으로 되어 있다. 그러나 내부로
들어가면 어떤가. 인체 해부도를 보아서 알듯이 심장과 췌장은 왼쪽에 있고
간이나 맹장은 오른쪽에 있어 좌우가 다르다. 그리고 위의 생김새나 대장은
더더구나 그 모양이 외부와는 달라 모두가 비대칭적인 모양을 하고 있다.

　이렇게 내면의 여행은 인체의 내부처럼 복잡하고 애매하다. 지도를 보면서
정해진 코스를 찾아가는 외부의 여행과는 딴판이다. 보이지 않는 곳은 내시

경으로, 들리지 않는 박동은 청진기를 사용해야 한다. 그것이 바로 내면을 여행하는 사람의 투시력이며 상상력이며 특수한 지식의 힘이다.

이은식 님의 〈우리가 몰랐던 인물 한국사〉는 한국 전통문화의 맥을 짚어보이지 않은 마음의 섬세한 구김살을 열어보는 투시력의 소산이다. 사전辭典 지식으로는 맛볼 수 없는 현장성 그리고 그 배후를 꿰뚫는 정성과 분석력이 대단한 분이시다. 그의 원고를 보면 내가 누구이며 내가 어디에서 왔으며 내가 어디로 가야 할 것인가의 방향을 확실히 제시하고 있다.

그러기 때문에 이 방대한 '역사 인물 기행' 인 동시에 '문화 탐구의 기행' 은 우리의 시선을 마음의 내면세계로 향하게 하는 화살표요 그 지도가 되는 것이다. 이 책에서 우리는 윤선도를 만나게 될 것이다. 그리고 잊었던 신숙주와 세종 대왕, 방랑시인 김삿갓을 비롯한 수많은 역사적 인물들을 만나게 될 것이다. 고정관념을 버리고 한 분 한 분의 발자국을 따라가다 보면 과거의 역사가 아니라 우리 미래의 역사를 만나게 될 것이다.

역사 속의 인물과 고전작품은 시대와 사회의 변화에 따라 끝없이 재조명하고 새롭게 탄생하는 것이다. 역사는 그냥 이야기가 아니다. 우리가 살아온 달력에 동그라미를 쳐 놓은 그냥 기억이 아니다. 시간의 켜가 모여 지층처럼 쌓여간 문자의 땅이요 피의 강이다. 산맥이 높아야 높은 산이 생긴다는 말처럼 그 위에 우리는 우리의 새로운 역사의 봉우리를 만든다.

겉만 보고 한국인을 말하지 말아야 한다. 복잡하고 불가사의한 한국인의 내면을 알고 나서야 우리는 우리 역사 속의 한국인의 참모습을 알게 될 것이다.

검은 암탉이 하얀 알을 낳고, 검은 소가 흰 우유를 쏟아내듯이 이은식 님의 책은 오늘날같이 혼탁한 세상에 샘물 같은 그런 구실을 할 수 있을 것이다.

『우리가 몰랐던 人物 韓國史』에 대하여

이만열
李萬烈

· 직전 국사편찬위원회 위원장
· 독립기념관 한국독립운동사
  연구소장

  근래에 우리 주변에는 역사 문화 유적에 대한 일반인들의 관심이 고조되고 이에 따라 많은 종류의 역사 문화서, 기행문류, 답사 안내서들이 우후죽순처럼 출간되고 있다. 그리고 초등학생부터 대학생, 일반인들에 이르기까지 많은 역사 기행 동아리를 비롯하여 인터넷상에서는 역사 기행 관련 웹사이트가 운영되고 있으며, 신문사나 박물관 등의 역사 관련 교양 강좌도 활발하게 이루어지고 있다. 이러한 현상은 일반인들의 역사적 식견과 의식을 높일 수 있을 뿐 아니라 역사의 대중화라는 측면에서도 상당히 긍정적인 역할을 하는 것으로 평가할 수 있다.

  전문 역사학자를 비롯하여 소설가, 언론인, 여행가들의 역사 기행문과 문화유산 답사 서적이 봇물 터지듯 출판되는 요즈음 향토 사학자이자 역사 기행가, 수필가인 이은식李垠植 님이 쓴 한국 역사 인물 기행 〈우리가 몰랐던 인물 한국사〉는 얼핏 보면 평범한 또 하나의 역사 기행문 같지만 이 책은 단순한 기행문이 아니라 우리가 사는 땅과 그 땅에 살았던 인간의 흔적을 복원해내고 있다. 이 책에서 우리는 많은 역사적 인물들을 만날 것이다.

당대를 풍미했던 정치가, 덕망을 자랑하던 선비, 천하를 주름잡던 장군, 개혁을 부르짖었던 혁신주의자, 노비를 부렸던 상전, 부림을 당했던 천민 등 우리 역사에서 굴곡 많은 삶을 살다간 사람들을 만날 수 있을 것이다. 그들을 만나고 그들이 살았던 땅의 실체를 느끼면서 우리는 역사가 단순한 과거가 아니라 현재요 미래라는 것을 느낄 수 있을 것이다.

이 책은 '풍요로운 오늘을 있게 한 선현들의 피나는 노력의 자취를 재조명해 보고 역사적 인물들의 생전 삶의 기준을 교훈 삼아 더 좋은 앞날을 위한 길잡이가 되었으면 하는 마음을 새기면서 고인들의 유택과 유적지를 찾아다닌' 이은식 님의 각고의 산물이다.

수년 동안 전국의 산하에 산재한 9천여 곳의 비문이 새겨진 역사 현장을 직접 밟고 촬영하여 체험한 내용을 쉽고 재미있게 풀어쓴 이 책이야말로 읽는 이로 하여금 역사란 멀리 있는 게 아님을 느끼게 해 주며, 바로 내가 숨 쉬며 살아가는 내 고장에 대한 인식을 새롭게 일깨워준다. 산업화와 도시화로 훼손되고 사라지는 문화유산을 저자가 생업을 뒤로한 채 식음을 잊을 정도로 찾아다니며 쓴 이 책은 먼 후일 역사적인 인물에 대한 실체를 찾고자 하는 사람들에게 큰 도움이 될 것이다.

『우리가 몰랐던 人物 韓國史』에 대하여

윤덕홍
尹德弘

· (전)대구대학교 총장
· (전)부총리 겸 교육인적자원부 장관
· (전)한국학중앙연구원
  (옛 정신문화연구원) 원장

우리가 이 세상에 태어난 것은 우연이 아니다. 오늘의 내가 있기까지 아버지 어머니가, 아버지 어머니가 태어나기까지 다시 할아버지 할머니, 외할아버지 외할머니가 계셨다. 지난 세월 동안 무수히 많은 사람이 서로 얽혀 있었기 때문에 지금의 우리가 존재하는 것이다. 우리 모두는 연과 연이 얽혀 태어난 존귀한 생명인 셈이다. 자연의 이치요 하늘의 섭리가 아닌가. 숱한 나라 다 놔두고 대한민국에, 그것도 과거가 아니고 미래도 아닌 오늘에 태어나서, 한국말을 사용하고 한국 문화를 몸에 익혀 산다는 것을 생각해 보라. 과거와 얽히고설킨 것이 현재 우리들의 삶이기 때문에 이를 알고자 한다면 선조의 생활을 이해하지 않을 수 없다. 법고창신法古創新 온고지신溫故知新은 이를 두고 하는 말이다.

그동안 우리는 서양 사람들의 생각과 생활을 열심히 배우다 보니 우리 것들을 등한시했다. 필자는 우연하게 일본의 마츠리를 구경한 일이 있다. 전통 의상을 차려입은 수많은 군중이 간단한 북 장단에 단조로운 걸음으로 꼬리를 물고 이어가는 그 모습은 장관이었다. 간단한 스텝이기에 누구나 금방 배울 수 있으며 똑같은 전통 의상 차림이기에 동류의식을 느낄 것이다. 군무가 가능한 이유는 바로 이 간단성과 동질감에서 비롯하리라. 전통 의상을 입고 자발적으로 참여하는 마츠리 행사는 구경하는 잔치가 아니라 함께 행하는 놀이이며 그들의 문화를 계승해 가는 일상생활이기도 하다. 그래서 일본은 일 년 내내 잔치가 이어지는 나라이며, 그것을 통해 사회 통합을 이루어 가고 있다. 잔치는 과거를 놀이로 현재화하고 그 현재의 놀이를 통해 미래를 열어 가는 훌륭한 메커니즘인 셈이다. 이러한 잔치는 일본 고유의 전통을 소재로 한 문화 콘텐츠인 셈이다. 전통을 잘 보존하고 그 위에 서양의 것을 얹은 일본을 보노라면 그들의 힘이 법고창신에 있음을 알 수 있다.

이은식 님의 한국 역사 인물 기행 〈우리가 몰랐던 인물 한국사〉는 일일이 현장을 답사하여 고증을 거친 작품으로 방대한 원고 속에 역시 방대한 역사 인물들이 등장하는 대작이다. 존경하는 인물의 90%를 외국인이 차지하는 이 세태에, 민족과 역사의 정체성이 빛을 잃어 가는 이 시대에, 가히 법고창신의 교과서가 될 만한 인물이 망라되고 있음은 무척 다행스러운 일이다. 우리 역사에 배울 점이 풍부한 사람이 이렇게 많았던가!

난국을 슬기롭게 극복한 정치인과 장군이 있는가 하면, 맑은 삶을 산 선비가 나오고, 보수와 개혁, 착취와 저항, 한 시대를 나름대로 처절하게 살아간 선조의 삶이 총망라되어 있다. 오늘의 우리에게 적용될 만한 삶의 모델들이 이은식 님의 작품 속에 제시되어 있는 것이다. 과거를 알고 오늘의 우리를 설명하며, 내일의 우리 삶을 설계할 수 있는 역작이기에 많은 사람들의 일독을 권한다.

떠다니는 구름을 잡기 위해
늘 그자리를 지키는 산이 되고 싶다

이은식
李垠植

한때 필자는 지인들로부터 '이해할 수 없는 사람'으로 통했다. 달리 소득도 없는데 경비를 들이면서 허구한 날 무덤을 제집 드나들듯 찾아다닌다는 이유에서다. 또 성현의 묘소라 해도 그들을 만날 수 있는 것도 아닌데 사면팔방 헤매고 다녀 지나치게 역사에 집착한다는 아내의 지청구를 들어도 그저 침묵만 지켰다.

역사!

어떤 이들은 역사가 딱딱하고 퇴색한 학문이라고 한다. 또 다른 이들은 당파 싸움에 기둥뿌리 썩는 줄 몰랐던 지긋지긋한 조상 이야기라며 도리질 치기도 한다. 지금이 어느 때인데 낡은 역사 타령을 하느냐며 비아냥거리는 사람도 있다.

하지만, 필자는 생각이 다르다.

역사에는 우리네 혼과 정신이 깃들어 있다. 그런 역사를 우리는 간과해서는 안 된다. 왜냐하면 우리 자신이 바로 역사役事의 현장에 있는 역사歷史이기 때문이다.

자식은 아버지를 언행의 거울로 삼는다. 아버지는 또 자신의 아버지를 바라보며 가치 판단의 기준을 세운다. 이렇게 거슬러 올라가거나 내려가다 보면 결국 5천 년 역사의 결정체가 바로 우리 자신이라는 사실을 깨닫게 된다.

필자는 시대적 여건과 배경만 달라졌을 뿐 과거에 일어났던 행악이 현재에도 재현되고 있어 안타까움을 금할 수 없다. 위로 정치인들을 보면 자신의 권익을 위한 당파 싸움에 혈안이 된 조선 시대 관료들처럼 이권 싸움에 눈이 멀었고, 아래로 살펴보아도 서로 속고 속이며 살생까지 불사했던 봉건시대 백성과 별반 다를 바 없는 아귀다툼이 곳곳에서 벌어지고 있다. 이는 성현으로부터 물려받아 계승·발전시켜야 할 빛나는 정신을 우리 모두 잊었기 때문이다. 하루가 다르게 변하는 세상에서 뒤처지지 않으려고 바쁘게 살아가면서 정작 중요한 역사의 교훈을 잊은 것이다.

역사 인물 기행 답사를 기획한 것도 이 때문이다. 파란만장한 삶을 살다 가신 분들의 묘소를 찾아다니면서 그들의 굴곡진 삶의 실체를 정확하게 재조명하고 잊어버린 역사의 교훈을 되찾고자 한 것이 그 시작이었다.

필자가 재조명한 인물 중에는 권력욕에 눈이 먼 형제에게 죽임을 당한 비운의 왕자도 있고, 비천한 궁비 출신이었으나 운명이 바뀌어 역사에 한 획을 그은 인물도 있으며, 패륜과 부도덕의 상징이라고 할 만한 폭군도 있고, 죽임 앞에서도 충과 효, 신의를 선택한 인물도 있다.

이런 이들의 삶을 재조명한다는 것은 참으로 어려운 일이었다. 비바람 치는 날도, 더위가 목까지 차오를 때도 선현들의 묘소와 발자취를 찾아다녔고, 밤을 지새우며 원고 정리에 몰두했다. 그 결과 적지 않은 원고가 완성되었지만 아직도 걸어온 길보다 걸어가야 할 길이 더 많이 남았음을 느낀다.

언젠가 수없이 많은 밤을 새워 작업해 놓은 원고 더미 앞에서 입을 다물지 못하던 한 지인이 물은 적이 있다.

"도대체 왜 이런 일을 하는 겁니까?"

내가 '이런 일'을 하는 이유는 단 한 가지라고 말했다. 선조의 다양한 인생 역정을 하나씩 되짚어 보며 그 속에서 우리의 정체성을 되찾고, 단지 힘이 없어서 눈물을 흘려야 했던 역사의 비극이 재발하는 것을 막고자 함이라고……

여기에 더해, 자기 자신을 끊임없이 돌아보며 성찰한 선현들과 같이 마음을 닦아 올곧은 사람이 되어 나와 우리를 행복하게 가꾸어 가기 위함이다. 이것이 필자가 앞으로 가야 할 길이다.

역사 기행 답사!

이는 단순한 여행이나 관광과는 분명히 다른 여로이다. 구경하고 즐기는 것만이 아닌, 산천과 인물에 담긴 역사적·문화적 의미를 찾아다니는 하나의 창조 과정이다.

눈부실 정도로 빠르게 변하는 세상이지만 그 중심은 사람이 될 수밖에 없다. 갑작스런 고난 앞에서, 혹은 선택의 기로에서 어떤 판단을 내려야 할지 몰라 방황하고 있을 때, 장구한 앞날을 계획해 보고 싶을 때 조용히 이 책을 통해 역사 속으로 되돌아가 지금의 당신과 똑같은 상황에 있었던 조상의 삶을 들여다보기 바란다. 그 속에 답이 있고, 바로 당신이 있으며, 우리가 나아가야 할 길과 지식과 지혜가 있다.

돌이켜 보면 3백 권의 역사책 발간을 목표로 집필 작업에 몰두한 지 수년의 세월이 흘렀다. 이 책은 그 첫 번째 결과물인 셈이다. 부끄럽지만 이 책을 통해 독자 제현들과 호흡을 같이 하며 쓰디쓴 채찍과 더욱 분발하라는 위로의 박수를 받고 싶다. 숱한 인물들이 함께 엮어낸 파노라가가 우리 역사이듯 그것을 더듬어보고 삶의 모델을 찾아가는 일 또한 우리가 함께 해 나가야 할 일이기 때문이다.

그동안 낮에는 묘소를 찾아다니며 사료를 모으고 원고 작업은 거의 자정을 넘겨 새벽까지 이어지는 강행군을 해 왔다. 그래선지 건강이 좋지 않아 몇 번이나 병원 신세를 져야 했다. 늦은 시각까지 원고를 엮느라 여념이 없는 필자를 위해 따뜻한 차 한 잔을 책상 위에 올려놓으며 늘 나의 건강을 염려해 주던 아내. '선현들의 혼령이 당신의 건강을 지켜주시길 바랄 뿐' 이라고 말하며 조용히 나가곤 했던 아내에게 뜨거운 마음으로 고마움을 전한다. 아내의 이해가 없었다면 불가능했기에 더욱 고맙다. 그리고 부족한 내가 역사 문화의 길을 걸을 수 있도록 인도해 주신 부모님이 오늘따라 뼈가 시리도록 그립다.

내 생의 마지막 시간까지 역사 인물 기행을 멈추지 않을 것이며 떠다니는 구름을 잡기 위해 항상 그 자리를 지키는 산이 되고 싶다는 생각을 오늘도 가슴에 담아 본다.

2008년 7월 28일

신선이 노닐던 동네 삼선동에서

반석평은 한양 이 참판 댁의 노비였다. 미천한 노비에 불과했던 그가 학문을 닦고, 판서 자리에 오르게 된 데는 당시의 정치, 사회적 환경이 적지 않은 영향을 끼친 것이 사실이었다.

즉, 기존의 낡은 것을 혁파하고 반정 공신으로 대표되는 훈구 세력을 견제할 목적에서 인재를 두루 등용한 당시 상황이 행운을 안겨 주었던 것이다. 그렇다고 해도 반석평의 총명한 머리와 고난을 극복해 낼 줄 아는 정신력을 잊어서는 안 된다. 그러한 능력을 갖추었기에 반석평은 온갖 고난을 극복하고 인생을 화려하게 꽃피울 수 있었던 것이다.

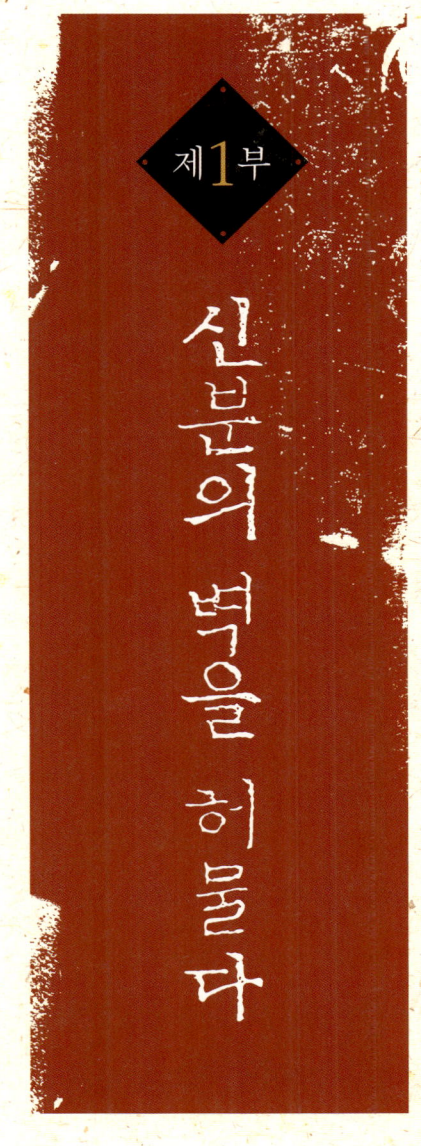

제1부

신분의 벽을 허물다

· 통감 읽는 노비 |반석평|
· 옥잔 하나에 뒤바뀐 인생 |유극량|

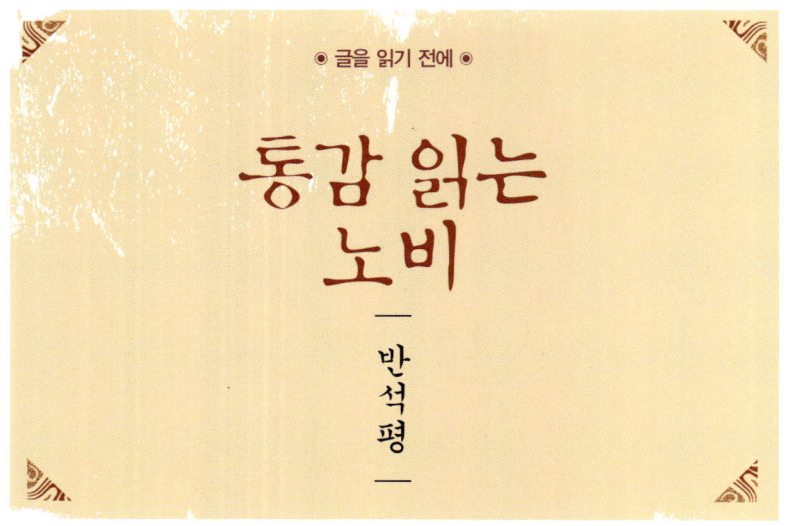

통감 읽는 노비

— 반석평 —

**이야기의
시대적 배경**

      조선 제10대 임금 연산군이 희대의 폭군이었다는 사실을 모르는 이는 아무도 없다. 무오사화와 갑자사화를 일으켜 정적들을 모두 제거해 버리고 권력을 독차지한 연산군은 허구한 날 연회를 베풀어 국고를 탕진했으며 자신의 친할머니 인수 대비를 머리로 들이받아 절명시키기까지 하였다. 그런가 하면 숙부 월산 대군의 아내 부부인 박씨를 겁탈하기도 하였다. 남편이 있든 없든 얼굴 반반한 조선의 여자들은 모두 연산의 소유물이었으며 자신의 패륜 행각에 조금이라도 불만을 품은 자가 있으면 기어코 피를 보이고야 말았다.

      그러나 세상 이치를 가만히 헤아려 보면 폭정이나 불법이 있는 곳에는 늘 그에 대한 반동反動이 일어나기 마련이었다. 한계를 넘어선 연산의 폭정에 괴로워하던 박원종, 성희안, 유순정 등과 같은 훈신 계열 지사들은 연산과 그 주구들을 내쫓고 조선 백성에게 희망을 찾아 주고자 중종반정을 꾀하기에 이른다.

마침내 1506년 9월, 창과 칼을 앞세우며 일어선 반정군은 연산의 수족이나 다름없던 임사홍과 신수근 등을 죽이며 진군하여 궁궐을 장악한다. 이때 반정군에게 연산 폐위와 중종 등극에 관한 교지를 내린 이는 성종의 계비이자, 중종의 어머니이기도 한 정현 왕후 윤씨였다.

윤씨의 교지에 따라 연산군을 강화로 내쫓고 중종을 즉위시키니 12년간 이어진 폭정의 시대가 마침내 막을 내렸다.

바야흐로 새 세상이 열렸으나 조선 조정에 드리워진 그림자는 완전히 걷히지 않았다. 조선 제11대 임금 중종이 가진 태생적 한계가 문제였다. 즉, 반정 공신들의 힘에 의존하여 왕이 된 만큼 그들로부터 결코 자유로울 수 없었던 것이다.

실제로 반정 공신들은 상당한 권력을 나눠 가졌다. 이는 왕권의 축소를 의미하는 것이었다. 중종이 실권을 상실한 왕이었다는 사실을 보여 주는 대표적인 예가 한 가지 있다. 중종의 비 단경 왕후가 반정 공신들에 의해 사가로 쫓겨난 사건이 바로 그것이다. 단경 왕후의 아버지는 연산군의 매부 신수근이었다. 앞에서 이미 밝혔듯 신수근은 반정 과정에서 공신들에게 죽임을 당했다. 이런 상황이다 보니 신수근의 딸을 국모로 모신다는 것은 반정 공신들에게 크나큰 부담이었다. 결국, 중종은 진심으로 사랑하면서도 공신들의 주장에 밀려 단경 왕후를 궁에서 떠나보낼 수밖에 없었다.

이처럼 소신껏 정치를 펼치는 것도, 원하는 대로 살아가는 것도 불가능해지자 중종은 부왕 성종 시절에 그랬던 것처럼 공신 세력을 견제하고 왕권을 강화할 방책을 강구해 나가기에 이른다.

이때 중종의 눈에 든 것이 신진 사림 세력의 대표 주자 조광조였다. 중종은 조광조를 등용하여 우익으로 삼고, 그의 주장에 따라 도학 사상에 근거한 철인 군주 정치를 표방하며 공신 세력을 견제해 나가고자 하였다.

이 당시 조광조에 의해 펼쳐진 정책을 살펴보면 무엇보다 먼저 눈에 띄는 것이 과거제도의 변혁이었다. 연산군 시절의 어지러웠던 정치 분위기를 쇄신하려는 뜻에서 기존 과거제도의 본질적 모순을 과감하게 혁파한 것이다. 이와 함께 중종과 조광조는 요순시대의 이상 정치 실현을 목표로 인습과 구제를 혁파해 나갔다.

이 장에서 소개할 반석평은 한양 이 참판 댁 노비였다. 미천한 노비에 불과했던 그가 학문을 닦고, 판서 자리에 오르게 된 데는 당시의 정치, 사회적 환경이 적지 않은 영향을 끼친 것이 사실이었다. 즉, 기존의 낡은 것을 혁파하고 반정 공신으로 대표되는 훈구 세력을 견제할 목적에서 인재를 두루 등용한 당시 상황이 행운을 안겨 주었던 것이다. 그렇다고 해도 반석평의 총명한 머리와 고난을 극복해 낼 줄 아는 정신력을 잊어서는 안 된다. 그러한 능력을 갖추었기에 반석평은 온갖 고난을 극복하고 인생을 화려하게 꽃피울 수 있었던 것이다.

그것은 기적이었다

동지중추부사와 형조 참판, 한성부 판윤과 형조 판서 등을 두루 역임한 바 있는 조선 중종 때의 문신 반석평潘碩枰은 본래 참판 댁에서 머슴살이를 하던 종이었다.

"노비가 형조 판서가 되었다고?"

누구나 이렇게 반문하며 고개를 갸웃거릴 것이다. 조선은 그만큼 신분의 벽이 견고한 사회였다. 신분의 벽이야말로 조선 사회를 유지해 주는 보루였기 때문에 벽을 허물고 신분 상승을 노릴 만한 기회가 극히 드물었다고 봐야 한다.

그런데 반석평은 노비에서 정승 판서로 급격한 신분 상승을 이루어 냈으니 우리는 반석평이라는 사람의 됨됨이를 어느 정도는 짐작해 볼 수 있다. 대단히 총명한 사람이거나 억세게 운이 좋은 사람이 틀림없다.

반석평은 어느 편에 속하는 인물이었을까. 그는 총명한 머리를 타고난 데다 운 또한 무척이나 좋은 사람이었다. 그러나 총명한 머리와 남달리 좋은 운수를 타고났다고 하여 누구나 반석평처럼 될 수 있는 것은 아닐 것이다. 그것이 조선의 현실이었기에 반석평의 성공은 차라리 기적에 가까웠다.

기적은 우연히 찾아오지 않는다는 사실을 우리는 알고 있다. 불가능을 가능으로 바꾸려면 그만한 대가 지불이 따라야 한다. 반석평은 고난 속에서도 꿈을 버리지 않고 노력하는 강직한 성품과 은혜를 저버리지 않는 진실한 마음을 가지고 있었기에 이와 같은 기적을 현실로 만들어 낼 수 있었다.

글 배우는 노비

반석평이 이 참판 댁 종으로 들어간 것은 소년 시절이었다. 기록에는 정확하게 남아 있지 않지만 가난이 반석평을 종으로 전락시켰으리라는 점은 얼마든지 상상할 수 있는 일이다.

우리가 상식적으로 생각하는 노비의 삶은 일 잘하고, 눈치 빠르며, 먹을 것 가리지 않고 잘 받아먹을 줄 알면 그만이다. 그러나 반석평은 짐승이나 다를 바 없는 종 생활을 해 나가면서도 글을 배워야 한다는 열망만은 좀처럼 놓지 못했다.

'세상을 아무리 둘러봐도 남부럽지 않게 잘사는 사람들은 학문을 닦은 자들뿐이잖아. 글을 알아야 출세할 수 있고, 사람답게 살 수 있는 거야.'

이런 생각에 사로잡힌 어린 반석평은 무슨 일이 있어도 글을 배우리라 결심하고는 주변을 둘러보았다. 이 참판 댁에는 반석평과 나이가 엇비슷한 어린 도령 이오성이 있었다. 그즈음 이 참판은 이오성의 학문 진작을 위하여 독선생을 모셔다 놓은 상태였다.

'독선생한테 나도 공부를 좀 가르쳐 달라고 해볼까?'

반석평은 어림없는 생각이라는 것을 잘 알면서도 저도 모르게 이렇게 중얼거렸다. 바로 그때 독선생의 짜증 섞인 목소리가 들려왔다.

"어제 공부한 대목인데 뜻을 하나도 모르면 대체 어쩌자는 게냐?"

이오성이 공부보다 노는 데만 정신을 판다는 것은 온 집안 식구가 다 아는 사실이었다. 반석평은 자신이 이오성이라면 얼마나 좋을까 생각해 보며 툇마루에 걸터앉았다. 반쯤 열린 문틈으로 독선생과 이오성의 모습이 보였다. 이오성 앞에 놓인 두툼한 책이 그렇게 탐날 수가 없었다.

'서당 개 3년이면 풍월을 읊는다는데 나도 매일 이곳에 앉아 도련님 공부하는 모습이나 훔쳐볼까?'

아무리 생각해도 글을 터득하자면 그러는 수박에 없을 것 같았다. 미천한 종에 불과한 자신이 누구를 붙잡고 글을 가르쳐 달라고 부탁한단 말인가. 괜히 그런 말을 꺼냈다가 매타작이나 당하지 않으면 다행이었다.

어깨너머로라도 글을 배워야겠다고 마음먹은 반석평은 그날 이후 틈이 날 때마다 이오성의 방문 앞으로 달려갔다. 독선생의 이야기를 한마디라도 놓칠세라 귀를 쫑긋 세웠고, 손으로 가리키는 한자를 땅바닥에 그림 그리듯 그대로 적어 보기도 하며 반석평은 청운의 꿈을 키워 가기 시작했다.

뜻이 있는 곳에 길이 있다

글자의 뜻과 음을 하나하나 익히고 독선생의 이야기를 귀담아듣는 사이 무지한 노비 아이에 불과했던 반석평은 점차 학동의 모습으로 변모해 갔다. 그러나 마냥 기뻐할 일만은 아니었다.

아는 것이 많아지면 근심 또한 그에 비례하여 늘어난다고 했던가. 단순히 글을 익히면 출세 길이 열리리라 믿었던 반석평은 그즈음 괴로운 나날을 보내고 있었다. 학문을 아무리 익혀도 과거를 통과하지 못하면 출세할 수 없는 것이 조선의 제도였기 때문이다.

'난 미천한 상놈 집안의 소생이라 노비가 된 것이 아니야. 다만……'

고려 시대부터 조선조를 거치면서 벼슬을 산 숱한 조상의 이름이 떠올랐다.

그러나 반석평은 이내 한숨을 푹 내쉬었다. 과거 조상의 생활이 어떠했든 현재의 반석평은 노비에 불과하다는 사실이 중요했다. 반석평의 이름 석 자가 찍힌 노비 문서는 소의 코에 달아 놓은 코뚜레와 다를 것이 하나도 없었다. 주인이 이끄는 대로 끌려가지 않으면 코뚜레를 통해 전해지는 무시무시한 통증을 감수할 수밖에 없는 소의 일생처럼 반석평은 주인의 뜻에 복종하며 평생 살아가야 할 운명이었다.

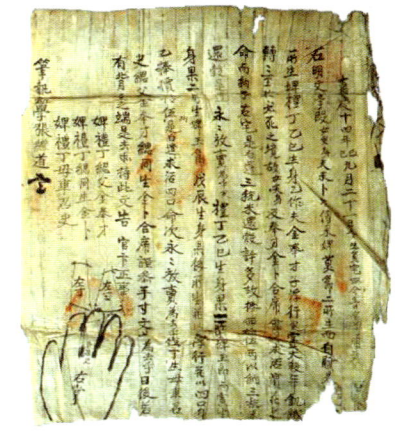

노비 문서

우리나라 노비제의 특성은 사회적·법률적 처지가 보다 가혹했던 데에 있으며, 이와 같은 가혹성은 그들에 대한 세전법(世傳法)에서 찾아볼 수 있다.

노비세전법은 고려 시대부터 시작되어 조선 시대에도 이어졌는데, 부모가 모두 노비인 경우뿐만 아니라 부모 가운데 어느 한편만이라도 노비 신분이면 자녀는 노비가 되어 신분이 세습되었다.

이런 생각에 사로잡힌 반석평은 한동안 공부와 담을 쌓고 지냈다. 더는 좌절하고 싶지 않아서였다.

그런데 이상한 일이었다. 공부를 하지 않는 것뿐 예전 생활과 크게 달라진 것이 없는데 그렇게 허전하고 불안할 수가 없었다.

"왜 불안하지? 왜 허전한 거지? 차라리 잘됐잖아. 노비 주제에 공부해서 뭐할 건데?"

반석평은 절망적으로 중얼거리다 말고 답답한 가슴을 달래고자 동산을 향해 내달리기 시작했다. 그러나 가슴이 터질 정도로 달리고 또 달려도 마음속의 답답함은 끝내 가시지 않았다.

조금 더 달리다 보니 시냇가였다. 반석평은 옷을 입은 채로 물속에

풍덩 뛰어들었다. 차라리 흐르는 물에 몸을 맡기고 세상 끝까지 둥둥 떠내려가고 싶었다. 그러나 반석평은 이내 물가로 걸어 나왔다.

이렇게 괴로워하느니 차라리 다시 공부를 시작하자는 생각, 간절하게 원하면 언제고 자신에게도 기회가 올 것이라는 생각이 불현듯 찾아든 까닭이었다.

골똘히 생각에 잠긴 채 풀밭에 멍하니 앉아 있던 반석평은 밤이 깊은 다음에야 집으로 돌아갔다.

이튿날, 반석평은 실로 오랜만에 이오성의 방문 앞 툇마루에 걸터앉아 고개를 길게 빼고 독선생 이야기에 귀를 기울였다.

통감通鑑 읽는 노비

어깨너머로 배운 글이 어느덧 성취 단계에 접어들어 주인집 아들 이오성의 수준을 뛰어넘은 것은 오래전이었다. 이제는 툇마루에 걸터앉아 독선생의 강의를 듣는 것이 시시하게 느껴졌다. 그렇다고 이오성을 무시한 채 강의 수준을 높여 달라고 요구할 수도 없는 노릇이었다.

생각다 못한 반석평은 어느 날, 이오성에게 어렵사리 부탁을 하나 했다. 통감을 읽고 싶으니 좀 빌려줄 수 없겠느냐는 것이었다.

그즈음 이오성은 물론이고 독선생마저 반석평의 도둑 공부를 눈치채고 있었다. 독선생에게 꾸중을 들으며 멀리 쫓겨 간 것이 몇 번인지 몰랐다. 그러나 반석평의 열성이 남다르다는 사실을 알아차린 독선생은 다시는 반석평을 꾸짖지 않았다.

그로부터 며칠 후였다. 반석평은 오전 일을 끝내고 이오성에게 빌린 통감을 정신없이 읽고 있었다. 그런데 사랑방 쪽에서 반석평을 부르는 소리가 들려왔다.

"석평아, 무엇을 하는 게냐? 와서 다리나 좀 주물러라."

이 참판이었다. 반석평은 얼떨결에 책을 그대로 들고 사랑방으로 달려갔다. 잠시 후 문을 열고 들어가니 참판 대감은 보료 위에 모로 누워 병풍을 바라보고 있었다.

"대감마님, 쇤네 왔습니다."

"오냐. 어서 다리 좀 주물러라."

반석평은 조용히 앉아 이 참판의 다리를 꾹꾹 주무르기 시작했다.

"어, 시원하다."

이 참판이 만족스러운 목소리를 내며 지그시 눈을 감는 것이 보였다. 반석평은 저도 모르게 고개를 슬며시 돌려 통감을 내려다보았다. 책을 읽고 싶은 마음이 굴뚝같았다.

'에휴, 이럴 때 다리 주무르라고 부를 게 뭐람.'

반석평은 자기 몸 쪽으로 은근슬쩍 통감을 끌어당겼다. 하지만 반석평은 이내 고개를 저었다. 딴전을 피우다가 들키면 불호령이 떨어질 것이 뻔했기 때문이다.

그러나 반석평은 오래지 않아 통감에 한눈을 팔고 있었다. 그러다가 힐끔 이 참판을 돌아본 반석평은 한쪽 손을 뻗어 책장을 넘겼다.

조금 전까지 읽던 부분을 찾아내는 것은 일도 아니었다.

"이놈, 무얼 하기에 손끝에 이리 힘이 하나도 없니?"

한눈을 팔며 건성으로 주무르니 시원할 리 없었을 것이다.

"아, 아닙니다요."

화들짝 놀란 반석평은 다리 주무르는 일에만 정신을 쏟았다. 그러나 그도 잠시, 반석평의 머리는 자신도 모르는 사이에 방바닥에 놓인 통감 쪽으로 슬그머니 돌아가 있곤 하였다.

이렇게 하여 제대로 주무르라는 지적을 받기 서너 차례. 아무래도 이상한 노릇이라고 여긴 이 참판이 어느 순간 자리에서 일어나 앉았다.

"이놈, 아까부터 하는 짓이 괴상하구나. 사람을 놀리는 것도 아니고 대체 뭐하는 게냐?"

"대감마님, 죄송합니다. 책을 읽다가 그만……"

어린 노비 놈이 책을 읽었다고 하니 이 참판의 눈이 둥그렇게 커졌다.

"책을 읽었다? 네가? 그래 그 책은 어디서 난 어떤 책이냐? 그리고 네가 글을 안단 말이냐?"

반석평은 꼬리를 물고 이어지는 이 참판의 질문 공세에 진땀이 났다. 자칫 잘못하면 혼쭐이 날지도 모를 상황이었다. 그러나 반석평은 두 눈을 질끈 감았다가 뜨며 그간 있었던 일을 사실대로 털어놓았다.

그동안 이오성의 방문 앞에서 도둑 공부를 하였으며, 그 덕에 글을 익혔고, 이제는 이오성에게 책을 빌려 읽고 있다는 말을 들으면서 이 참판은 놀란 얼굴을 감추지 못했다. 그러나 아무리 생각해도 노비가 통감을 읽는다는 사실이 믿기 어려웠다.

"그렇다면 내가 보는 앞에서 책을 한번 읽어 볼 수 있겠느냐?"

반석평은 잠시 우물쭈물하다가 책을 끌어당겨 읽기 시작했다. 막힘 없이 읽어 내려가는 낭랑한 목소리를 듣고서야 이 참판은 이 놀라운 사실을 비로소 믿는 눈치였다. 그러나 아직 시험해 볼 것이 더 남았다는 듯 이 참판이 넌지시 말문을 열었다.

"네가 방금 읽은 글은 어떤 내용이더냐?"

"초나라와 한나라가 싸우는 장면으로 알고 있습니다. 번패의 방해 때문에 홍문연은 실패했고, 이 일로 항우의 모사 범증이 크게 노했습니다."

겉모습만 노비일 뿐 낭랑한 목소리와 초롱초롱한 눈동자는 양반가의 범상치 않은 준재라고 해도 모자람이 없을 정도였다. 이 참판은 저도 모르게 고개를 끄덕이며 반석평을 칭찬했다. 들꽃처럼 돌봐 주는 이 하나 없는 노비 처지에 저 정도 학문을 성취했다는 것은 놀라운 일이 아닐 수 없었다. 어쩌면 저 아이는 천재인지도 몰랐다.

"석평아, 공부를 계속하고 싶은 게냐?"

"그러하옵니다."

이 참판은 그럴 줄 알았다는 듯 다시 고개를 끄덕였다. 그런 이 참판의 얼굴이 어느 순간 굳어졌다. 반석평의 앞날이 걱정스러워서였다.

"참 장한 일이다만 남의 집 종살이나 하는 주제에 글공부를 한다는 것이 어울리는 노릇 같지는 않구나."

"사실은 쇤네도 그 때문에 한동안 공부와 담을 쌓고 지냈습니다. 허나 공부만은 그만둘 수가 없었습니다. 어찌어찌 기회가 와서 과거를 보게 된다면 좋겠지만 그것이 아니더라도 공부는 계속하고 싶은 마음입니다."

"참으로 맹랑한 놈이로구나."

이 참판은 바윗덩이처럼 굳은 반석평의 마음을 읽어낼 수 있었다. 어떤 고난이 닥쳐도 신념을 꺾지 않을 아이였다. 그러면 그럴수록 반석평의 삶은 고달파질 수밖에 없다. 재주는 아깝지만 학문을 포기하게 하려고 꾸짖거나 윽박지른 것이 한두 번이 아니었다. 그러나 그 정도로 뜻을 꺾을 반석평이 아니었다.

인생의 승부처

이 참판은 반석평의 앞날이 걱정스러우면서도 자못 감탄하고 있었다. 저 작은 아이의 가슴에 얼마나 강한 신념이 자리하고 있기에 저리도 뜻을 굽힐 줄 모른단 말인가.

이 참판은 자신의 아들과 반석평을 비교해 볼 때마다 씁쓸한 기분을 지우기 어려웠다. 모든 조건이 다 갖춰진 상태에서 공부만 하라고 등을 떠미는데도 자신의 아들은 놀 궁리만 하고 있었다. 그에 비해 반석평은 아들의 방문 앞 툇마루에 쭈그리고 앉아 도둑 공부를 하면서도 그 성취가 하루가 다를 정도였다.

반석평의 이러한 태도는 집안 식구들의 마음을 아주 서서히 변화시켜 가고 있었다. 이오성 때문에 속을 하도 끓인 탓인지 독선생은 그즈음 반석평만 보면 칭찬을 아끼지 않았다. 그런가 하면 이 참판도 겉으로 표현만 하지 않을 뿐이지 독선생 못지않게 반석평을 지켜보는 일에 즐거움을 느끼고 있었다.

그러나 한 해 두 해 덧없이 흘러가는 세월 때문에 반석평의 가슴이 까맣게 타들어 간다는 사실을 독선생이나 이 참판은 몰랐을 것이다. 반석평은 출세하지 못하더라도 공부만은 해야겠다고 다짐한 바 있었지만 이상하게 마음의 동요를 잠재울 수 없었다.

그러던 어느 날이었다. 새벽같이 일어난 반석평은 여느 때와 달리 자신이 자는 방을 말끔하게 치우고 나서 짐을 꾸렸다. 종살이로 평생을 보내느니 세상 밖으로 뛰쳐나가 살길을 찾아보아야겠다고 결심한 것이다. 물론 그렇게 하자면 이 참판의 허락을 얻어야 했다.

이윽고 반석평은 이 참판을 찾아갔다. 이 참판이 온화한 얼굴로 반석평을 맞이했다.

"대감마님, 드릴 말씀이 있어서 찾아왔나이다."

"그래, 무엇이냐?"

반석평은 저도 모르게 침을 꿀꺽 삼켰다. 이 참판의 온화한 표정을 보니 말을 꺼내는 것이 더 어려웠다.

"망설이지 말고 어서 말해 보거라."

"저, 실은……. 대감마님 댁에서 이만 나갔으면 합니다."

"내 집에서 나가겠다?"

"예, 마님. 노비 문서가 엄연히 존재하는데 이런 말씀 드리기 송구하오나 저를 보내 주셨으면 합니다."

반석평은 이 참판과의 담판이야말로 자신의 일생이 걸린 중대한 승부처라고 생각했다. 그래선지 반석평의 표정은 간절하기만 했다.

기실 노비는 그 주인의 재산으로 치부되고 있었다. 세상 어느 사람이 자신의 재산이 줄어드는 것을 좋아할까. 그렇기에 반석평은 불호령이 떨어질 줄 알았다. 그런데 아니었다.

"내 집에서 나가 무엇을 할 생각이더냐?"

"언제고 때가 되면, 아니 여건이 마련되면 과거를 보겠습니다."

그럴 줄 알았다는 듯 이 참판이 웃음을 터뜨렸다. 그러나 이내 측은한 눈빛으로 반석평을 바라보았다.

"네가 뜻한 바를 이루기만 한다면 노비 문서 따윈 언제든 없애 주마."

"감사합니다. 감사합니다, 대감마님."

"허나!"

감격한 나머지 반석평이 코가 방바닥에 닿도록 인사를 하는데 이 참판이 엄하게 소리쳤다. 반석평은 흠칫 놀라며 고개를 들었다. 이 참판이 환하게 웃고 있었다. 반석평은 어리둥절하여 이 참판의 얼굴만 멍하니 바라보았다. 그런 반석평에게 이 참판은 실로 놀라운 이야기를 해 주었다.

혈혈단신 세상으로 나간다면 출세는 요원한 일이 되어 버릴 테니 일단 양반 집으로 들어가 공부를 더 하다가 과거에 응시하라는 것이었다.

"때마침 아들 없는 양반집을 내가 알고 있다. 그 집에 수양아들로 들여보내 줄 테니 아들 노릇 잘하면서 정진하여 과거를 보도록 하여라. 단, 우리 집에는 절대 드나들지 말아야 한다. 네게 득 될 것이 없어서 하는 말이다."

"감사하옵니다, 대감마님. 이 은혜 죽을 때까지 잊지 않겠습니다."

노비 반석평의 출세기

이 참판은 곧 수소문을 하여 자신의 친척 중 자손을 얻지 못한 집안에 반석평을 보내 주었다. 그와 함께 반석평의 노비 문서를 불에 태워 버리니 꿈만 같은 일이 현실로 다가온 셈이었다.

남의 눈치 보지 않고 마음껏 공부해 보는 것이 소원이었던 반석평은 어느덧 양부모에게 커다란 기쁨이 되었다. 자손이 없어 쓸쓸하기만 했던

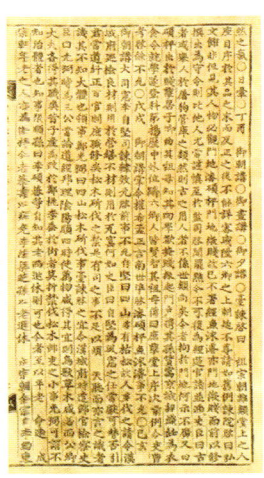

중종실록 9년 갑술(1514, 정덕 9) / 2월 3일(정유)

석평은 천얼(賤孼) 출신으로 시골에 살았는데, 그가 학문에 뜻이 있음을 그의 조모가 알고서 천얼임을 엄폐하고 가문을 일으키고자, 그 손자를 이끌고 서울로 와서 셋집에 살면서 길쌈과 바느질로 의식을 이어가며 취학시켰다. 드디어 과거에 급제하여 중외(中外)의 관직을 거쳐 지위가 육경에 오르니, 사람들이 모두 그 조모를 현명하게 여겼다.

집안에 글 읽는 소리가 낭랑하게 울려 퍼지니 이제야 사람 사는 집 같았고, 앞날이 촉망되는 양아들에 대한 기대 또한 자못 컸던 것이다. 반석평은 양부모의 기대에 호응하듯 자만하지 않고 더욱 정진하였으며, 제 일인 양 양부모를 돕기도 하였다.

그런 생활 속에서 일취월장 실력을 높여 가던 반석평은 1507년(중종 2) 식년 문과에 병과로 급제하였다. 그야말로 소년의 나이에 등과한 셈이었다. 이 소식을 전해 들은 양부모는 세상을 모두 얻은 듯 기뻐하였고, 음으로 양으로 도움을 주던 이 참판 또한 흐뭇한 마음을 감추지 못했다.

어릴 적부터 그토록 원하던 일을 성취해 낸 반석평 앞에 출셋길이 활짝 열린 것은 당연지사였다. 과거 급제 후 예문관검열이라는 관직을 받았을 때 반석평은 감격한 나머지 눈물을 글썽였다.

이후 반석평은 함경도에 경차관으로 파견되어 여진의 동정을 살피고 돌아왔으며 1516년(중종 11)에는 경흥 부사가 되었다. 이어서 만포진 첨절제사와 함경남·북도 병마절도사 등을 거쳐 동지중추부사, 형조 참판, 한성부 판윤, 형조 판서, 지중추부사를 지내며 인생의 꽃을 활짝 피웠다.

지위가 높아지면 대부분의 사람은 어려웠던 지난날을 잊고 안하무인이 되어 버리곤 한다. 모든 것이 만족스러우니 마음속에서 교만이 싹트는 것은 어찌 보면 당연한 노릇인지도 모른다.

그러나 반석평은 그런 사람이 아니었다. 예나 지금이나 반듯한 마음가짐은 변함이 없었고, 사람들에 대한 태도 또한 한결같아서 자신이 부리는 노비들에게조차 상냥하고 너그러웠다.

그런데 반석평은 이러한 태도 때문에 오래지 않아 인생의 크나큰 위기에 봉착하고 만다. 관직 삭탈은 물론이려니와 나라를 속인 죄인이 되어 형벌을 감수해야만 하는 상황이 닥친 것이다.

몰락한 옛 상전을 모시다

어느덧 대감의 반열에 오른 반석평은 그날도 초헌을 타고 궁으로 들어가는 중이었다. 여기서 초헌이란 조선 시대에 종2품 이상의 벼슬아치가 타던 수레를 말한다.

길을 지나던 중 반석평은 거지와 진배없는 행색을 한 몰락한 양반을 얼핏 발견하고는 깜짝 놀라 두 눈을 크게 떴다. 그 옛날 자신에게 책을 빌려 주곤 하던 이 참판 댁 아들 이오성이 분명했던 것이다.

그간 반석평은 이 참판이 당부한 대로 그의 집에는 일절 발걸음을 하지 않았다. 그것만이 자신의 과거를 숨기며 관직을 지키는 길이라고 생각했기 때문이다.

'대체 이게 어찌 된 일이란 말인가. 도련님이 어쩌다 저런 차림으로……'

내심 이렇게 중얼거리며 반석평은 눈에 본 듯 이오성 집안의 몰락 과정을 떠올려 보았다. 이 참판의 나이를 헤아려 보니 이미 세상을 달리했을 것이라는 판단이 섰다. 그렇다면 이오성 대에 이르러 당당했던 집안이 몰락해 버린 것이 틀림없었다.

'그나저나 이를 어쩐단 말인가. 모르는 척하면 내 한 몸 지키기야 어렵지 않겠으나 큰 은혜를 베풀어 준 옛 상전 아닌가 말이다.'

이런 생각에 사로잡힌 반석평은 자신도 모르는 사이에 좌우를 향해 소리쳤다.

"초헌을 멈춰라!"

수레꾼들이 깜짝 놀라 멈추어 섰다.

이윽고 반석평은 땅으로 펄쩍 뛰어내리더니 맨발로 달려가 이오성 앞에 조아리고 섰다.

"소인이 문안 아뢰옵니다."

한순간 주변을 둘러싼 모든 사람들이 놀란 표정이 되어 반석평과 이오성을 바라보았다. 그러나 정작 더 놀란 사람은 이오성이었다. 보아하니 행세깨나 하는 양반 같은데 거지나 진배없는 자신에게 '소인 문안 아뢴' 라는 표현을 썼으니 말이다.

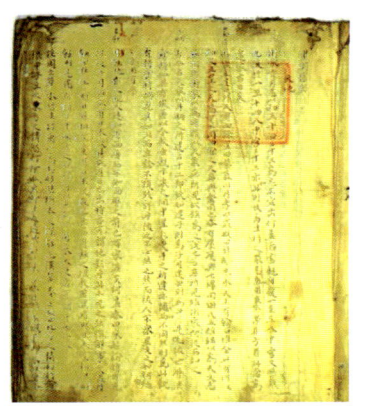

성호사설(星湖僿說)
조선 후기의 학자 이익(李瀷)이 쓴 책으로 종의 신분으로 관직에 오른 반석평의 이야기가 실려 있다.

"아무래도 대감께서 사람을 잘못 보신 모양입니다."

"아닙니다, 도련님. 이 참판 댁 이오성 도련님이 아니십니까. 쇤네가 바로 참판 댁에서 노비로 있던 반석평입니다."

둥그렇게 변한 이오성의 두 눈

이 반석평의 얼굴에 못 박혔다. 반석평은 다시 한 번 고개를 조아리며 이오성 앞으로 한 발 더 다가갔다. 이오성의 눈에 눈물이 그렁그렁 고이기 시작했다.

모르긴 해도 그 모습을 지켜보는 행인들과 하인들은 기가 막혔을 것이다. 신분의 구별이 엄정한 조선 시대에 노비가 대감 자리에까지 올랐으니 말이다. 이것은 그 누구도 쉽게 믿기 어려운 사건이 분명했다.

곧 이오성은 표정을 바꾸며 단호히 말했다.

"이 무슨 짓이오! 대감, 어서 초헌을 타고 궁으로 가시오. 영락한 선비의 일은 잊어 달란 말씀입니다. 옛일 또한 우리 아버님과 모두 잊기로 약조하지 않으셨습니까."

이오성은 자못 꾸짖는 어조로 할 말을 끝내고는 휙 돌아서서 가 버리려 하였다. 그러나 반석평이 그의 손을 잡았다.

"쇤네는 참판 어른이 아니었다면 이 같은 출세를 할 수 없었을 것입니다. 한데 어찌 제 주인을 잊으라고 말씀하십니까? 글을 배운 사람에게 은혜를 잊으라 함은 죽으라는 말씀밖에 안 되오이다."

결국 반석평은 궁에 입조하는 것마저 미룬 채 이오성을 데리고 자신의 집으로 갔다. 이오성이 불편한 기색을 숨기지 못하며 극구 사양했지만 반석평은 상전을 모시는 예로 깍듯하고 융숭하게 참판 댁 아들을 대접했다.

"나으리, 쇤네는 그저 기쁠 따름입니다. 이제 쇤네가 지난날 참판 대감께 받은 은혜를 돌려 드릴 기회 아닌가 사료되옵니다."

"대감, 옛일은 이제 그만 잊어야 한다고 누누이 말씀드리지 않았습니까? 이 일이 세상에 알려지면 대감께서는······."

이오성이 펄쩍 뛰었다. 그러나 반석평의 표정은 단호하기 이를 데 없었다.

"그런 것을 걱정했다면 애초에 나리를 이리로 모시지도 않았을 것입니다. 쇤네는 그간 지은 죄가 컸습니다. 나라를 속이고 벼슬자리에 올라 일신의 영화를 꾀했으며, 옛 주인에게 은혜를 입은 몸으로 주인댁이 영락해 간다는 사실도 모르고 호의호식하고 있었으니 말입니다. 나라에 속죄할 것이요, 나리께는 제 몸을 파는 한이 있더라도 은혜를 갚아야 하겠습니다. 그런 다음에 전날 쇤네의 신분으로 되돌아가 나리를 모시고자 하옵니다."

"그, 그건······. 그건 절대 안 될 말씀이시오. 못나 빠진 저를 위해 그러실 필요 없단 말씀입니다. 대감이 오늘날 이 자리에 오르신 것은 나라를 속여서가 아니라 대감의 빼어난 능력 때문이었다는 것을 세상이다 압니다. 그러니 제발 그런 말씀은 거두소서."

두 사람의 태도가 워낙 단호하여 실랑이는 결론 없이 끝나 버리고 말았다.

임금에게 속죄를 청하다

그런데 그로부터 며칠 뒤였다. 어전으로 나간 반석평은 지난날 자신이 지은 죄를 애절하게 고백하였다.

"전하, 신을 죽여주옵소서. 신은 국가의 엄정한 제도를 어지럽혔을 뿐만 아니라 전하를 속이고 노비에 불과한 신분으로 대신의 자리에 까지 올랐나이다. 신을 파직시킴과 동시에 세상 사람들이 경계로 삼을 수 있도록 참하여 주시옵고, 신의 옛 상전에게는 신의 자리를 주어 선대의 영광을 이어갈 수 있게 해 주시옵소서."

중종 임금은 전혀 불가능해 보이는 반석평의 인생 역전 이야기를 들으며 놀란 얼굴을 감추지 못했다. 그러나 중종 임금의 얼굴엔 점차 부드러운 미소가 어리기 시작했다. 임금은 곧 대신들을 불러들여 반석평의 일을 의논케 했다.

"짐은 조금 전 형조 판서 반석평으로부터 참으로 의로운 이야기를 들었소. 비록 하찮은 신분이었으나 전 주인의 배려로 등과하여 관직에 오른 반석평의 피눈물 나는 노력이 갸륵하게만 느껴지오. 게다가 이제 영락해 버린 전 주인을 만난 반석평이 관직과 신분을 버리고 종으로 되돌아가 옛 주인을 섬기겠다고 하니 짐으로서는 어떤 판단을 내려야 할지 모르겠구려."

이에 영의정 홍언필洪彦弼과 좌의정 김극성金克成이 반석평을 두둔하고 나섰다.

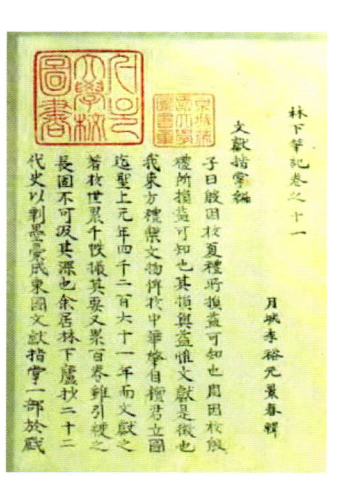

임하필기(林下筆記) 제30권 / 춘명일사(春明逸史)
우리나라는 대체로 문벌을 가지고 사람을 취하므로, 명색이 선비이면 죽을 때까지 천한 일을 하지 않는다. 인재 또한 이런 천한 브류에서는 나오지 않지만 반석평(潘碩枰), 유극량(劉克良), 서기(徐起), 정충신(鄭忠信) 같은 사람들은 호걸스러운 선비라 할 만하다.

"반석평이 죄를 지었다 하나 신들은 그가 무슨 죄를 지었는지 실로 모르겠나이다. 양반집 수양아들이 되었으니 노비 신분에서 벗어났고, 청백리淸白吏로서 그간 국사에 공헌한 바가 지대한데 상을 주지는 못할망정 죄를 묻는 것은 부당하옵니다. 게다가 옛 주인을 잊지 않는 의리까지 지녔으니 모든 이에게 모범이 될 만한 사람입니다."

애초에 반석평의 관직을 삭탈할 마음이 없었던 중종 임금은 못 이기는 척 반석평으로 하여금 그대로 봉직하라 명했고, 이오성에게는 사옹원 별좌 자리를 내려 주었다.

임금의 배려에 감격한 반석평은 이후, 천출賤出이라 하여 주변 사람들에게 업신여김을 받는 경우가 잦았으나 은혜에 보답해야 한다는 일념으로 더욱 정사에 전념하여 명상의 반열에 올랐다.

1540년(중종 35)에 생을 마감한 반석평의 자는 공문公文, 호는 송애松崖, 시호는 장절壯節이다.

사람은 스스로
운명을 바꿀 수 있다

사람들은 뜻밖의 이별을 맞이하여 가슴이 무너져 내릴 때마다 생자필멸生者必滅이요, 회자정리會者定離라고 중얼거리며 한탄하곤 한다. 우주의 섭리를 이해하는 사람은 자신과 관계 맺으며 살아가는 모든 지인과 언젠가는 헤어져야 한다는 사실을 안다. 그런데도 날이 선 언어와 모진 행동으로 귀한 사람에게 상처를 주기도 한다.

기실 세상살이는 사람과의 관계가 시작이요, 끝이기도 하다. 반석평 선생 또한 이 참판이라는 이해심 많고 따뜻한 상전을 만났기에 천출이라는 치명적인 약점을 극복하고 판서에까지 오를 수 있었다.

주기보다는 받으려고만 드는 사람들, 상처 입기보다는 차라리 타인에게 상처 입히려고 벼르는 사람들……. 세상이 각박해진 탓인지 요즘은 이런 사람들이 넘쳐난다. 필자는 알고 있다. 그들은 곧 뼈저린 후회를 맛보게 될 것이다. 내가 가진 것을 베풀지 않고서는 받을 수 없고, 남을 먼저 사랑하지 않고서는 사랑받을 수 없는 까닭이다. 세상살이의 이치를 깨달은 사람들은 심지어 자신도 모르는 사이에 타인에게 상처를 준 적은 없는가 염려하기까지 한다.

그간 필자가 역사 인물들의 행적을 좇으면서 발견한 세상살이의 섭리는 간단했다. 단 한 명의 예외도 없이 복을 뿌린 자는 복을 받고, 악을 뿌린 자는 화를 입었다. 아무것도 아닌 이야기 같지만 오늘을 살아가는 우리가 명심해야 할 대목이다. 비록 짧은 생애를 사는 동안 자신에게 화가 돌아오지 않는다 해도 안심하긴 이르다. 자식 대에 이르러 더 큰 화가 되어 돌아오는 예가 허다하기 때문이다.

330리 머나먼 길을 돌아드니

필자는 반석평 선생의 묘소를 방문하여 그분의 빛나는 생애를 더듬어 보고자 길을 나섰다. 언제나 그렇듯 중부고속도로는 차량의 흐름이 아주 좋았다.

조금 가다 보니 아득히 보이는 산꼭대기 위에 뭉게구름이 탐스럽게 걸려 있었다. 저런 광경을 목격했다면 옛 나그네들은 멋진 시 한 수쯤 뽑아냈으리라. 그러나 필자는 운치 있는 시 대신 고리타분한 생각 속으로 자꾸 휘말려 들고 있었다.

저 멋진 구름도 오늘이 아니면 볼 수 없을 것이다. 지상에서 영원한 것이란 없다고 했다. 사람에게 찾아온 부귀도 명예도 영원히 지속되지 않는다. 이는 바꿔 이야기하면 노력 여하에 따라 누구나 복을 누릴 수 있다는 뜻도 된다. 하늘은 스스로 돕는 자에게 복을 준다고 하지 않았던가. 복은 누구한테 거저 받는 것이 아니라 스스로 노력하여 맞이하는 것이다. 마찬가지로 노력 여하에 따라 자신에게 찾아온 복을 오래도록 잡고 있을 수도 있다. 그러다가 복을 누릴 만한 조건을 상실하면 그것은 미련 없이 우리 곁을 떠나가 버린다.

2008년 7월 어느 날이었다. 방송 진행자는 한껏 고조된 목소리로 한국이 낳은 세계적 인물인 반기문 UN 사무총장이 인류 평화를 위하여 동분서주하다가 짬을 내어 귀국하였다는 소식을 전하고 있었다. 그런데 방송 진행자의 다음 이야기에 필자는 정신이 번쩍 들었다. 반기문 사무총장이 선영을 다녀가기로 하였다는 이야기 때문이었다. 반석평 선생은 사실 반기문 사무총장의 선조였다. 따라서 반기문 사무총장이 다녀가기로 한 선영에 반석평 선생의 묘소가 있을 것이 분명했다.

반석평 선생의 일생을 조사하여 글로 남기고자 마음먹었으나 반씨들의 선영을 찾을 길이 없어 막막했던 필자는 즉각 반기문 총장의 일정을 확인해 보았다. 광주 반씨들의 선영이 충북 음성에 있다는 사실을 어렵지 않게 확인할 수 있었다.

음성 군청에서 반기문 총장 환영식을 대대적으로 준비하는

충청도 음성현 지도

모양이었다. 필자는 그날을 피하여 반씨들의 선영에 다녀오리라 계획하고는 때를 기다리다가 바로 오늘 역사 기행길에 오른 참이었다.

차창을 닫고 질주하는 중이었으나 30도가 넘는 무더운 날씨에 중부 고속도로 노면에서 피어오르는 열기는 얼핏 보기에도 대단해 보였다.

굽이굽이 휘어진 330리 머나먼 길을 헐떡거리며 달린 끝에 필자가 음성 읍내에 도착한 것은 점심나절이 다 되어서였다. 며칠 전, 반기문 총장의 환영식 관계로 음성 시내는 떠들썩했을 것이다. 따라서 길 가는 사람을 아무나 붙잡고 묻더라도 반씨들의 선영을 찾는 것쯤은 일도 아닐 것 같았다. 하여 늙수그레한 신사에게 반씨 선영의 위치를 물었고, 그가 알려준 방향으로 내처 달려갔다. 그런데 웬걸 아무리 가도 반씨 선영은 나오지 않고 푸른 들판만 지루하게 이어졌다.

생각다 못한 필자는 음성 군청으로 갔다. 필자의 예상과 달리 군청 직원은 참으로 친절했다. 게다가 약도를 직접 그려 건네주는 것이 아닌가. 덕분에 필자는 어렵지 않게 목적지에 다다를 수 있었다. 친절한 음성 군청 직원에게 다시 한 번 감사 인사를 드리는 바이다.

광주 반씨 묘역을 살펴보았더니

광주 반씨 묘역에 도착해 보니 커다랗게 잘 생긴 안내 표석이 필자를 제일 먼저 반겨주었다. 마치 파란 융단 위에 세워 놓은 듯한 표석에는 '광주반씨장절공파묘역光州潘氏壯節公派墓域 UN 사무총장 반기문 선영 입구'라고 적혀 있었다. 표석의 글씨를 확인한 순간 마침내 목적지에 도착했다는 생각에 기쁨을 감추지 못했다.

필자는 좁은 도로를 따라 마을을 향해 걷기 시작했다. '광주반씨장절공파선영묘역입구'라고 적힌 키 작은 오석이 마을 입구에도 세워져 있었다. 필자는 오석 앞에 멈춰 서서 장절공이라는 글자를 가만히 바라보았다. 기적적인 삶을 산 반석평 선생의 시호가 바로 장절공이었다.

"후, 마침내 도착했구나."

필자는 새삼 이런 말을 중얼거리며 흐르는 땀을 훔쳤다. 주변에는 갖가지 초목들이 부지런히 꽃을 피우고 있었다. 어느덧 시각은 오후 2시. 더운 정도가 아니라 용광로 속과도 같은 후끈한 열기가 살아 있는 모든 생명을 들들 볶아대고 있었다.

필자가 서 있는 곳은 음성군 원남면 하로리 산4번지였다. 다소 높은 곳에 올라 주변 지세

광주 반씨 묘역 안내 표석

광주 반씨 묘역 입구의 오석

를 살피니 하늘이 주신 명당이 틀림없다는 생각이 들었다. 가막산(감악산) 지맥을 타고 해산맥海山脈이 뻗어내려 이 자리에 백마산 정기가 멈추니 보덕산이 외청룡을 이루고 음성천, 원남천, 신천천이 합수되며 음성 읍내 전경이 한눈에 들어왔다. 참으로 만대 자손이 번성하고 벼슬길이 끊이지 않을 만한 명당이었다.

반서린 묘비

이곳 하로리에 처음으로 안장된 사람은 1574년(선조 7) 3월에 별세한 장렬공 반사렴이었다. 따라서 광주 반씨들은 지금으로부터 435년 전부터 이곳을 문중 선영으로 삼아온 셈이었다. 반사렴이 이곳에 안장된 이후 반씨 후손들은 인근 덕령산에 묻혀 있던 영춘(현재의 단양) 현감(정6품) 반석권의 체백을 이곳으로 이장하였고, 그의 아들 반사렴의 묘소 또한 그 아래쪽에 모셨다. 그런가 하면 1999년에 전라북도 옥구에 있던 증 이조 판서 반서린의 묘를 이장하여 이곳 묘 터의 최상단에 모셨고, 이어서 경기도 남양주 땅 조안면에 있던 형조 판서 장절공 반석평의 묘소도 이곳 선조 묘 계하에 이장했다. 이처럼 후손들이 뜻을 모아 선대 조상의 유택을 같은 곳에 마련하였다는 것은 참으로 부러운 일이었다. 후손들은 이를 계기로

반석평 묘소 전경 (충북 음성)

화목하고 우애 돈목하여 조상의 은혜에 보답해야 한다고 마음먹었으
리라.

　이윽고 필자는 오늘의 최종 목적지이기도 한 반석평 선생의 묘소
앞으로 가서 섰다. 신분이 낮은 것을 한탄하며 얼마나 많은 사람이 인
생을 허비하다가 덧없이 사라져 갔던가. 그리고 보면 노비 신분으로
서 면학에 전력을 다하여 판서까지 오른 반석평 선생의 행적은 하늘
도 놀라고 땅도 놀랄 만한 것이었다.

　선생의 묘소 앞에는 고태스러운 묘비가 세워져 있었다. 묘비에는
곧 등천하려는 듯 꿈틀거리는 두 마리 용과 함께 놀라울 정도로 정교

반석평 기존 묘비   다시 세워진 반석평 묘비

한 글씨가 가지런하게 적혀 있었다. 신필이 아닌가 의심될 정도로 정
교하고 힘찬 필체였다. 그 글씨의 내용은 다음과 같았다.

자헌대부 형조 판서(정2품관. 현 법무장관 격) 겸

오위도총부 도총관(현 수도 경비 사령관) 반공지묘

資憲大夫刑曹判書兼五衛都摠府都摠管潘公之墓

반석평 선생은 노비 시절 세상에 쌓인 한이 많았을 텐데 귀한 신분
이 된 뒤에도 결코 한풀이를 하지 않았고, 국가에 기여한 공이 남달랐
다. 그리고 보면 반기문 UN 사무총장 같은 후손은 그냥 얻어진 것이
아닌 듯하다.

필자는 선생의 묘소 곁에 앉아 새삼 삶의 의지를 북돋워 보고 있었다. 신분의 벽이 드높았던 시절, 피를 말리는 듯한 노력과 어떤 경우에도 중심을 잃지 않는 마음가짐이 있었기에 선생은 판서 자리에까지 오를 수 있었다. 선생의 태도를 삶의 표본으로 삼는다면 이루지 못할 일이 어디에 있겠는가. 조선 시대와 비교해 보면 지금은 누구에게나 가능성이 훤히 열린 세상이라고 할 수 있다. 현대를 살아가는 우리 후손들의 정진과 분발을 촉구하며 필자는 330리 음성 역사 기행을 마무리 지었다.

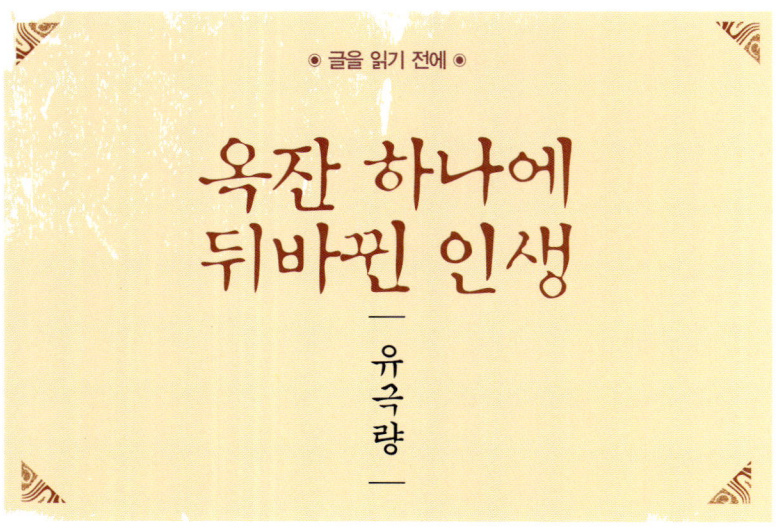

옥잔 하나에 뒤바뀐 인생

— 유극량 —

이야기의 시대적 배경

　　유극량은 조선 제14대 선조 임금 시기에 태어난 사람이다. 선조 임금 치세 기간에는 당파 싸움이 극심하여 조선의 국력이 날이 갈수록 약해지고 있었다.

　조선이 이처럼 힘을 잃어 갈 즈음 바다 건너 일본에서는 도요토미가 등장하여 전국을 통일한다. 전국시대를 거치면서 일본에는 강력한 무력을 지닌 제후들이 많이 나타났다. 비록 수하에 거느린 자들이지만 도요토미는 제후들의 무력을 국외로 방출시킬 필요성을 느꼈다. 이는 통일 일본의 안전 도모와 신흥 세력 억제라는 두 마리 토끼를 일시에 잡는 묘안이기도 하였다.

그리하여 도요토미는 대륙 침략의 발판을 마련하고자 조선에 동맹을 요구하기에 이르렀으나 조선은 이를 단호하게 거부해 버린다. 이에 일본은 다시 명으로 들어가는 길목을 열어 달라고 요청하였고, 조선에서 이마저 거부하자 양국 사이에는 전운이 감돌기 시작했다.

당파 싸움으로 말미암아 나날이 국력이 쇠진하여 가는 상황이었지만 조선 조정은 일본의 심상찮은 움직임을 놓치지 않고 있었다. 조정에서는 일본의 사정을 보다 정확하게 파악하고자 황윤길과 김성일을 통신사로 파견한다.

그러나 일본을 둘러보고 돌아온 두 사람은 서로 상반되는 주장을 펼쳤다. 서인에 속한 황윤길이 일본의 조선 침략을 예견한 데 비해 동인에 속한 부사 김성일은 침략 기미가 전혀 보이지 않으며 도요토미라는 사람의 됨됨이로 보아 두려워할 것이 전혀 없다고 주장한 것이다.

두 사람의 주장에 대해 의견이 분분했지만 동서 당파 싸움이 격화 일로를 걷던 때라 사람들은 타당성을 따져 보지도 않고 자기 붕당에서 통신사로 파견한 사람의 의견을 적극적으로 지지했다.

무사안일에 빠진 조정은 어딘가 모르게 꺼림칙했지만 김성일의 주장을 받아들였다. 그 결과 전쟁 준비의 일환으로 시행하던 성 축조 공사마저 중지시켜 버렸다.

이처럼 아무런 대비도 없이 나태하게 지내다가 1592년(선조 25) 4월에 이르러 임진왜란을 맞이했으니 피해가 눈덩이처럼 불어난 것은 당연한 결과였다.

참으로 암울한 이 시절에 불꽃같은 삶을 살다가 숨을 거둔 유극량은 원래 미천한 여비의 자식이었다. 그러나 그러한 신분을 극복하고 무과에 급제, 조선의 무장으로서 임진왜란에 출전하여 활약하기까지 유극량은 참으로 극적인 삶을 살았다.

꿈꾸는 소년

"하나, 둘, 셋, 넷……."

유극량劉克良은 발걸음을 떼어 놓을 때마다 속으로 수를 헤아렸다. 목표로 정한 곰솔로부터 240보 떨어진 곳에서 활을 쏘려는 것이었다.

그런데 유극량의 손에 들린 화살이 조금 이상했다. 화살촉은 나무를 깎아 뭉툭하게 만들었고, 보통 화살과 달리 깃이 좁았다.

바로 목전木箭이었다. 목전은 무과武科에 사용되는 화살이었다. 240보 밖에서 목전을 쏘아 멀리 날아가는 대로 점수를 부여한다.

무과는 보통 무예와 무강 두 분야의 시험을 치른다. 다시 무예는 목전, 철전, 편전, 기사 등과 같은 여러 종류의 무예를 시험하고, 무강은 육도, 삼략, 손자, 오장 등과 같은 『무경칠서』의 지식을 시험한

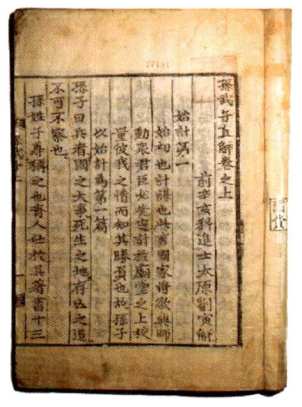

무경칠서주해(武經七書詁解)
조선 전기에 중국의 일곱 가지 병서(兵書)인 『무경칠서』를 주해한 책. 『무경칠서』는 우리 나라에서도 훌륭한 무전(武典)으로 채택되어, 과거(科擧) 무과의 두 고시 과목인 강서(講書)와 무예(武藝) 중 강서의 주요한 부분을 차지하였다.

다. 이를 통해 장수로서 마땅히 지녀야 할 군사 전력과 능력을 살펴 인재를 가려 뽑는다.

마침내 240보를 다 걸어갔는지 유극량이 걸음을 멈추고는 곰솔을 향해 돌아섰다. 드넓게 펼쳐진 벌판에는 수풀만이 무성했다. 그래서 유극량이 목표물로 정한 곰솔은 유난히 두드러져 보였다.

"으음, 오늘은 저 나무보다 멀리 보내야 할 텐데."

입술을 꾹 다물며 곰솔을 노려보는 유극량의 눈빛은 비장하기 이를 데 없었다.

"핑!"

잠시 후 맑고 날카로운 소리를 내며 화살이 하늘로 솟구쳤다. 유극량은 한쪽 손으로 눈 위를 가린 채 포물선을 그리며 날아가는 화살의 뒤를 쫓았다.

"우와! 곰솔을 넘겼다!"

한순간 유극량이 기쁨을 감추지 못하며 곰솔 쪽으로 뛰어가기 시작했다.

무과 시험에 응시하고자 무예를 닦기 시작한 이래 목전을 곰솔보다 멀리 보낸 것은 오늘이 처음이었다. 기쁨에 겨운 나머지 목전을 찾아

내어 움켜잡은 유극량은 집으로 달려가기 시작했다.

"어머니, 오늘은 화살을 곰솔 너머로 날렸어요."

"그래, 장하구나."

어머니는 들일을 끝내고 집으로 돌아가는 중이었다. 유극량은 길에서 만난 어머니에게 대뜸 자랑을 늘어놓았다.

그런데 유극량 못지않게 기뻐하며 활짝 웃던 어머니의 얼굴에 한순간 까닭 모를 그림자가 드리워졌다. 어머니의 속마음을 아는지 모르는지 유극량은 집으로 돌아가자마자 세수를 하고는 자신의 방으로 들어가 책을 읽기 시작했다. 『무경칠서』武經七書 중 하나로 알려진 사마법司馬法이었다.

유극량은 아주 어릴 때부터 무과에 급제하여 이름난 장수가 되는 꿈을 키워 왔다. 아버지나 어머니도 별다른 반대가 없었기 때문에 자신만 열심히 하면 언제고 꿈은 이루어질 것이라고 확신했다.

어머니의 한숨

밤 깊은 시각, 유극량의 어머니는 등잔불 밑에서 바느질을 하다 말고 마침 생각났다는 듯 한숨을 푹 내쉬었다. 아들 방에서 들려오는 낭랑한 글 읽는 소리가 날카로운 바늘이 되어 가슴을 콕콕 찔러대는 것만 같았다.

"애한테 몹쓸 짓을 하는 게야."

어머니는 다시 한 번 한숨을 토해 냈다. 남편을 만나 얼떨결에 양인처럼 행세하며 살아가고 있지만 유극량의 어머니는 노비 출신이었다. 그러나 어머니는 이러한 사실을 철저하게 숨겨 왔다.

문과와 달리 무과는 양인良人 이상이면 누구나 응시할 수 있다는 말을 어디서 듣고 신이 나서 뛰어 들어오던 아들 유극량의 모습이 떠올랐다. 그날 이후 유극량은 미친 아이처럼 과거 공부에 매달렸다. 그렇게 흘러간 세월이 몇 년째인지 몰랐다.

처음엔 말리려고도 해보았다. 그러나 어머니는 아들의 기를 꺾고 싶지 않아 그대로 내버려 두었다. 어차피 극량은 과거에 합격하기 어려웠다. 무과를 준비하는 사람들은 대부분 무예에 뛰어난 스승 밑으로 들어가 기량을 연마하고 병법을 익히기 마련인데 집안 형편이 어려워 독학으로 무예를 익히는 극량이 그들을 어찌 이기겠는가.

"생각해 보면 저렇게 불쌍한 녀석도 없지. 어미 잘못 만나 허튼 꿈만 꾸는 게야."

어머니는 훌륭한 스승 밑으로 유극량을 보내 무예라도 닦게 해주려는 생각을 한두 번 해 본 것이 아니었다. 과거는 볼 수 없더라도 남정네가 세상을 살아가자면 무예를 닦아 놓는 것이 여러 모로 필요할 것 같아서였다. 그러나 괜한 짓을 하여 아들에게 희망을 주게 될까 봐 그만두곤 하였다.

그런데 유극량의 어머니는 얼마 전부터 큰 걱정에 사로잡혔다. 독학으로 무예를 익히고, 병서를 읽어서는 세월이 아무리 흘러도 과거를 치를 만한 실력이 되지 못할 줄 알았는데, 최근 들어 유극량이 일취월장한 모습을 보이고 있었던 것이다. 놀랍게 변한 실력도 실력이지만 그렇게 되기까지 아들 극량이 얼마나 뼈를 깎는 노력을 한 것일까 생각하자 가슴이 무너져 내렸다.

"어리석은 년. 그때 왜 도망쳤니? 이렇게 괴로운 일이 생길 줄 몰랐단 말이냐? 저 녀석이 덜컥 무과에 장원이라도 하면 이 일을 어찌할래?"

어머니는 어느덧 한양 홍섬洪暹 판서 댁 여종으로 살아가던 시절을 떠올려 보고 있었다. 그때 일만 생각하면 혀를 깨물고 싶도록 후회가 되었다.

깨어진 옥 술잔

유극량의 어머니는 매사에 고분고분하고 성격이 온순하여 특별히 미움을 산 사람은 없었다. 다만 조그만 일이 닥쳐도 걱정이 지나쳐서 가슴앓이를 많이 한다는 것이 단점이라면 단점이었다.

그날의 그 일도 따지고 보면 지나치게 걱정이 많고 겁을 내는 성격 때문에 돌이킬 수 없는 상황까지 치달아간 셈이었다. 그날 그녀는 홍섬의 방을 청소하던 중 주인이 아끼는 옥 술잔을 깨뜨렸다. 소심한 성격답게 깨진 술잔 파편들을 내려다보며 사색이 된 그녀는 겁이 난 나머지 홍섬의 집을 몰래 빠져나왔다.

그렇다고 처음부터 그 집에서 도망치려던 것은 아니었다. 다만 어찌해야 좋을지 몰라 두려운 마음에 일단 대문 밖으로 몸을 피한 것뿐인데 시간이 흐르면서 홍섬의 집으로 돌아가기가 더 어려워졌다. 일을 저질러 놓고 말도 없이 도망친 꼴이 되어 버렸으니 말이다.

발을 동동거리며 어떻게 해야 하나, 어떻게 해야 하나 울먹이던 그녀는 결국 한양 땅을 벗어나 발길 닿는 대로 걷기 시작했다.

그렇게 정처 없이 떠돌다가 황해도 배천白川에 이르러 만난 사람이 유극량의 아버지였다. 그와 살림을 차릴 때까지만 해도 힘겨운 방랑 생활을 끝내고 굶주림과 두려움에서 벗어나 한곳에 정착했다는 생각에 그저 기뻤다. 그러나 사람은 죄를 짓고 살지 못하는 법이다.

그녀는 바쁘게 일을 하다가도 홍섬 대감 댁에서 지내던 일이 떠오르면 가슴이 두근거렸고, 도망친 노비 신세이다 보니 언제 붙잡혀 경을 치게 될지 모른다는 불안감에 늘 시달렸다.

그래도 유극량이 세상에 태어나 철이 들기 전까지는 그럭저럭 견딜 만한 생활이었다. 이것저것 신경 쓸 겨를 없이 하루하루 살아가는 것이 분주했기 때문이다. 그러나 극량이 무과 합격을 목표로 병서를 읽는다, 무술을 수련한다 부산을 피우면서 그녀는 가시 방석에 앉은 것만 같은 세월을 보내야 했다.

"대체 이 일을 어찌하면 좋단 말인가."

극량은 지금껏 자신의 신분이 양인이라고 굳게 믿으며 구김살 없이 자랐다. 어머니는 그래서 더더욱 자신이 없었다.

"극량아, 어미는 사실 천민 출신이란다. 그러니 너 또한 천민인 셈이다. 과거 따윈 포기하기로 하자."

극량에게 이런 말을 어떻게 해 준단 말인가.

한때는 나라의 과거제도를 원망한 적도 있었다. 문과는 양반이 아니면 응시조차 못하게 하면서 무과는 어째서 양인을 받는단 말인가.

이젠 도리가 없었다. 자신의 천한 신분을 밝히지 못하겠다면 극량이 과거에서 낙방하게 해달라고 하늘에 비는 수밖에…….

극량, 과거에 합격하다

어느덧 청년기에 접어든 유극량은 또래에 비해 몸집이 크고 다부진 체구를 가지고 있었다. 모든 것을 독학으로 해결하려다 보니 성취가 더뎠지만 극량은 선천적으로 타고난 건장한 신체와 용맹스러움을 바탕으로 부단하게 정진한 결과, 그 즈음에는 어디에 내놔도 손색없는 장수의 풍모를 지니게 되었다. 게다가 그는 순후하면서도 의협심이 강한 성품으로 주변의 칭송을 한 몸에 받고 있었다.

"극량이 저 사람 필시 무과에 장원 급제할 거야."

"아무렴, 타고난 장군감이지."

극량을 아는 주변 사람들은 누구 하나 그의 무과 합격을 의심하는 이가 없었다.

그러나 극량의 어머니는 주변 사람들의 칭찬이 달갑지 않았다. 코앞으로 닥친 과거를 생각하면 자다가도 저절로 눈이 떠졌고, 걱정과 근심으로 가슴이 무너져 내렸다.

그로부터 며칠 후, 어머니의 마음을 알 리 없는 극량은 한양으로 떠날 채비를 부쩍 서둘렀다. 보다 못한 어머니가 극량에게 가만히 다가가 어렵게 말문을 열었다.

"극량아, 꼭 과거를 보러 가야 하겠니?"

"또 그런 말씀이십니까? 두고 보십시오. 과거에 꼭 합격해서 후세에 장군으로 이름을 남기겠습니다. 어머니, 편안하게 모실 테니 조금만 기다려 주세요."

선조실록 27년 갑오(1594, 만력 22) / 9월 25일(경자)
사헌부가 전투에서 장렬히 전사한 유극량의 충절을 칭송하며 유사로 하여금 특별히 포전(褒典)을 베풀어 충혼(忠魂)을 위로하게 할 것을 아뢰는 내용이 수록되어 있다.

어머니는 말문이 막혔다. 비록 무과지만 출사의 뜻을 밝히며 먼 길 떠나려하는 자식인데 초를 칠 수는 없는 노릇 아닌가. 기실 어머니는 극량이 과거에 급제해도 걱정, 낙방해도 걱정이었다. 어떤 경우에도 좌절할 것이 불을 보듯 훤했기 때문이었다.

그래도 어머니는 마음속으로 가만히 빌었다. 과거에 제발 낙방하게 해 달라고. 낙방 후에 겪을 좌절이 급제한 다음에 신분의 벽 때문에 겪게 될 좌절과 절망보다 훨씬 헐거울 것 같아서였다.

'참 기가 막힐 노릇이구나. 자기 자식이 과거에 낙방하게 해 달라고 천지신명에게 비는 못난 어미는 세상천지에 나밖에 없을 거다.'

어머니는 쓰린 가슴을 가까스로 추스르며 그동안 이런 날을 대비하여 한 푼 두 푼 모아 놓았던 돈을 아들 앞에 내밀었다.

"어머니……."

"극량아, 어민 네가 자랑스럽다. 혼자 힘으로 무예를 익히고, 글을 배워 그 어렵다는 병서를 다 읽어내는 게 어디 쉽다더냐. 그러나 세상엔 잘난 사람들이 참 많다. 혹여 낙방하더라도 심하게 좌절해서는 안 된다. 넌 이 어미의 자랑이니 말이다. 알겠니?"

이번에는 극량이 할 말을 잊은 채 어머니를 애틋한 눈길로 바라보고 있었다. 비록 마음에 품은 바람은 달랐지만 서로 위하고 사랑하는 마음만은 변함이 없었다.

이튿날, 어머니가 만들어 준 주먹밥을 챙겨 들고 새벽 일찍 길을 떠난 유극량이 무과를 치른 것은 그로부터 보름 후였다. 비록 독학으로 익힌 무예였지만 극량의 재주라든가 장수가 갖추어야 할 소양은 응시자들 가운데 최고라 해도 과언이 아닐 정도였다.

목전, 철전, 편전, 기사, 기창, 격구 따위의 기량을 겨루는 동안 유극량은 모든 사람의 주목을 한몸에 받았다. 게다가 무경칠서 시험마저 무사히 통과했으니 극량의 급제는 이미 결정 난 것이나 다름없었다.

마침내 초조함을 감추지 못하며 서성이는 과거 응시자들 앞에 급제자 명단이 나붙었다. 명단을 확인한 유극량은 한순간 세상을 모두 얻은 듯 환희에 사로잡혔다. 급제자 명단에 자신의 이름이 당당하게 끼어 있었던 것이다. 그러나 유극량은 몰랐을 것이다. 오래지 않아 맞이하게 될 끔찍한 절망과 좌절을.

신분의 굴레

기쁜 소식을 어머니에게 어서 알려야 한다는 생각에 내처 고향으로 달려온 길이었다. 그런데 아무리 다시 봐도 어머니의 표정과 태도가 이상했다. 아들이 과거에 급제하였다면 덩실덩실 춤이라도 추어야 하는 것 아닌가. 그러나 어머니는 급제 사실을 알린 순간 흠칫 놀라는가 싶더니 이내 절망이 가득 담긴 한숨을 토해내며 눈물을 글썽였다.

"어머니……."

"이 일을 어쩌면 좋단 말이냐. 급제를 할 줄이야. 우리 아들이 기어코 급제를 할 줄이야. 헌데 이상한 일이구나. 이 어미와 아버지, 할아버지들 성함을 써냈는데도 관리들이 과장科場에 들어가게 해 주었더란 말이냐?"

유극량은 잠시 멍한 얼굴이 되어 어머니를 바라보았다. 양인 이상이면 무과에 응시할 수 있는 것이 당연한데 대체 누가 시험장에 들어가지 못하게 한단 말인가.

"아무 문제없었습니다. 어머니, 그런데 왜 자꾸 이상한 말씀을 하시는 겁니까?"

어머니는 입술을 깨물었다. 큰일을 해낸 아들에게 장하다는 말 한마디 해줄 수 없는 처지가 처량하게 느껴져 눈물이 주르륵 흘렀다. 어머니는 얼른 눈물을 훔쳐내며 극량을 바라보았다.

"극량아, 어미 말 잘 들어라. 무언가 착오가 있었던 것이 분명하다. 넌……, 사실 넌 무과에 응시할 수 없는 신분이란다. 시험을 감독한 관리들이 실수한 게야. 하긴 자격도 안 되는 사람이 과거를 치르러 올리 없다고 판단한 게지. 헌데 이 일이 나중에 밝혀지면……."

"예?"

뜻밖의 말을 듣고 유극량은 눈이 휘둥그레졌다. 청천벽력이란 이런 때를 두고 하는 말이 분명했다. 이어지는 어머니의 이야기를 들으면서 유극량은 눈물을 뚝뚝 떨어뜨리기 시작했다. 술잔 하나에 인생이 뒤바뀐 어머니의 처지가 자신의 운명인 양 느껴져서였다.

"네 아버지가 돌아가실 때도 어미는 그 이야기를 차마 할 수 없었단다. 천한 종을 마누라라 여기며 살아왔다는 걸 알면 아마 눈도 제대로 감지 못했을 게다."

어머니의 기나긴 이야기가 모두 끝나고도 넋이 빠진 사람처럼 한동안 방에 앉아 있던 유극량은 해가 뉘엿해져서야 밖으로 나왔다. 마을을 지날 때 얼마나 많은 사람이 무과 급제를 축하해 주었는지 모른다. 그러나 유극량은 아무 소리도 들리지 않았다.

"억울하다. 정말 억울하다."

유극량은 어린 시절부터 줄곧 무예를 닦던 곰솔 근처 들판에 이르러서야 온몸을 부르르 떨며 하늘을 향해 소리쳤다. 천출이 무엇이고, 양인이 대체 무엇이란 말인가. 대관절 그것이 무엇이기에 인간의 소망을 이처럼 철저하게 짓밟는단 말인가.

허물어지듯 땅바닥에 주저앉은 유극량은 한바탕 통곡이라도 하고 싶은 심정이었다.

그러나 유극량의 절망은 그리 오래가지 않았다. 아들의 앞길을 가로막은 죄인이 되었다는 생각에 자신보다 더 괴로워하고 있을 어머니를 떠올린 것이다. 극량은 집을 향해 터벅터벅 걷기 시작했다. 예상대로 어머니는 저녁 준비마저 잊은 채 툇마루에 넋을 잃고 앉아 있었다. 옆으로 다가간 극량은 말없이 어머니의 손을 잡았다.

"어머니, 저 때문에 괴로워하지 마세요. 덕분에 무예도 익혔고, 글을 배웠으며 병서를 많이 읽어 무지렁이는 면하게 되었잖아요. 상황이 이렇게 되었으니 살길을 다시 찾아야겠습니다. 먼저 홍섬 대감 댁을 찾아가 봐야겠어요."

"한양엘?"

어머니는 깜짝 놀라 극량을 바라보았다. 그러나 극량의 얼굴은 담담했다.

"가서 용서를 빌고, 그 집 종이 되는 것이 순리일 것 같아서요."

"네가 종이 된다고?"

어머니는 가슴이 미어졌다. 극량이 노비가 되어 홍섬 대감 댁으로 들어간다면 자신도 뒤를 따라야 하리라. 그러나 어머니는 극량이 노비 신세로 전락하는 것만은 보고 싶지가 않았다.

"극량아, 차라리 내가 가마. 너는 고향을 지키며 편히 살아라."

"어머니, 우리 모자에겐 신분의 굴레가 있습니다. 벗어날 수 없다면 그 굴레 속으로 들어가는 것이 차라리 편한 삶입니다. 제가 대감 댁에 먼저 다녀오겠습니다."

마침내 어머니는 미어지는 가슴을 어쩌지 못하고 통곡했다. 차라리 극량이 못난 어미를 원망하며 집안 기물이라도 때려 부수면 마음편할 것 같았다. 그러나 한편으로는 이렇듯 장성하여 자신의 불편한 속내를 꾹 누른 채 어미부터 챙기려 드는 아들의 모습이 미덥기만 하였다.

이튿날 이른 새벽, 극량은 과거를 보러 갈 때와 마찬가지로 봇짐을 등에 진 채 한양으로 떠났다.

극량에게 장수의 길이 열리다

한양에 당도하기까지 극량은 온갖 번잡한 생각에서 헤어나지 못했다. 과거 급제를 목표로 밤이나 낮이나 노력한 결과가 겨우 이것인가 하는 절망감 속에서 그는 앞으로 펼쳐질 자신의 일생을 여러 모로 가늠해 보았다.

그러나 극량은 오래지 않아 깨달았다. 운명을 결정하는 것은 이제 극량 자신이 아니라는 사실을 말이다. 그와 어머니의 운명은 홍섬 대감의 처분에 달렸던 것이다.

만약 홍섬 대감이 도량 좁은 사람이어서 그 옛날 옥 술잔을 깨뜨리고 도망친 어머니의 죄를 용서하지 않는다면 그들 모자는 지옥불과도 같은 고통 속으로 휘말려들 것이 뻔했다. 극량은 깊은숨을 몰아쉬며 하늘에 대고 간절하게 빌었다.

"일부러 신분을 속이려고 했던 것은 아닙니다. 또한 비록 죄를 지었지만 어머니는 참으로 선한 분 아닙니까. 제발 자비를 베푸소서."

▲ 홍섬의 신도비 (경기도 화성)

◀ 영의정 홍섬과 그의 아버지 홍언필의 묘소 안내 표석 (경기도 화성)

어쩌면 그것은 하늘이 아니라 얼굴 한번 본 적이 없는 홍섬 대감에게 보내는 절절한 애원이었는지도 몰랐다. 어머니의 죄를 사하고, 노비로 받아들이기만 한다면 극량은 손톱이 닳도록 홍섬 대감을 위해 일할 생각이었다.

마침내 홍섬 대감 댁 고랫등 같은 기와집 앞에 당도한 극량은 몇 번이나 호흡을 고르다가 안으로 들어갔다. 과거에 당당히 급제한 극량의 우람하고 늠름한 모습 때문이었을까. 집안 노복들은 감히 극량의 앞을 막아서지 못하고 멈칫멈칫 다가오며 눈치를 살폈다. 극량은 그런 그들에게 홍섬 대감을 만나러 왔다고 알렸다.

잠시 후, 홍섬 대감 앞으로 안내된 극량은 넙죽 큰절부터 올렸다. 처음 만나는 사람이었지만 홍섬 대감의 인자한 표정을 확인한 순간 극량은 안도하며 찾아온 자초지종을 아뢰기 시작하였다.

홍섬의 글씨

"옥 술잔을 깨뜨리고 도망친 여종이라. 그러고 보니 생각나는 것 같구나. 아주 오래전에 그런 일이 있었지."

극량은 그 여종이 자신의 어머니라고 밝혔다. 그러자 뜻밖이라는 듯 홍섬 대감이 극량의 몸을 아래위로 살폈다.

"아무리 봐도 자넨 여종의 자식 같지 않은데. 혹 무예를 닦았던가?"

참으로 놀라운 눈썰미였다.

극량은 어머니가 노복 출신이라는 사실도 모르고 무과를 목표로 정진하던 때의 이야기를 풀어놓기 시작했다. 급기야 무과에 급제하고 고향으로 돌아온 극량에게 어머니가 자신의 신분을 밝히는 대목에 이르렀을 때, 홍섬 대감은 남의 일 같지 않다는 듯 장탄식을 하며 극량을 측은하게 바라보았다.

"종의 자식이라는 사실을 알았을 때 낙심한 것이 사실이었지만 죄를 짓고 나서 지금껏 마음 끓이며 살아오신 어머니의 처지를 생각해 보니 그깟 괴로움쯤은 아무것도 아니었습니다. 대감마님, 제 어머니의 죄를 용서해 주십시오. 이제 제가 마님의 노복이 되어 평생 일하겠습니다."

극량의 기나긴 이야기가 끝나자 홍섬 대감은 한동안 말이 없었다. 그러나 그는 곧 무겁게 고개를 저으며 극량을 부드럽게 바라보았다.

"자네의 마음 씀씀이를 보니 필시 나라의 큰 인재가 될 것이 틀림없다. 나라에서 쓸 인재를 사사로이 내 집에 묶어 놓고 종으로 부릴 수는 없는 일 아닌가."

"대감마님……."

극량은 전혀 예상치 못했던 이야기를 듣고 황감한 심정이 되어 고개를 조아렸다. 그런 극량을 바라보며 홍섬 대감이 다시 말문을 열었다.

"기실 종의 신분으로 과거에 응시한 것은 죄가 되지 않는다네. 시험 관청의 실수일 뿐이지. 허나 이러한 일이 만에 하나 밝혀진다면 자네는 승급에서 제외되는 등 온갖 불이익을 감수해야 하네. 그리고 천출이라 하여 조롱도 많이 받겠지. 자네의 의로운 마음은 내가 잘 알겠네. 나라에 꼭 필요한 인물인데 천출이라 하여 배척하면 안 될 일이지. 이보게, 내가 자네 어머니의 노비 문서를 없애 버릴 생각인데 어찌 생각하는가?"

"나으리, 그저 황감할 따름이옵니다."

"허나 한 가지 약속해 주어야겠네."

"약속이시라면?"

"앞으로는 절대 자네의 신분을 입 밖에 내지 말게. 자네 같은 사람이 장차 큰일을 맡아 주어야 이 나라가 바로 설 것 같아 하는 말이니 명심하게. 알겠나?"

극량은 꿈을 꾸는 것만 같았다. 무과 급제는 한낱 꿈속의 일이 되어 버렸고, 이제 노비가 되어 평생 궂은일이나 하다 죽을 줄 알았는데 홍섬 대감 같은 어진 이를 만나 어릴 때부터 그려오던 장수의 꿈을 이루게 되었으니 말이다.

병조 참판에 추증되다

홍섬 대감이 노비 문서를 불살라 버리고 극량으로 하여금 조정으로 들어가 장수의 꿈을 펼쳐 갈 수 있도록 배려해 주었을 때, 극량은 평생 그를 마음속의 주인으로 섬기리라 다짐하였다. 극량은 자신의 다짐을 어긴 적이 없었다. 심지어 귀해진 다음에도 항상 홍섬을 상전의 예로 받들어 모셨다.

그 바람에 극량이 천출이라는 사실이 알게 모르게 퍼졌다. 극량의 의로운 마음을 칭송해 마지않는 사람들이 훨씬 많았지만 때론 천출이라며 조롱하는 동료도 있었고 중한 일을 맡기지 않는 상관도 있었다.

그러나 무엇보다 뼈아픈 것은 홍섬 대감이 염려하던 일이 현실이 되어 나타났다는 사실이다. 극량은 같은 해에 등과한 동료들보다 진급이 훨씬 늦었고, 요직에도 앉지 못했다.

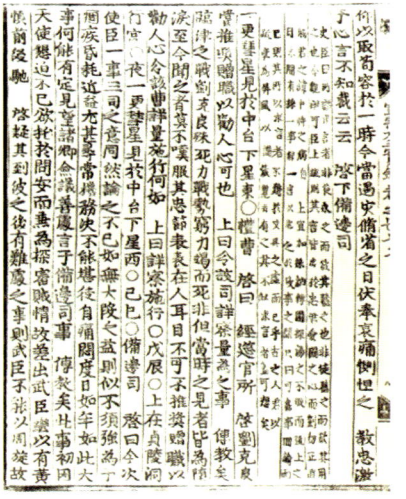

그러나 극량은 그런 것쯤은 아무래도 좋았다. 머리카락이 희끗희끗해지도록 전쟁터를 누비며 우국충절을 신념으로 지켜 갈 수 있는 장수의 삶만 보장된다면 동료의 조롱도, 더딘 진급도 얼마든지 감내할 수 있었다.

천인 출신 무장이라 그랬던 것은 절대 아니다. 극량은 부하들 앞에서 자신을 부당하게 높이는 법이 없었고, 무슨 일이든 솔선수범하며 상대방의 처지가 되어 행동하려고 애썼다. 그러다 보니 부하들은 몸과 마음으로 유극량을 따랐으며 사기 또한 충천했다.

조선에 유극량 같은 무장들만 있으면 얼마나 좋았으랴. 그러나 어지러운 정치 상황 속에서 본분을 지키는 장수들은 그리 많지 않았다.

우리 역사를 돌이켜 보면 언제나 그랬다. 위아래로 기강이 해이해지고, 정치가 혼란스러워 국력이 약해질 때마다 늘 겪는 것이 외침이었다.

1592년(선조 25) 4월의 상황도 꼭 그랬다. 끝을 모르는 당파 싸움의 여파로 국력은 쇠진할 대로 쇠진했고, 백성은 희망을 잃은 채 힘겨운 삶을 이어가고 있었다.

이렇듯 절망적인 상황에서 터진 것이 임진왜란이었다. 국난이 닥치자 유극량은 죽기를 각오하며 떨쳐 일어났다. 왜적을 물리치고 어서 이 나라를 편안케 해야 한다는 생각이 충만했으나 유극량은 임진강에 이르러 생애 마지막 전투를 맞이하고 만다.

유극량은 적과 대치한 상황에서 주장 신괄과 더불어 경기 감사 권징에게 심한 질책을 받는다. 권징이 어서 진격하라고 명령했는데도 전투 상황이 불리하다는 점을 들어 전진하지 않은 까닭이었다. 극량이 판단하기에 드넓게 펼쳐진 갈대밭은 위험천만했다. 텅 빈 것처럼 보이지만 적병들의 계략이 숨어 있음이 분명했다. 이대로 전진했다가는 적의 매복에 걸려 전멸할 것이 불을 보듯 훤했다.

그러나 극량의 주장은 받아들여지지 않았다.

"극량, 이 천한 놈아. 임금으로부터 크나큰 은혜를 입고서도 네놈이 그 잘난 몸 하나 보전하려고 진격을 하지 않는단 말이냐? 참으로 비겁한 놈이로다."

권징의 조롱은 극량의 피를 끓게 하였다. 그는 하늘을 우러르며 탄식했다.

"결국 이렇게 지고 마는구나. 나를 따르다가 불귀의 혼이 될 아까운 우리 병사들은 어찌할꼬."

극량은 부하들을 돌아보았다. 극량의 어진 성격을 잘 아는 부하들은 불가마 속이라도 같이 들어가자고 하면 망설임 없이 뛰어들 사람들이었다. 극량은 눈물을 꾹 눌러 참으며 명령했다.

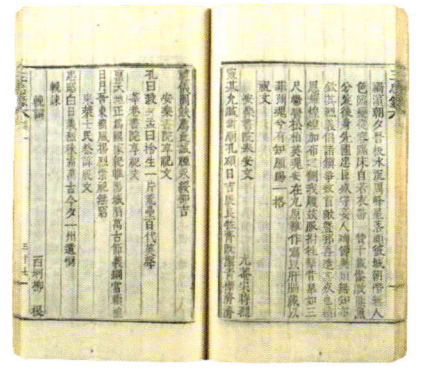

숭절사삼충록(崇節祠三忠錄)
1798년(정조 22)에 개성 유수 조진관(趙鎭寬)이 간행한 송상현(宋象賢), 김연광(金鍊光), 유극량(劉克良) 등 세 충신에 관한 글들을 모은 책.

"적병이 앞에 있다. 전진하자!"

극량은 전마를 타고 신괄과 함께 앞장서서 갈대밭 속으로 달려갔다. 그러나 그는 갈대밭에서 다시는 돌아오지 못하였다.

공교롭게도 극량은 목숨을 잃은 뒤에야 의리와 절개가 뛰어난 훌륭한 장군이었다는 평을 듣게 되었다. 나라를 위해 순절한 공을 인정받아 병조 참판에 추증되었고, 개성 숭절사崇節祠에 모셔진 것이다.

유극량 장군의
백혼을 찾아서

겨울철 임진강 전경

'임진강 얼음장에 팽이 치는 아이야. 삼각산 가는 길에 흰 눈이 쌓였던가?'

추운 겨울, 꽝꽝 얼어붙은 임진강 얼음 위에서 팽이치기에 정신이 팔린 아이들의 모습이 정겹게 떠오른다. 그런 아이들 뒤편으로는 한양을 오가는 행인들의 발길이 분주하게 이어졌을 것이다. 어린아이들이 삼각산 가는 길에 눈이 쌓였는지 녹았는지 어찌 알랴만 행인의 통행이 빈번한 곳이다 보니 그쯤은 주워들어 능히 알고 있었으리라. 그만큼 임진강은 예로부터 나그네의 통행이 잦은 곳이었다.

산이 우리 국토를 지탱해주는 혈맥이라면 강은 드넓은 대지에 생명을 불어넣는 젖줄이다. 백두산이 지닌 의미가 다르고, 한라산과 지리산, 금강산이 지닌 의미 또한 달랐다. 마찬가지로 우리 국토의 젖줄을 이루는 무수한 강들도 생긴 모습이나 역사에 얽힌 사연에 따라 특유의 의미를 얻으며 백성의 사랑을 받았다.

사람들은 보통 두만강과 압록강을 일컬어 죽음의 강이라고 이야기한다. 국경을 이루는 이들 두 줄기의 강을 건너야 할 처지에 빠진 힘없는 백성의 심사를 생각해 본다면 충분히 이해가 되는 대목이다. 그런가 하면 대동강은 유흥의 강으로, 한강은 뭇 선비들이 청운의 꿈을 실어 나르던 강으로 널리 알려졌다. 또한 낙동강은 고대 문명을 꽃피운 강이요, 금강은 비경을 자랑하는 강이고, 영산강은 곡식의 젖줄, 소양강은 쫓겨난 선비들의 마음이 담긴 강, 한탄강은 전란을 맞아 피신하기 좋은 강으로 인식되었다.

이와 마찬가지로 임진강은 눈물과 이별의 강으로 백성의 가슴에 자리 잡고 있었다. 수많은 영혼이 홀가분한 마음으로 떠나지 못하고 통곡을 하며 한의 눈물을 뿌려 놓은 곳이라 그런 이미지가 굳어진 것이다.

사람들은 사주니 팔자니 운수니 재수니 운운하며 자신을 옭아맨 숙명의 끈에서 풀려나 더 나은 삶을 살아보고자 몸부림치곤 한다. 그러한 바람과 열망이 강하면 강할수록 뜻을 이룰 가능성이 커지겠지만 대부분은 운명에 순응하며 살아갈 따름이었다.

강과 산도 운명이 정해져 있는가

사람의 일생과 마찬가지로 산이나 강에도 쉽사리 바뀌지 않는 숙명이라는 것이 존재한다. 앞에서 나열한 것처럼 대부분의 강은 운명이라고 표현해도 무방할 정도의 특색을 저마다 한 가지씩 갖추고 있다. 그 강이 위치한 지리적 요소와 그곳에서 살아가는 사람들의 애환이 강의 이미지를 만들어낸 결정적 요소임을 어렵지 않게 알 수 있다.

그런데 사람들이 자신의 운명을 바꿔 보고자 노력하는 것처럼 강의 숙명, 혹은 이미지도 바꾸는 것이 가능할까. 사실 천하에 영원한 것이 어디 있으며, 고정불변의 물체가 어디 있겠는가. 농부의 손에 든 곡식 씨앗은 어떤 땅에 뿌려지느냐에 따라 그 앞날이 정해지고, 청소년들은 성장 환경에 따라 각기 다른 미래를 맞이한다. 여자는 어떤 남자를 만나느냐에 따라 새로운 운명을 맞기도 한다. 이는 농부나 부모, 혹은 남자의 됨됨이가 씨앗과 청소년, 여자의 미래를 얼마든지 뒤바꾸어 놓을 수도 있다는 이야기가 된다.

그렇다면 눈물의 강, 이별의 강이 되어 버린 임진강의 운명은 누가 바꿀 수 있을까? 아마도 장구한 세월이 필요할 것이다. 임진강을 끼고 살아가는 우리 백성의 삶이 편안해져야만 눈물과 이별의 강은 기쁨과 만남의 강으로 탈바꿈될 테니 말이다. 그러나 그것은 참으로 요원하게 느껴지는 일이다. 그래선지 병사들의 함성과 말발굽 소리에 놀라 신음하며 잠 못 들던 임진강, 끊어진 민족의 허리를 이어 보려고 몸부림치는 임진강의 모습은 오늘따라 새삼 가련하고 처량해 보인다.

임진강 일대는 공교롭게도 임진王辰 년에 일어난 왜란 때 제일 피해가 컸던 지역이다. 임진臨津이라는 이름에서 보듯 한자 표기는 다르지만 음이 같은 것을 보면 아무리 생각해도 우연한 일만은 아닌 듯하다.

유극량의 백혼魄魂은 어디에

충신 유극량 장군이 임진강 전투에서 장렬하게 전사한 것은 지금으로부터 415년 전이었다. 필자는 장군의 기일이 요 며칠 사이 아닌가 어림잡아 보며 발길을 서둘렀다.

한여름 무더위는 사람의 몸과 마음마저 녹여 버릴 정도로 맹렬했다. 그러한 무더위 끝에 굵은 빗줄기가 쏟아지기 시작했지만 필자는 강변을 거슬러 올라가며 장군의 자취를 더듬어 보았다.

유극량 장군의 넋이 깃든 장소는 연천군 백학면 노곡리를 휘감아 돌아가는 임진강 바로 옆이다. 누군가 이 세상에서 제일 어려운 일이 무엇인가, 라고 묻는다면 필자는 망설이지 않고 자녀 교육과 길 찾아가는 일이라고 대답할 것이다. 그만큼 세상에 널리 알려지지 않은 선현의 묘소나 자취를 찾아다니는 일은 험하고 어렵다. 더욱이 유극량 장군의 유택은 문헌상에 확실한 기록이 없고, 다만 전해지는 구전에 의지할 수밖에 없기에 여느 때보다 더 난감했다. 필자는 노곡리 어디쯤인가 유극량 장군의 묘소가 있다는 역사 기록만 믿고 샅샅이 뒤져보았다. 그러나 장군의 흔적은 한 조각도 찾아낼 수가 없었다.

그런데 강둑 옆 낮은 구릉으로 접어들었을 때였다. 표석도 갖추지 못한 무덤들이 점점이 흩어져 있는 것이 아닌가. 필자는 혹시나 하는 마음에 그중에 규모가 큰 무덤부터 살피기 시작했다. 그러나 무덤을 살피며 앞으로 나가기가 쉽지만은 않았다. 고인들의 마음을 대변하듯 우거진 잡초들이 자꾸 필자의 발길을 멈칫거리게 한 까닭이었다.

그러나 필자는 어려움을 뚫고 앞으로 나가는 사이 일종의 확신 같은 것에 사로잡혀 가고 있었다. 이곳 어딘가에 유극량 장군의 유택이 자리하고 있으리라는 확신이었다.

그런데 저 멀리 강둑에서 필자의 모습을 지켜보는 사람이 있었던 모양이다. 거센 빗줄기와 자꾸 앞을 막아서는 잡초, 질펵거리는 땅바닥 때문에 허우적거리고 있는데 악을 쓰며 부르는 소리가 아득하게 들려왔다. 힐끗 돌아보니 검은 작업복을 입은 촌로 한 분이 어서 오라는 듯 손짓을 연거푸 했다.

"여보시오, 대체 정신이 있는 거요, 없는 거요? 저기가 어디라고 함부로 들어가는 거요? 임진왜란, 병자호란, 그리고 6·25 때 말없이 죽어간 시신들 냄새를 맡고 뱀들이 우글거리기로 이름난 곳이란 말입니다. 허어, 이것 참. 저기까지 들어갔는데 물리지 않은 걸 보면 오늘 운세 한번 좋은 날이구려."

무슨 일인가 싶어 달려간 필자에게 촌로는 대뜸 꾸중을 쏟아 놓았다. 뱀이 우글거린다는 말에 필자는 기실 등줄기가 서늘해졌다. 하여 고맙다는 인사를 두 번 세 번 올렸다.

그러나 저곳에 유극량 장군의 묘소가 있다면 여기서 포기할 수 없는 노릇이다. 필자는 노인에게 다시 한 번 고맙다고 인사하며 저곳으로 들어갈 수밖에 없는 이유를 설명했다.

"어르신, 오늘처럼 일기 불순한 날 이런 말씀 여쭙기가 조금 죄송합니다만 저는 역사의 흔적을 찾아다니는 사람으로 이곳 어딘가에 임진왜란 때 순사하신 유극량 장군의 유택이 있다 하여 찾아온 길입니다. 이곳에 장군의 묘소가 있는 것이 맞나요?"

"그래, 오긴 잘 왔소. 바로 이곳이오."

노인의 대답을 들은 순간 필자의 가슴은 두근거리기 시작했다.

"묘소 위치를 좀 정확히 알 수 없을까요?"

필자가 다소 급하게 묻자, 노인은 어처구니없다는 표정을 지어 보였다. 비에 흠뻑 젖어 몰골이 말이 아닌 과객이 다시 한 번 뱀이 우글거리는 수풀 속으로 당장 들어갈 기세로 물으니 기가 막히기도 했을 것이다.

잠시 후, 노인이 들려준 이야기는 필자를 실망시키기에 충분한 것이었다.

"내 나이 올해로 아흔이요, 아흔. 이날 이때껏 고향을 떠난 적이 없지. 헌데 말이요, 선생이 찾는 유극량 장군 묘소는 여기에 없소. 아니, 있긴 있었지. 내가 소년 시절을 보낼 때만 해도 저쪽 강변 낮은 언덕에 장군의 유택이 있었거든. 헌데 어느 한 해 홍수가 오지게도 지는 바람에 장군의 무덤이랑 강변 전체를 싸잡아 쓸어가 버렸다 이거요. 요즘 사람들은 그런 사실도 몰라. 아마 내가 죽으면 이렇게나마 답해 주는 사람도 없을 게요."

필자는 충격에 사로잡힌 채 휘적휘적 멀어져 가는 노인의 뒷모습을 그저 멍하니 바라보는 수밖에 없었다. 정성을 다해 가꾸어도 모자랄 판국에 조국을 위해 순사한 장군의 묘소를 홍수에 떠내려가도록 내버려 놓다니!

필자는 차라리 노인의 말을 듣지 않았더라면 더 좋았을 것 같다는 생각을 해 보았다. 유극량 장군의 묘소를 찾다, 찾다 포기하고 집으로 돌아갔다면 이처럼 가슴이 쓰리지는 않았으리라는 생각이 자꾸 든 것이다.

생전에는 신분 제도에 묶여 천대와 멸시를 받으며 가진 바 능력을 제대로 인정받지도 못한 장군이었다. 그런 장군에게 경기 감사 권징은 임금의 은혜를 두텁게 입었으나 일신의 안전만 생각할 뿐 충성심이 없다고 비난했다. 그러나 장군만큼 충성심이 강한 신하가 어디 있었으랴. 정말로 죽음이 두려웠다면 적의 매복이 앞에 있다는 것을 뻔히 알면서 나라를 위해 기꺼이 적진 한가운데로 뛰어들지는 않았을 터였다.

장군의 묘소는 없었다. 필자는 장대비가 미친 듯이 쏟아져 내리는 강둑 한가운데서 할 바를 잊고 멈춰선 채 오늘도 말없이 유유하게 흘러가는 임진강 푸른 물을 멍하니 지켜보았다.

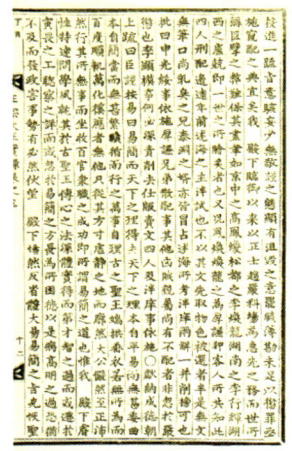

정조실록 1년 정유(1777, 건륭 42) / 1월 29일(병신)
반석평·유극량 같은 이는 신분이 천적(賤籍)에 들어 있었지만 결국은 명신(名臣)과 양장(良將)이 되었다는 내용이 언급되고 있다.

한순간 푸른 강물이 성난 병사들처럼 우르르 몰려 일어서며 창과 칼을 휘두르는 듯한 환각이 일었다.

"아, 아! 장군이여!"

일평생 가슴에 한을 품고 살아오다 적병과 뒤얽혀 생사를 건 싸움을 펼치다가 장렬하게 전사한 장군의 생전 모습이 벅찬 감동처럼 필자의 가슴에 다가왔다.

이곳 어디쯤이리라. 필자는 헛된 수고라는 것을 잘 알면서도 강둑을 더듬어 내려가며 혹 장군의 혼백이나마 외롭게 남아 있지 않을까, 안타깝게 헤매 보았다.

그러나 장군은 없었다. 생전 모습이야 어떠하든 다 같은 우리 선조일 텐데 오늘따라 권징이라는 사람이 원망스럽게 느껴지는 것은 어인 까닭일까. 생각 같아서는 당장 경기도 성남으로 달려가 그곳에 천 년 유택을 마련한 채 편안하게 안식하고 있는 권징에게 따져 묻고 싶었다.

'그대의 지략이라는 것은 부하들을 사지로 몰아넣는 것이 다였구려?'

그러나 그리 따져 물어본들 무슨 소용이 있겠는가. 후손의 헛된 치기가 유극량 장군의 빛나는 모습에 혹여 누가 되지나 않을까 그저 조심스러울 따름이다.

비록 시신은 성난 물길에 삼켜졌지만 장군의 그 맑고 깨끗한 인성과 충성심은 역사의 한복판에 여전히 남아 있으리라 필자는 확신했다.

마침내 비를 무릅쓰고 강행한 역사 기행을 마무리하고 집으로 돌아가는 길. 필자는 권징 같은 사람들이 요즘 세상에도 상상 이상으로 많다는 사실을 떠올리며 깊은 한숨을 몰아쉬었다. 필자의 바람은 한 가지뿐이다. 어느 자리에 있는 사람이건 자신의 능력을 정확하게 깨닫고 처신했으면 좋겠다는 것이다. 그래야만 자기 밑에 있는 사람들이 편안하게 능력을 발휘할 수 있고, 이렇게 발휘한 능력들이 모여 결국 나라를 강성하게 만드는 초석이 될 것이기 때문이다.

무학 대사와 정도전

서울로 떠나는 역사 기행

우리나라 도시의 이름을 가만히 살펴보면 대개가 한자漢字를 사용하고 있음을 알 수 있다. 그러나 서울만은 다르다. 그렇다면 서울이라는 이름은 언제 어디서 유래하였기에 한자를 사용하지 않는 것일까? 서울 시민들에게 묻는다 해도 서울이라는 지명의 유래에 대해 정확히 아는 사람은 그리 많지 않을 것이다.

정도전 초상

서울이라는 지명은 개경에서 한양으로 도읍을 옮긴 후 도시를 정비해 나가는 과정에서 유래하였다. 창국주인 이성계와 그를 좌우에서 보좌했던 무학 대사와 정도전. 서로 협력하고 도와야 할 입장이었으나 때론 서로 부딪치기도 하고 팽팽하게 맞서기도 하며 그들이 엮어간 조선 창국사는 600년이 지난 지금까지

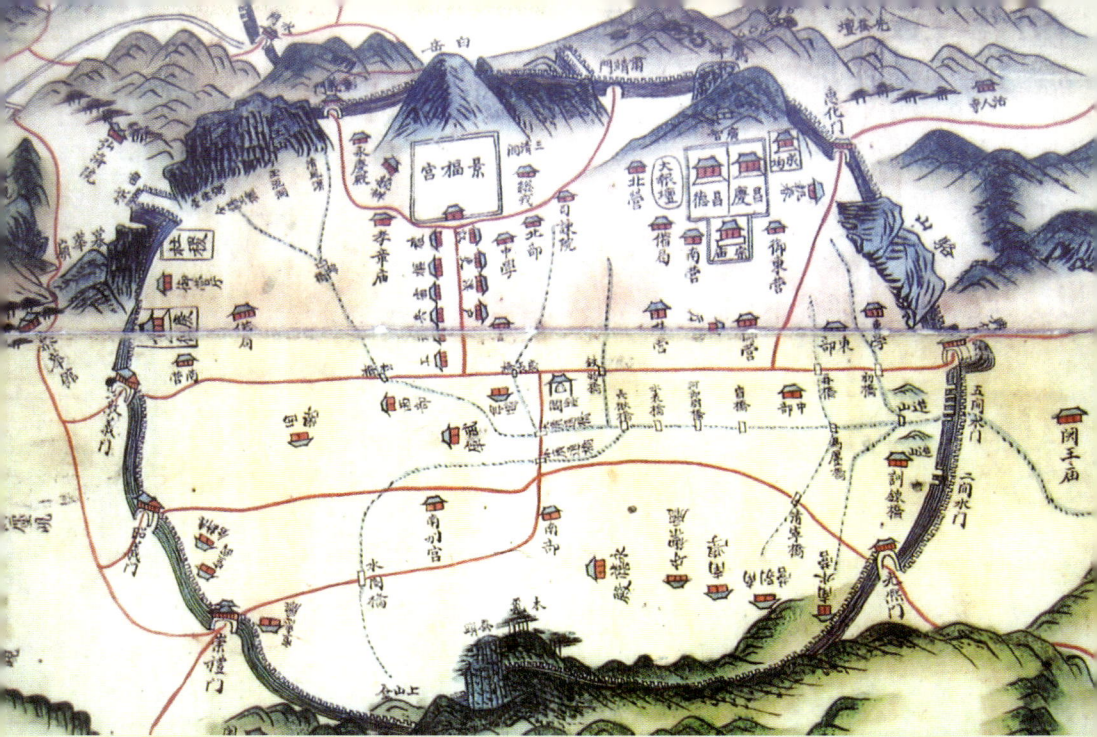

한양 고지도

도 역사의 도도한 숨결처럼 우리에게 전해지고 있다.

　머리말에서 이미 밝혔듯 역사 기행은 산천과 인물에 담긴 역사적·문화적 의미를 찾아가는 또 하나의 창조 과정이며, 이를 통해 중심을 잃고 방황하는 우리 현대인들에게 삶의 좌표를 제시하는 모색의 과정이기도 하다.

　우리 땅엔 숱한 인물들의 영광과 환희, 눈물과 회한이 깃들어 있다. 그런데 간혹 보면 그러한 영광과 환희, 눈물과 회한이 지명에 고스란히 반영되어 있어 나그네로 하여금 미소 짓게 한다. 지명과 관련된, 도읍 과정에서 벌어진 재미있는 일화를 소개해 보기로 한다.

조선의 5백 년 정읍지와 풍수설

세상 모든 생물체는 주변의 조건, 즉 환경이 쾌적해야 건강하게 살아갈 수 있다. 풍수風水는 드넓게 펼쳐진 자연 속에서 인간에게 가장 적합한 환경을 찾아내고자 고안하고 발전시킨 하나의 생활 과학이라고 이야기할 수 있겠다.

사람은 늘 현재보다 나은 삶을 꿈꾸는 존재들이기에 예나 지금이나 명당에 대한 집착은 변함이 없다. 그렇다면 명당이란 무엇인가. 한마디로 살기 좋은 장소이다. 즉, 통풍이 잘 되고 앞뒤에 산이 있어 바람과 적을 막아 내기에 알맞으며, 자연에서 나오는 산물이 풍부하여 식생활에 도움이 될 뿐더러 적당한 물의 공급으로 농사를 지을 수 있고 식수가 끊이지 않아야 한다. 또한 온화한 기운이 충만하여 인간의 삶에 보탬이 되어야 한다. 이렇듯 명당은 자연적인 혜택을 얻어 살아가기가 편하고 기운이 안정되어 인간에게 여유를 주는 곳이다.

누구나 자연조건이 잘 갖추어진 명당에서 살아가길 원하나 애석하게도 찾아내기가 매우 어려울 뿐만 아니라 흔하지도 않아 특별한 사람들의 전유물이었던 것이 사실이다. 특히 이동이 거의 불가능했던 농경 사회에서는 태어난 곳에서 그 환경에 맞추어 살다가 죽다 보니 일반인들은 명당이라는 것을 꿈도 꾸지 못했다. 다만 이곳저곳 이동을 할 수 있는 스님이나 갈처사(지관)들만이 느끼면서 연구하고 또한 얻을 수 있었을 뿐이다.

풍수는 살아 있는 사람들에게 쾌적한 거처를 제공해 주는 데 그치

도선사(道詵寺) / 서울 강북구 삼각산 內

862년(경문왕 2) 도선(道詵)이 창건하였다. 도선은 이곳의 산세가 천 년 뒤의 말법 시대(末法時代)에 불법을 다시 일으킬 곳이라고 예견하고 절을 창건한 뒤, 큰 암석을 손으로 갈라서 마애관음보살상을 조각하였다고 한다.

지 않고, 죽은 이들의 묘소를 적당한 곳에 잡음으로써 죽은 영혼의 평안과 후손들의 복락을 도모하기도 하였다. 그뿐만 아니라 나라의 도읍을 정할 때도 크게 이바지하였으니 풍수는 아주 오래전부터 우리 민족의 생활과 깊게 밀착되어 있었다고 봐야 할 것이다.

옛날로 돌아가 보자. 우리나라 풍수학의 효시라고 할 수 있는 신라 말엽의 도선 국사가 일찍이 한양의 지세를 두루 살펴본 적이 있었다. 이때 도선은 고려의 멸망을 예언했으며, 고려에 이어 개국할 조선의 5백 년 도읍지가 바로 한양 땅이라고 못 박았다.

이렇게 예언하는 데 그치지 않고 도선은 삼각산(인수봉, 백운대, 국망봉)에다 돌로 쐐기를 박았으며 그래도 못 미더워 도선사를 창건하여 지세의 준동을 방비하였다고 한다. 적당한 시기가 올 때까지 잠을 자도록 했다는 말로 풀이할 수 있겠다. 다시 말하면, 고려의 국운이 끝날 때까지는 준동하지 말고 잠이나 푹 자라는 조치였던 셈이다.

그런데 여기서 한 가지 분명히 하고 넘어가야 할 것이 있다. 고려의 정치·사회·문화 어느 한 분야도 빼놓지 않고 막강한 영향력을 행사한 것이 바로 도선의 사상이었다는 점이다. 어떤 이들은 심지어 도선의 사상이야말로 이성적이고 논리적인 비판과 증명이 허용되지 않는 절대적인 교리였다고 주장하기도 한다. 이러한 주장대로라면 도선은 고려의 신이었던 셈이다.

그런데 도선이 고려의 멸망과 한양에서 일어설 조선 왕조의 앞날을 예언했다. 이른바 '계왕자이도한양繼王者而都漢陽'이란 풍수설은 그래서 고려 왕조의 신경을 두고두고 긁어대는 골칫거리가 되어 버렸다. 고려 왕실에서 상기한 풍수설에 얼마나 신경을 썼는지 보여주는 대표적인 예가 벌리동伐李洞(현 서울 강북구 번동)이다. 즉, 한양에 오얏나무李를 많이 심었다가 그 나무가 무성할 때를 기다려 무참히 벌채를 해 버림으로써 이씨 왕업의 기를 꺾는 상징적 작업을 했던 것이다. 현대인들의 눈으로 보면 다소 유치하게 느껴지겠지만 고려 왕조에서는 벌리伐李의 풍수 작업을 게을리 하는 일이 없었다.

그러나 이러한 풍수학적 대응만으로는 천도天道를 막을 수가 없었던지 태조 왕건이 나라를 세운 지 475년 만인 1392년(공양왕 4) 7월에 고려는 무너지고 만다. 역성혁명에 성공한 이성계는 새 왕조의 국호를 조선이라 정하고 개경(개성)의 수창궁壽昌宮에서 즉위식을 올리고 등극하였다.

왕위에 오른 이성계가 가장 먼저 서둔 것은 도읍을 옮기는 일이었다. 당시 불사이군不事二君을 내세운 고려의 충신들은 새로 건국한 조선의 벼슬을 거부하고 끝내는 은거지를 찾아 잠적함으로써 이태조의 심기를 불편하게 했다. 게다가 정권을 위협하는 고려 왕조의 잔재 세력이 언제 들고일어날지 모르는 상황이었다. 이성계는 이들의 위협을 적절히 피하면서 백성에게 새로 건국한 조선 왕조의 참신성을 강조할 필요성을 느꼈다. 도읍 옮기는 일을 서둔 것은 이런 이유에서였다.

새로운 도읍지는 풍수지리설과 인문·지리적 조건을 고려하여 결정하는 것이 당시 상황으로는 최선의 선택이었다. 사실 이태조는 고려 궁이 있는 개경은 이미 그 운세가 다했다고 믿었다. 이태조의 이러한 믿음에 불씨를 지핀 것이 바로 나옹 선사와 무학 대사였다.

고려 말 국사였던 나옹 선사와 그 제자인 무학(성은 박씨, 이름은 자초自超)은 함경도 함흥 부근을 돌아 남으로 내려오는 길이었다. 그때 있었던 일화가 『대

나옹 선사 화상

태조 고황제 어진

동기문』大東奇聞에 실려 있는데, 일화에 등장하는 이성계는 어느 모로 보나 고려의 신하라고 보기 어려웠다.

아무튼 지세에 밝은 나옹은 소년 무학과 잠시 길을 멈추고 쉬던 중 어느 산을 가리키며 말문을 열었다. 나옹이 늘어놓은 이야기의 골자 는 자신이 가리킨 그 산이 왕이 되는 묘 터라는 것이었다.

공교롭게도 당시 이성계는 아버지 이자춘李子春이 죽자 노복들과 지 관을 거느리고 묏자리를 알아보러 다니는 중이었다. 그런데 노복 하 나가 때마침 나옹과 무학의 이야기를 들었던 모양이다. 노복은 급히 이성계에게 달려가 이 사실을 알렸다.

이성계는 상복을 입은 채 말을 달려 나옹과 무학이 가는 길을 막아 서고는 말에서 뛰어내려 나옹에게 큰절을 하면서 간곡히 부탁했다. 이성계를 한동안 멍하니 바라보던 나옹은 쓴 입맛을 다시며 물각유주 物各有主(물건은 각기 임자가 따로 있다)라는 말을 중얼거렸다. 그러면서 명당을 잡아 주었는데 그곳이 바로 왕이 난다는 자리였다.

나옹과 무학의 명성을 익히 알고 있었기에 이성계는 세상을 다 얻 은 듯 기뻤을 것이다. 바꿔 말하면 비록 고려의 녹을 먹는 신하의 몸 이었으나 장차 한 나라의 왕이 되고자 하는 꿈과 야망을 마음속으로 은밀하게 키워 왔다는 이야기가 된다.

그래선지 전국 명산대찰에 가 보면 이성계의 기도처가 아주 많다. 특히 경남 남해에 있는 금산錦山(보광산) 보리암에서 기도하고 나서 왕 이 된다는 계시를 받았는데, 이성계는 실제로 왕이 되자 그곳을 비단 산이라고 명하였다. 이를 보더라도 이성계는 풍수지리학에 상당 부분

의존한 사람이었다.

왕이 된 이성계는 천도할 우선 후보지로 세 곳을 염두에 두고 있었다. 전라도의 진동현珍同縣(현 충남 금산군 서부 지역)과 양광도(현 충청도) 계룡산 지역 그리고 한양이었다. 이 중 이성계의 마음을 강렬하게 끌어당긴 곳은 계룡산 지역이었다. 결국 그곳을 최종 후보지로 선택한 후 공사를 시작하였다.

보리암 (경남 남해)
원효 대사가 창건하였다고 전해지며 강원도 낙산사 홍연암, 경기 강화도 보문사와 더불어 우리나라 3대 기도처의 하나로 신도들이 연일 줄지어 찾고 있다.

그러나 당시 풍수지리학의 권위자요, 이성계가 총애하는 경기 좌우도 관찰사 하륜河崙이 계룡산은 남쪽으로 너무 치우쳐 동북 및 서북과는 거리가 멀고 또한 계룡산의 지형이 수파장생 패입지水破長生 敗立至의 불길한 곳이라고 강력히 반대하여 계룡산 천도 계획을 백지화했다. 이후 이성계는 국사인 무학 대사의 의견을 들어 1394년(태조 3)에 한양 천도를 결행하였다.

풍수지리상 한양은 주산인 북악을 중심으로 좌청룡 우백호가 잘 갖춰져 있고, 좌청룡의 맥은 주산인 북악에서 동쪽으로 뻗은 성북동의 매봉을 만들고 다시 동대문의 낙산까지 이어진다. 우백호는 북악에서 서쪽으로 인왕산과 안산을 거쳐 남서쪽으로 방향을 틀면서 뻗어 내리다가 아현과 대현동 고개를 쳐들고 그 기세를 이어 용마루를 거쳐 마포 앞 한강가에 이르러서야 머리를 수그린다. 안산案山은 남산으로 삼았다.

유좌묘향론酉坐卯向論과 임좌병향론壬坐丙向論

한양 천도가 정해진 다음 어떤 산을 한양의 주산으로 삼을 것인가에 대하여 전권을 위임받고 답사 중이던 무학 대사와 정도전 사이에는 근본적인 차이가 있었다. 무학은 인왕산을 주산으로 하여 낙산을 안산으로 북악과 남산을 좌청룡 우백호로 하여야 한다는 유좌묘향론을 주장했고, 정도전은 북악산을 주산으로 하여 남산을 안산으로 인왕산과 낙산을 각각 좌청룡 우백호로 삼아야 한다는 임좌병향설을 주장하고 있었던 것이다.

의상 대사 화상

주산이 결정되어야만 궁궐의 위치를 잡을 수 있기 때문에 이는 쟁점이 될 수밖에 없는 사항이었다. 유학을 신봉하는 정도전은 고금의 학리에 정통한 학자였고 무학은 그의 예언이 늘 적중한 신승으로 왕사의 자리에 있었기 때문에 이 쟁점은 자연히 심각해졌다.

정도전은 자고로 임금은 남쪽을 보고 정사를 하였지 동쪽을 보고 정사를 한 일이 없다는 이론에 근거를 두고 무학 대사의 주장을 일축하려 들었다. 이러한 좌향론에 밀린 무학 대사는 정도전이 잡은 궁궐의 좌향 때문에 2백 년 안에 왕위 싸움이 두 번, 방탕한 임금이 두 사람, 국가의 안위가 걱정되는 두 번의 외침을 당할 것이라고 신라의 명승 의상 대사의 『산수비기』山水秘記를 근거로 예언하였다.

뒷사람들은 태종의 골육 싸움과 세조의 왕위 찬탈, 연산군과 광해군의 악정, 그리고 임진왜란과 병자호란이 일어났으니 무학 대사의 예언이 적중한 셈이라고 이야기하고 있다.

누에형 안산과 뽕밭

이규경李圭景의 『오주연문장전산고』五洲衍文長箋散稿에 의하면 지금 남대문(숭의문) 바로 밖에 하나의 연못이 있다 하였고 『동국여지승람』에도 숭례문 밖에 남지南池라는 못이 있어 그곳에서 기우제를 올린다고 하였다. 인위적으로 조성된 남지는 한양 풍수의 결함을 막으려고 만들어 놓은 것이다.

"국도에서 멀리 보이는 관악산은 화산火山이기 때문에 일찍이 장안의 화재를 우려하여 모화관(현 독립문 북쪽 언덕) 앞과 숭례문 앞에 못을 파서 이를 방비하였으나 병오년 이래 장안에 화재가 끊이지

않는 까닭은 이 못들이 메워지고 자취만 남은 탓이니 이 못을 복구

하여 장안의 화재가 없도록 하십시오."

이것은 1483년(성종 14)에 한명회가 임금에게 아뢴 내용이다. 한명

회의 말을 통해서도 남지가 인위적으로 조성된 못임을 알 수 있다.

그런가 하면 광화문 앞에 놓인 해태 석상도 관악의 연맥인 시흥 삼

성산의 그 모습이 형화체形火體로 되어 있어 화산이므로 이와 마주 보

이는 곳에 물짐승을 만들어 세움으로써 그 불길을 잡게 한 것이었다.

이는 대원군의 풍수학적 묘안의 소산이었다.

남산은 생김새가 누에 같다 하여 잠두산蠶頭山이라고도 한다. 그래

서 이 산의 정기를 배양시키려면 뽕을 먹여야 한다고 믿었다. 그래서

남산의 지덕을 배양하려고 남산이 바로 보이는 강 건너 사평리에 뽕

나무를 많이 심었다. 현재 잠실이 바로 그곳이다. 왕실에서는 반드시

이 잠실의 뽕으로 왕실 내에서 누에를 길러야만 안산인 남산의 지덕

을 보는 것으로 알았다고 한다. 즉, 잠실의 뽕은 왕가의 잠실을 위해

만들어진 뽕밭이 아니라 남산의 지덕을 위한 풍수설에 따라 왕이 이

곳 뽕을 갖다 먹이게끔 하였던 것임을 알 수 있다.

지금 성균관의 뒷산은 매봉鷹峰이다. 매는 육식을 즐기므로 이 매봉

의 지덕을 가꾸고자 한때 성 밖으로 내쫓았던 백정들을 이곳에 강제

로 이주시켜 육고를 경영토록 하였다고 하니 이 또한 매혈의 지덕을

키우고자 함에서였다.

숭례문 (남대문)
현판은 양녕 대군의 친필로 화기를 막기 위해 세로로 쓰여졌으나 잦은 화재로 인한 손상과 복구가 반복되었다. 사진은 6.25 전쟁(左)과 2008년 방화(右)로 인해 훼손된 모습.

성문城門에 얽힌 풍수

한양의 8대 성문도 이 풍수설과 밀접한 관련이 있음을 간과할 수 없다.

우선 8대문 중 숭례문을 보면 숭례문의 '예禮'자를 오행으로 볼 때 불 또는 남쪽에 해당하므로 남을 나타내고 불을 상징하는 복伏자임에는 이론의 여지가 없다. 헌데 다른 성문의 현판은 모두가 횡액횡서에 가로로 된 현판임에 비추어 숭례문만은 종액종서에 세로로 된 현판인 점이 특이하다. 이를 두고 어느 학자들은 한국인 인맥에서 숭崇의 상형문자는 불이 타오르는 형상이기 때문에 불이 잘 타오르게 하려고, 즉 불을 강조하고자 그 글씨를 세로로 세울 수밖에 없었을 것이라고 한다.

화산인 관악산은 타는 불로 맞부딪친다(맞불)는 뜻에서 숭례라는 글씨를 세웠다고 한다. 숭례는 중국에서 남문의 이름으로 곧잘 쓰이는 문 이름이다. 남대문의 이름을 숭례라 하였음은 중국의 예에 따른 것이라 할 수 있지만 그 현판을 세로로 세운 것은 조선조의 풍수설이 가미된 까닭이라고 생각하는 것이 타당할 줄로 안다.

경복궁에 화재가 잦은 풍수적 이유로 술사들은 한결

흥인지문 현판 (동대문)

같이 경복궁과 맞선 관악산의 화산성에 주목하고 있었다. 따라서 방재를 위해 이같이 변형된 문액을 고안한 것이다. 이상에서 알 수 있듯 화산으로 말미암은 대비는 퍽 철저했다.

현재로는 확인할 길이 없지만 관악의 주봉인 연주대 근처에 있는 방화부防火符인 흥인문興仁門을 보자. 흥인문도 오행설로 보면 '인'仁이 목성이요, '목'木은 동쪽에 해당하므로 동쪽 문이란 뜻이 된다. 다만 흥인문이 다른 문에 비하여 특색이 있다면 이름이 모두 3자로 되어 있는데 반하여 흥인문만은 '지'之 자를 하나 더 넣어 넉 자로 만들었다는 점이다.

한양 정도 때는 흥인문도 석 자로 되어 있었는데 임진왜란 직후 지를 추가하여 넉 자를 만들었다는 기록을 볼 수 있다. 국초 정도 시에 한양의 지세 가운데 허한 곳으로 동쪽과 남서쪽이 지적되었다고 한다. 그런데 왜란 때 동쪽의 허한 지점으로 왜적이 쳐들어옴으로써 그 후 이러한 풍수설을 실감한 끝에야 그 풍수적 보완법이 논의되었다.

그 보완법의 하나는 동대문에 곡성曲城을 쌓은 것이요, 둘째는 문명에 '지' 자를 하나 더 넣은 것이다. '지'之 자나 '현'호 자는 풍수상에서 용이 찾아온다는 것을 의미하는 형식적인 표식 문자로 이용되어 왔기 때문이라고 볼 수 있다. 즉, 동대문의 풍수적 허를 메우고자 인공으로 산을 만들고 이 내용을 상징하는 문자를 흥인문에다 삽입하여 흥인지문이라고 하였다는 것이다.

서울에 사는 사람치고 세검정洗劍亭을 모르는 이는 없다. 광해군을 몰아내고 인조 임금을 즉위시키고자 일어난 인조반정 군들이 칼날을 세워 궁으로 진입할 때 거친 곳이 세검정이었다. 무혈혁명을 성사시킨 반정군들은 세검정 개울가에서 칼을 씻어 칼집에 넣었다 한다. 훗날 그 장소에 정자를 지었는데 고갯마루에 우뚝 솟은 창의문彰義門에는 다른 문과 달리 성문 바깥쪽으로 나무 닭을 조각해 세워 놓았다. 이것은 창의문 밖 외성이 풍수적으로 지네 형상이기 때문에 이 해충을 압승하는 풍수적 방편으로 지네의 천적인 닭을 조각하여 세운 것이라고 구전한다.

북문의 숙정문肅靖門은 이름만 문일 뿐 몇 백 년 동안 폐쇄된 채 열린 일이 없었다. 기록에 의하면 이 문은 양주 여염집 부인들에게 음란한 바람이 일어 폐쇄하였다고 한다.

왕십리의 지명 유래

앞에서 이미 밝힌 바대로 천도 첫 번째 후보지 진동현은 하륜이 불

세검정(左), 창의문(右上), 숙정문(右下)
(서울 종로구, 사진 속 인물은 필자)

가함을 주장하여 백지화되었고, 다음 후보지로 금강을 낀 금산이 대
두되었으나 국토 균형에 맞지 않는다는 불가론 때문에 백지화되었
다. 이에 따라 자연스럽게 세 번째 후보지인 한양이 천도지로 결정되
었다.

천도지가 결정되자 유교학자인 정도전과 왕사인 무학은 덩달아 분
주해졌다. 특히 무학은 천도지를 둘러보고 궁궐 위치를 정확하게 잡
아야 할 책무가 있었기 때문에 현지답사를 직접 나가야 했다. 그러나
한양 땅을 한 바퀴 둘러보는 것이 생각처럼 쉬운 노릇은 아니었다. 지
금처럼 벌채된 지형 상태라면 쉬웠겠지만 당시단 해도 울창한 숲과
잡초로 뒤덮여 어디가 어디인지 잘 구별이 되지 않았기 때문이다.

아무리 지세를 잘 보는 무학이라지만 방향을 구별하기 어려운 상황

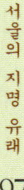

이니 막막할 수밖에 없었다. 지형은 잡히지 않고 숲 속을 헤매다 지친 무학은 갈대밭 언덕에서 잠시 휴식을 취하고 있었다.

"숲이 깊어 지세를 살필 수가 없으니 낭패로구나."

무학은 한숨을 길게 내쉬며 땀이 송골송골 맺힌 이마를 쓸었다.

바로 그때 누더기 옷을 입은 촌로 한 사람이 소 등에 앉은 채 지나가다 말고 무학을 힐끗 살피더니 한심하다는 듯 혀를 차며 다음과 같은 말을 했다.

"무학아, 너는 명색이 왕사라고 하는 놈이 어찌 이리 미련하단 말이냐? 궁터를 잡으러 온 모양인데 여기는 바닥에서 물이 나고 안산案山과 배산背山이 멀어서 적당한 위치가 아니란 걸 모른단 말이냐?"

촌로의 거친 말투에 화가 날만도 했지만 무학은 귀가 확 뜨이는 말을 들은 터라 엉겁결에 자세를 낮추며 공손하게 물었다.

"그럼, 어디로 가면 좋은 길지吉地를 얻을 수 있겠습니까?"

"이곳에서 정북 방향으로 10리를 더 가보면 궁터로 삼을 만한 곳이 있을 것이다."

이런 말을 남기고 노인은 서두는 기색도 없이 멀어져 갔다.

무학은 갑자기 당한 일이라 어안이 벙벙하였다. 그러나 예삿일이 아니라고 생각하며 높은 언덕에 올라 북쪽을 굽어보았다. 나아갈 방향을 어림짐작해 본 무학은 이윽고 갈대숲을 헤치며 발걸음을 잣대 삼아 청계천을 넘어 북으로 북으로 걸어갔다.

무학은 한참 만에 인왕산이 앞을 가로막아 더는 나아가지 못하는 지점에 도착하였다. 거기서 남쪽을 돌아보니 잘생긴 현재의 남산과 식수 조달을 할 수 있는 청계천 맑은 물, 북풍을 막아주는 인왕산과 왜적을 막을 수 있는 한강이 한눈에 내려다보였다. 무학은 깜짝 놀랐다. 소등을 타고 가던 어수룩한 촌로는 과연 누구이기에 이런 길지를 일러 주었을까.

오던 길로 다시 돌아가면서 보폭을 기준 삼아 거리를 재어 보니 정확히 10리였다. 이때의 일로 '갈 왕'往 '열 십'＋ '마을 리'里라고 하는 지명을 남겼으니 왕십리는 이처럼 역사적인 행적이 남아 있는 동명이다.

서울이란 이름의 시원

사람의 이름에는 명분이 있고 지명 뒤에는 그만한 연유가 있기 마련이다. 그렇다면 우리의 수도 서울에는 어떠한 연유가 서려 있는 것일까. 5천 만 우리 국민이 과연 서울이란 어원을 어떻게 풀이할는지 매우 궁금하다.

앞에서 이미 밝혔듯 우리나라의 지명은 대부분 한자로 되어 있지만 순수한 우리 말(방언 포함)로 지은 곳도 있기는 하다. 서울이 대표적인데 서울은 한글이나 영문으로만 표기할 수 있을 뿐 한자로는 표기 자체가 불가능하다.

태조 이성계는 좌 정도전, 우 무학 대사를 위시하여 많은 문무백관을 거느리고 개경에서 한양으로 천도하면서 제일 먼저 궁과 성을 건

선바위/기자 바위 (서울 인왕산)
형상이 마치 중이 장삼을 입고 서 있는 것 같아서 '선(禪)' 자를 따서 선바위(禪巖)라 불렀다고도 하고, 조선 태조와 무학 대사의 상이라는 전설, 또 이성계 부부의 상이라는 전설도 있다.

축하였다. 궁과 성을 건설하면서 정도전과 무학은 종교적 사고와 유교적 바탕을 앞세워 서로 강한 주장을 펼쳤다. 두 사람의 이러한 태도는 성역城役을 정하는 일에서도 예외는 아니었다.

　현재 청와대 뒷산은 경비 차원에서 군부대가 주둔하고 있기 때문에 일반인들은 그 내용을 잘 이해하기 어려울 것이다. 청와대 뒷산 인왕산 북쪽에는 선바위가 있는데 이 선바위를 성 안쪽으로 하자는 무학의 주장과 성 밖으로 하자는 정도전의 주장은 이 태조가 민망스러워하리만큼 팽팽했다. 그 바람에 다른 도성은 모두 다 쌓았는데 선바위 부근만 미완성으로 남았다. 무학과 정도전의 대립이 어쩌나 팽팽한지 이성계가 나서지 않는 한 결판이 날 것 같지 않았다.

　그런데 두 사람의 의견 대립으로 공사가 진척되지 않던 어느 날 아

침이었다. 그날따라 밤새 첫눈이 얼마나 많이 내렸는지 한양 땅이 모두 하얀빛으로 뒤덮여 있었다.

아침 일찍 일어나 궁궐 뜰에서 눈 구경을 하던 태조는 낙산 쪽을 바라보다 말고 문득 고개를 갸웃거렸다. 이상하게도 성 안쪽으로는 눈이 보이지 않고 바깥쪽에만 눈이 쌓여 있었던 것이다. 태조는 얼른 별감들을 보내 현장을 보고 오라 하였다.

다녀온 별감들이 아뢰기를 성곽 밖으로만 눈이 쌓였고 안쪽은 맨땅이 드러나 있다고 하였다. 하도 기이한 일이라 잠시 멍하니 있던 태조는 하늘이 한양의 경계를 알려주려고 그러나 보다 여기며 별감들에게 다시 궁궐 뒷산 인왕산 선바위 주변을 살펴보고 오라고 명하였다. 바삐 다녀온 별감들의 대답은 조금 전과 마찬가지였다. 선바위를 중심으로 안쪽은 눈이 없고 바위를 포함한 바깥쪽은 눈이 쌓였다는 것이었다.

태조는 기쁨에 사로잡혔다. 골머리를 앓던 문제가 해결되었기 때문이다. 태조는 곧 정도전과 무학을 함께 입궐케 하여 이 사실을 말해 주었다. 듣고 있던 두 사람 또한 하늘의 뜻이라고 여기며 이를 묵묵히 받아들였다. 이로써 선바위 안쪽으로 성곽을 쌓게 되었는데 이날 내린 눈이 성곽 안쪽과 바깥쪽의 경계를 뚜렷하게 제시해 주었다 하여 눈과 울타리란 뜻으로 설울雪鬱이라는 낱말이 생겼다. 그때부터 설울이란 지명을 쓰려 했으나 당시 이 땅에는 이미 한성부라는 지명이 있었다. 그리하여 계속 한성부, 혹은 한양이라고 불리다가 1945년 해방 후 서울이란 세련된 지명을 갖게 되었다.

돼지 상과 부처 상

태조 이성계는 천도라는 어려운 과업을 이루어 놓고 나서 문무백관과 공신들이 함께한 자리에서 주연을 베풀었다. 먼저 태조는 정도전, 남언, 조준, 배극렴, 하륜, 심덕부, 성석린, 조용, 이지란 등에게 어주御酒를 내리면서 신하들의 술을 받기도 하였다. 어주를 내릴 때마다 그 신하의 장점을 말해 주고 군신 간의 의리를 확인하는 것도 잊지 않았다.

이윽고 여러 순배 술잔이 오가고 나서 어주 잔이 무학 대사에게 건네어졌다. 태조는 호쾌한 웃음과 함께 과연 일등공신이구려 하면서 무학 대사의 공적을 특별히 큰소리로 밝혔다. 그런데 태조는 문득 무학

무학대사비(無學大師碑) (경기 양주시 회암사 內)
경기도 유형문화재 제51호. 무학 대사의 탑비로서 1410년(태종 10) 왕명에 따라
변계량(卞季良)의 글과 공부(孔俯)의 글씨로 세워졌으나 1821년(순조 21) 인위적인
파괴로 말미암아 뒤에 다시 세워졌다.

대사의 깊은 속마음이 알고 싶어졌다. 하여 짐짓 정색을 하며 무학에
게 말을 건넸다.

"무학 대사는 심성이 부드럽고 지혜가 뛰어나겨 불심은 끝을 모를
정도로 깊어만 가는데 어찌 된 일인지 외양은 심성을 따르지 못하는
것 같구려. 곱지 못한 이목구비에 피부 또한 검으니 꼭 돼지 생김새와
다를 게 없습니다 그려."

바로 앞에서 생긴 모양을 가지고 심하게 면박을 주니 기분이 상할
만도 했다. 그러나 무학은 표정 하나 변하지 않고 대답했다.

"예, 그렇습니다. 전하."

반박이 아닌 긍정적인 대답이었다. 이에 태조는 무학 대사의 그 깊은 속마음을 더욱 가늠하기 어려워졌다.

그런데 한참 후 무학 왕사王師가 태조에게 술잔을 올리는 차례가 되었다. 공손하게 술을 채우고 이성계에게 올리면서 아무 말이 없었다. 이상히 여긴 태조가 다시 한마디 했다.

"왕사께서도 무슨 말이든 좋으니 한 말씀 하셔야 하지 않겠소?"

그러자 무학이 조심스레 말을 건넸다.

"전하, 오늘에 와서 뵈오니 전하의 용안은 마치 석가모니의 얼굴 같나이다."

이런 말과 함께 허리를 깊이 숙여 조아리니 태조가 적이 당황하면서 말했다.

"짐은 대사를 보고 검고 못생긴 돼지라고 하였는데 어찌 대사께서는 짐을 보고 석가세존에 비유하는지 영문을 모르겠구려."

이렇게 이야기하면서도 과히 듣기 싫은 말은 아니라 태조의 표정이 밝았다. 그래도 무학 왕사는 대답 없이 물러가려고 했다. 순간 태조 이성계는 과연 무학 왕사가 무슨 속셈으로 그리 말을 했는지 궁금하여 다시 대답을 듣기로 하고 하문했다. 그제야 무학 왕사가 입을 열었다.

"전하, 오로지 사물은 보는 사람의 마음에 따라 다르게 보이는 것이나이다. 보는 사람의 마음이 돼지 같으면 상대가 돼지로 보이고, 부처와 같은 마음으로 상대를 보면 부처로 보이는 것 아닌가 하나이다."

대신들이 지켜보는 가운데 돼지 같은 마음을 가진 사람이 되어 버리고만 태조는 순간적으로 심히 부끄러웠다. 게다가 무학에게 자신의 지혜가 미치지 못함을 깨닫자 당황이 되기도 하였다. 그러나 태조 이성계는 결코 성을 내지 않았다.

"과연 대사입니다. 짐이 대사의 그 지혜를 한턴 시험해 본 것뿐이라오."

이렇게 하여 승자도 패자도 없는 가운데 자칫 험악해질 수도 있었던 대화는 끝이 났다.

이후 태조 이성계는 무학 왕사를 상대로 깊은 농담을 하지 않았고, 무학 왕사는 조선 건국 역사에 더 많은 자문과 흔을 실어 주었다. 훗날 태조 이성계는 아들 방원의 행태에 분노한 나머지 함흥으로 가서 머물렀다. 이때 조선 제3대 임금으로 등극한 방원은 누차에 걸쳐 사람들을 보내 태조를 데려오려 하였다. 그러나 아무도 태조를 데려올 수 없었다. 그런데 무학 왕사가 나서서 태조의 마음을 돌려놓았다고 하니 무학에 대한 태조의 신임이 얼마나 두터웠는지를 알게 해주는 대목이다.

숙빈 최씨는 조선 제19대 임금 숙종의 후궁이었다. 궁인의 비복, 무수리 신분으로 임금의 은총을
입어 후궁이 되었다는 것은 전례가 없을 정도로 대단한 신분 상승이었다.

　그렇다면 숙빈 최씨는 대체 어떤 사람이기에 무수리 신분으로 왕을 사로잡을 수 있었던 것일까?
물론 숙빈 최씨가 기본적으로 갖춘 미모라든가 착하고 부드러운 성품이 제일 중요한 요인이겠지만
여기서 빠뜨리지 말고 살펴봐야 할 부분이 숙빈 최씨를 둘러싼 주변의 조건과 숙종 임금 당시의 사회
상황이다. 조선 중기의 특징을 간단하게 말해 보라고 한다면 제일 먼저 붕당 정치를
떠올릴 것이다. 붕당 정치의 폐해가 절정에 이른 것이 숙종과 숙빈 최씨가 서로 만나
사랑을 꽃피우던 그 시절이었다.

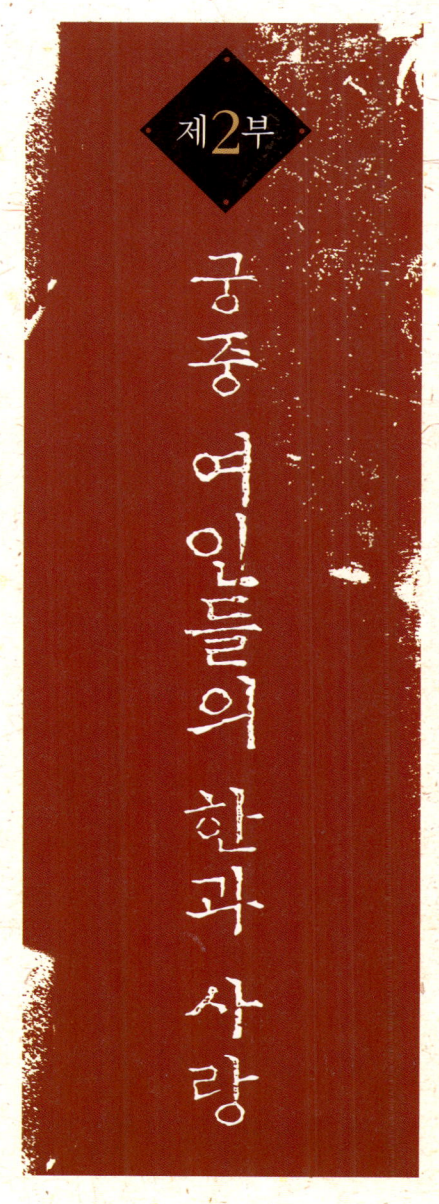

제2부

궁중 여인들의 한과 사랑

· 임금의 어머니가 된 궁궐 무수리 |숙빈 최씨|
· 태종에게 바친 궁녀의 청춘 |소빈 노씨|
· 왕비가 된 시골 처녀 |순임이|

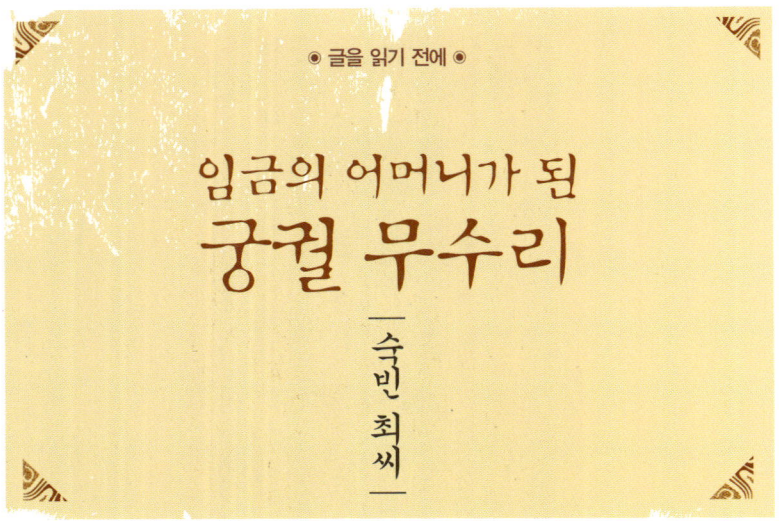

임금의 어머니가 된
궁궐 무수리

— 숙빈 최씨 —

**이야기의
시대적 배경**　　　이 이야기의 주인공 숙빈 최씨는 조선 제19대 임금 숙종의 후궁이었다. 궁인의 비복婢僕, 무수리 신분으로 임금의 은총을 입어 후궁이 되었다는 것은 전례가 없을 정도로 대단한 신분 상승이었다.

　그렇다면 숙빈 최씨는 대체 어떤 사람이기에 무수리 신분으로 왕을 사로잡을 수 있었던 것일까? 물론 숙빈 최씨가 기본적으로 갖춘 미모라든가 착하고 부드러운 성품이 제일 중요한 요인이겠지만 여기서 빠뜨리지 말고 살펴봐야 할 부분이 숙빈 최씨를 둘러싼 주변의 조건과 숙종 임금 당시의 사회 상황이다.

　일단 숙빈 최씨의 활동 공간이 궁궐이었기 때문에 그곳을 중심으로 펼쳐진 당시의 상황을 자세하게 살펴보기로 하겠다.

조선 중기의 특징을 간단하게 말해 보라고 한다면 제일 먼저 붕당 정치를 떠올릴 것이다. 붕당 정치의 폐해가 절정에 이른 것이 숙종과 숙빈 최씨가 서로 만나 사랑을 꽃피우던 그 시절이었다.

굳이 당쟁의 전개 과정을 구구절절하게 설명할 필요는 없을 테지만 서로 실권을 잡으려고 당파 간에 물고 물리는 공방전을 벌였고, 그에 따라 주변이 온통 어수선했다는 점만은 분명히 해야 할 것 같다. 게다가 엎친 데 덮친 격으로 인현 왕후 민씨 폐출 사건을 두고 왕과 신료들 간에 충돌이 일어나 조선 사회를 더욱 어지럽게 만들었다. 당시 궁녀로 들어와 있던 장희빈은 숙종의 총애를 독차지했다. 그러던 중 장희빈이 균(후일 경종)을 낳자 숙종은 그를 세자로 책봉하려 하였다. 이에 송시열은 왕비 민씨의 나이가 많지 않으니 균을 세자로 봉하는 것이 이르다고 상소하였다.

그러나 숙종은 화를 벌컥 내며 송시열의 의견을 묵살했다. 이에 힘을 얻은 이현기, 남치훈, 윤빈 등과 같은 남인들이 송시열의 상소를 논박했다. 그 결과 송시열은 파직과 함께 제주도로 유배를 가게 되었다.

겉보기엔 세자 책봉을 둘러싼 왕과 신하의 충돌 같지만 이 또한 서인과 남인의 치열한 당파 싸움의 연장이었다고 보는 것이 옳다. 결국 숙종에게 밉보인 서인은 크나큰 타격을 입고 말았다. 서인의 영수를 비롯한 많은 인물이 파직 또는 유배를 면치 못했다. 이에 반해 남인들은 정계에 대거 등용되었다. 이때의 사건을 기사환국己巳換局

또는 기사사화己巳士禍라고 부른다.

그런데 그해 5월, 희빈 장씨의 간계로 왕비 민씨마저 폐서인이 되어 사가로 쫓겨나고 만다. 이때도 오두인, 박태보 등 서인 80여 명이 상소하여 반대하고 나섰지만 그들에게 돌아온 것은 참혹한 형벌뿐이었다. 이런 일련의 사건이 있고 나서 세상은 온통 남인의 것이 되었다. 이때가 1689년(숙종 15)이었다.

그러나 1694년에 이르러 남옥濫獄 문제가 불거지고 민비가 다시 복위하면서 남인들은 정계에서 완전히 퇴출당하고 만다. 이로 말미암아 정권은 다시 노론과 소론으로 분열된 서인에게 돌아간다. 이때부터 노론과 소론 사이에 다툼이 생기고 이 과정에서 노론이 주도권을 쥐자 소론은 정치적 박해를 받기도 한다. 이후로 노론과 소론 간에 벌어진 정쟁은 전례를 찾아보기 어려울 정도로 격심한 것이었다.

그러나 신료들 사이에 벌어진 정쟁은 오히려 숙종의 왕권을 강화하는 계기가 되기도 하였다. 이러한 가운데 애증의 편향이 심했다고 평가받는 숙종은 민비와 희빈 장씨 사이를 오가며 분란을 일으키기도 하였다.

숙빈 최씨는 사실 유복한 집안에서 태어나 아무런 문제없이 성장한 사람이 아니었다. 무수리라는 궁중에서의 직책만 봐도 그녀가 지나온 날을 짐작해 볼 수 있다. 그런 그녀가 왕의 부인이 되고, 조선제 21대 임금 영조의 어머니가 되기까지 얼마나 많은 시련과 고난을 극복했겠는가. 그녀의 일생을 깊이 있게 살펴보기로 하자.

영조의 어머니가 된 무수리

무수리는 궁중에서 청소 따위의 잔심부름과 함께 물을 담당하던 여자 궁녀이다. 그래도 궁녀에 속한 처지여서 환관을 제외하고는 평생남자를 만나지 못하고 수절해야 했던 그들의 일생은 참으로 고달픈것이었다. 궁궐에 들어온 순간 왕의 소유물이 되어 죽을 때까지 맡은바 업무만을 해 나가야 했다. 물론 궁녀들은 임금의 은총을 입어 후궁의 자리에 오른다는 희망이 있었다. 그러나 나인의 비복에 불과했던무수리에게는 아무런 희망도 없었다.

그런데 궁중을 지키는 여인 중에서 가장 미천하다는 무수리 출신으로 임금의 후궁이 된 여자가 있다. 그뿐만 아니라 임금의 은총을 받아아들을 낳았는데 그가 곧 조선 제21대 임금 영조였다.

이 놀라운 이야기의 주인공은 이미 앞에서 밝힌 바대로 숙종의 후궁이기도 한 숙빈 최씨였다. 숙빈 최씨는 최효원의 딸로 궁벽한 집안에서 태어나 어린 나이에 강원도 사람에게 시집을 갔다.

그런데 무슨 사정이 있었는지 오래지 않아 파국을 맞이하고 말았다. 이때의 일이 역사서에는 이렇게 기록되어 있다. 숫처녀의 몸으로 결혼 생활을 정리한 숙빈 최씨가 곧 궁궐로 들어가 무수리가 되었다고.

이미 출가한 여자이니 결혼 생활에 파국이 찾아왔다 하여 친정으로 돌아갈 수는 없었을 것이다. 그래서 궁궐 무수리가 된 것이 틀림없었다.

어쨌든 궁녀가 되었으니 숙빈 최씨는 궁궐에서 뼈를 묻어야 할 운명이었다. 그러한 운명을 자신의 것으로 받아들이며 살아가던 최씨는 왕비, 인현 왕후 민씨가 폐출되는 끔찍한 사건을 목격한다. 직접적으로 수발을 든 것은 아니지만, 먼발치에서나마 인현 왕후 민씨를 모셨기에 최씨는 인생의 덧없음을 느낄 수밖에 없었다. 국모의 자리에 앉아 만백성의 어머니로서 행복을 누리던 인현 왕후 민씨가 하루아침에 서인이 되어 버렸으니 말이다.

숙빈 최씨의 아버지 최효원의 가계를 간략하게 살펴보면 다음과 같다.

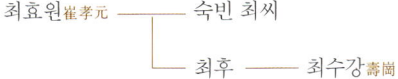

최효원崔孝元 ─┬─ 숙빈 최씨
　　　　　　└─ 최후 ─── 최수강壽崗

최효원은 당시의 급박한 정치 상황을 간파하고 있었던지 숙빈 최씨의 동생을 낳았을 때 '겁낼 후' 자를 써서 아들의 이름을 지었다. 매우 특이하고 재미있는 이름이라고 할 수 있는데 아슬아슬한 외줄타기 정치 마당에서 아들이 살아남기를 바라는 마음에서 이런 이름을 지어 주었으리라 사료된다.

감고당터 感古堂址

감고당은 조선 숙종 계비 인현왕후(仁顯王后) 민씨가 살던 친정집이다. 인현왕후는 14살에 왕비로 간택되었다가 장희빈의 모함으로 폐서인되어 6년간 감고당에 갇혀 살다가 환궁하였다. 지금은 도봉구 쌍문동 덕성여자대학교로 옮겨져 있다.

Site of Gamgodang House

Gamgodang was the house where the parents of Queen Consort Inhyeon, wife of Sukjong, the 19th king of the Joseon Dynasty, lived.

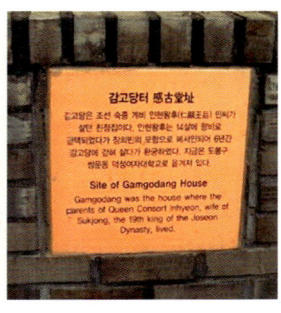

인현 왕후/감고당터 (서울 종로구)
덕성여자대학교 교문에 위치한 감고당터 표지.

민씨의 몰락은 장희빈이 나타나 숙종의 총애를 한 몸에 받으면서부터 시작되었다. 특히, 장희빈이 아들을 낳고 그 아들이 세자로 책봉되는 과정에서 인현 왕후 민씨는 뼈저린 아픔과 왜소한 자신의 모습을 실감하기도 하였다. 인현 왕후의 나이가 아직 어리니 세자 책봉을 미뤄야 한다고 주장하던 송시열이 관직을 삭탈 당하고 유배길에 올랐다가 사사될 때까지 인현 왕후는 혼자 힘으로 아무것도 할 수 없었다.

송시열이 죽었을 때 인현 왕후 민씨는 이미 자신의 운명을 예감하고 있었는지도 모를 일이었다. 장희빈의 간계에 희생양이 되어 서인으로 전락한 채 안국동 사가로 쫓겨 가던 인현 왕후 민씨의 모습은 쓸쓸하고 애절했다.

돌이켜 보면 목숨이 붙어 있다 해도 어느 순간에 어떻게 될지 모르는 것이 인간의 운명이다. 청춘도 금방이요, 부귀를 누리던 자의 몰락도 어느 한순간이다.

덧없는 세상사의 이치를 알고 있으면서도 무수리 최씨는 인현 왕후 민씨의 폐위를 좀처럼 이해할 수가 없었다. 일국의 왕비 자리는 지엄

한 것이어서 오르기도 어렵지만 타인들이 쉽게 끌어내릴 수 없는 자리 아니던가.

인현 왕후 어필

그런데 그즈음 인현 왕후를 궁 밖으로 몰아내고 기가 오른 장희빈(이때부터는 숙종의 비가 되었으니 장비라고 부르는 것이 옳겠다)은 돌이킬 수 없는 실수를 저지르고 만다. 무당과 신통한 능력을 지닌 장님에게 지시하여 툭하면 인현 왕후를 저주하곤 하였던 것이다. 서인으로 강등시켜 궁 밖으로 내몬 것만으로는 아무래도 부족했던 모양이다. 기실 장비는 왕비 민씨가 죽어 없어지기를 간절하게 원하고 있었다.

한편, 무수리 최씨는 인현 왕후 민씨가 사가로 쫓겨난 그해부터 일 년에 한 번씩 특별한 행사를 치르곤 하였다. 민씨의 생일이 되면 벽에 그녀의 옷을 걸어 놓고 만수무강과 왕비 복위를 절절하게 빌어 주었던 것이다.

간악하기 이를 데 없는 장비와 그에 대항하여 민씨의 행복을 간절히 빌어 주었던 심성 고운 여인 무수리 최씨. 숙종 임금과 함께 이들 두 여인이 만들어낸 사연은 숨 가쁠 정도로 긴박하기만 했다.

인연은 돌고 돌아

당시 숙종은 인현 왕후 폐출과 장비와의 잦은 불화 때문에 마음 둘 곳이 없었다. 가슴은 늘 허전했고, 위안을 얻을 만한 일도 좀처럼 생기지 않았다.

그러던 어느 날, 숙종은 어지러운 심기를 달랠 겸 미복으로 궁중을 순회했다. 그런데 멍한 마음으로 걸어가노라니 문득 이상한 광경이 눈에 들어왔다.

때는 깊은 밤이었다. 그리 멀지 않은 곳에 불이 환하게 켜진 방이 있었다. 이 깊은 밤에 누가 잠 못 들고 불을 환하게 켜놓은 것일까. 숙종은 궁금한 마음에 그곳으로 천천히 다가갔다. 헌데 조금 걷다 보니 요상한 소리가 들려오는 것이 아닌가. 그 자리에 서서 가만히 귀를 기울여 보니 괴상망측한 주문 소리였다. 마치 무당들이 경중경중 뜀을 뛰며 내는 소리 같았다.

숙종은 순간적으로 화가 벌컥 났다. 궁중에서의 푸닥거리는 왕명으로 엄금한 지 오래였던 것이다. 숙종은 입술을 꽉 깨물며 그 방 앞으로 다가가 다시금 귀를 기울였다.

"폐비 민씨가 이 화살을 맞고 급살을 맞게 해줍소. 그도 아니면 화살 맞은 자리마다 악창이 나게 해 주십시오……."

숙종은 기가 탁 막혔다. 철천지원수가 아닌 이상 이처럼 악독한 저주는 퍼부을 수 없을 터였다. 숙종이 이런 생각을 하는 동안에도 끔찍한 독설과 알아듣기 어려운 괴상한 주문 소리는 이어지고 있었다. 숙종은 마음을 안정시키려고 애쓰며 창문을 통해 안을 슬쩍 들여다보았다.

'아니, 저것은!'

숙종은 벌어진 입을 다물지 못했다. 사가로 쫓겨난 폐비 민씨의 옷을 벽에 걸어 놓고 머리에 고깔을 쓴 무당들이 춤추며 화살을 쏘고 있었던 것이다. 고슴도치처럼 무수하게 화살을 맞은 폐비 민씨의 옷이 처참해 보일 정도였다. 게다가 무당들 옆에는 장님이 하나 앉아서 폐비 민씨를 저주하는 것이 아닌가.

숙종은 저렇듯 천한 무리에게 인현 왕후 민씨가 능욕당하는 것이 분하고 원통하기만 했다. 숙종은 즉각 방문을 박차고 들어가며 소리쳤다.

"천하고 요망한 것들. 감히 누구를 저주하는 게냐?"

"에구머니나! 저, 전하……."

순식간에 벌어진 일이라 무당들과 장님은 당황한 얼굴을 감추지 못하며 바닥에 꿇어 엎드렸다. 숙종은 임금의 명을 어긴 데다 한때 국모이기도 했던 자신의 비에게 몹쓸 짓을 저지른 이들 무리를 용서할 마음이 전혀 없었다. 그렇다고 전후 사정을 따져 묻고 싶지도 않았다. 장비가 시켜서 한 일이 틀림없을 테니 말이다.

"이것들을 모두 끌어내어 죽이거라."

장님과 무당들은 기겁하며 장비가 시켜서 한 일이라고 변명했다. 그러나 숙종은 못 들은 척 그 자리를 떠나 버렸다.

"어찌 사람이 그리도 교만 방자하고 요망 간특하단 말인가. 아무리 세자의 생모라 해도 더는 용서하지 않으리라."

심사를 달래려고 밖으로 나갔다가 화만 더 얻어 침소로 돌아온 숙종

淑明公主房

封

몬졔는챵망듕덧업시돈니오
니 그새심회야어이니 떡 소리
잇가병환은나날낫주오셔 죽을
거의여샹흉오신가시보니 흔힝
흥오미아무라압소와흥오며언졔
다시반가이뵈올고기드리고잇습
느이다

幼學金元澤處
賜給
草注紙二卷
各色筆十五柄
各樣墨十笏

숙종 대왕 국문 어필

은 장비를 떠올리며 고개를 내저었다. 세자만 아니었다면 장비는 벌써 여러 차례 민가로 쫓겨났을 것이다. 옛날 성종이 그랬듯 어린 세자에게 아픔을 주고 싶지 않아 지금껏 꾹꾹 참아온 것뿐이었다.

'세자가 문제로구나. 세자……'

자식 잘못되기를 바라는 부모가 어디 있으랴. 숙종은 세자를 떠올리는 사이 장비를 내치겠다던 마음이 스르륵 누그러드는 것을 느꼈다.

'다시 한 번만 더 이런 일이 발각될 시에는 아무리 세자가 중하다 해도 장비를 용서하지 않으리라.'

그런데 그로부터 며칠 후인 1693년(숙종 19) 4월 23일 밤이었다. 숙종은 여느 날과 마찬가지로 밤이 깊어지자 궁중을 천천히 거닐고 있었다. 어느 궁벽한 곳에 이르렀을 때였다. 문득 앞을 살피니 며칠 전과 마찬가지로 불빛이 훤하게 새어나오는 방이 있었다.

숙종은 이번에도 장비가 못된 짓을 벌이는 줄 알았다. 세자를 위해 지난번 일을 모르는 척 덮어 주었더니 왕명을 우습게 알고 요망한 짓을 또 벌이는 것이 분명했다. 정말 그런 것이라면 이번에야말로 본때를 보이고 말리라 마음먹었다. 문제의 그 방으로 다가가는 숙종의 표정은 결의에 차 있었다.

그런데 방 앞으로 다가간 숙종이 힐끗 안을 들여다보니 뜻밖의 광경이 펼쳐지고 있었다. 벽에 옷 한 벌이 걸려 있는 것은 무당들과 장님이 머물던 방에서 본 것과 똑같았다. 그런데 방이 이상할 정도로 조용했다. 그도 그럴 것이 젊은 무수리 하나가 음식상을 차려놓고 앉아 벽에 걸린 옷을 바라보며 소리죽여 울고 있었던 것이다. 그녀가 바로 무수리 최씨였다.

호기심에 사로잡힌 숙종은 방문을 열고 안으로 들어갔다. 숙종을 확인한 최씨가 소스라쳐 놀라며 바닥에 엎드렸다.

"지금은 야심한 시각. 이게 다 무슨 일이냐? 저 옷은 무엇이며 음식상을 이렇게 차려놓고 우는 이유가 무엇이냐?"

최씨는 벌벌 떨기만 할 뿐 숙종의 물음에 대답하지 못했다.

"어서 말해 보라고 하지 않았더냐."

임금의 채근이 다시 이어졌다. 그제야 최씨는 떨리는 음성으로 대답했다.

"죽여주시옵소서."

"죽여? 죽이든 살리든 앞뒤 사정을 알아야 어찌해 볼 것 아니겠느냐. 바른대로 아뢰어라."

잠시 머뭇거리던 최씨가 벽에 걸린 옷을 바라보며 간신히 말을 이었다.

"오늘이 바로 폐출되신 민 중전 마마의 탄신일이옵니다. 전에 먼발치에서나마 마마를 섬기던 일을 생각하니 그냥 있을 수가 없었나이다. 그래서 마마의 만수무강을 빌고자……. 그저 죽여주시옵소서."

이야기를 하다 보니 감정이 북받친 최씨가 치닷자락으로 얼굴을 가리며 오열했다. 최씨도 사사로이 누군가를 저주하거나 무언가를 기원하는 일이 금기라는 것을 잘 알고 있었다. 그랬기에 그저 죽여 달라고 이야기한 것이다.

그런데 이상했다. 벌을 내릴 줄 알았던 숙종이 처연한 눈길로 벽에 걸린 폐비 민씨의 옷을 바라보며 자조 섞인 목소리를 내는 것이 아닌가.

"그래, 오늘이 왕비의 생일이었구나."

그러고는 바닥에 털썩 주저앉더니 최씨를 멀뚱멀뚱 바라보았다. 최씨는 몸 둘 바를 몰라 하며 고개를 숙였다.

"보아하니 민 중전의 안전을 기원하는 것이 다 끝난 모양인데 그 상을 이리 가져오너라. 술을 좀 마시고 싶구나."

숙종의 파격적인 분부에 최씨는 화들짝 놀라 어찌할 줄을 몰랐다.

"뭘 그리 놀라느냐. 민 중전에게 올리는 음식과 술을 내가 좀 밤참으로 먹자 하는데."

"전하, 그러하오면 다시 주안상을 갖추어 올리겠나이다."

무수리 형편에 맞게 대강 차려낸 생일상이라 임금 앞에 내놓기가 민망하기 이를 데 없었다. 하여 이러지도 저러지도 못하고 망설이는데 숙종이 스스로 상을 끌어다가 앞에 놓더니 술잔을 집어 들며 최씨에게 따르라고 하였다. 최씨는 황감한 마음이 되어 술을 따랐다. 갑자기 눈물이 핑 돌았다. 웬일인지 제대로 시립하고 서 있을 수도 없을 만큼 서러움이 밀려왔다.

그런데 거듭거듭 잔을 비우던 숙종이 어느 순간 뒤로 눕더니 그대로 잠들어 버리는 것이 아닌가. 누추한 곳이라 안 될 일이었지만 술에 취해 잠들었으니 최씨로서는 어쩔 도리가 없었다. 그녀는 서둘러 술상을 치우고 임금에게 자신의 이부자리를 펴 주었다. 그러고는 방문 밖에서 임금을 지키고자 돌아섰다.

"여봐라."

숙종이었다. 방문 여는 소리에 잠에서 깬 것일까. 최씨는 깜짝 놀라 돌아섰다.

"예, 전하."

"임금을 혼자 있게 내버려 두고 어딜 가느냐?"

"그게 아니오라……."

임금을 혼자 자게 하면 안 된다는 것쯤은 최씨도 잘 알고 있었다. 그러나 방 안에 같이 있기가 뭣하여 밖에서 임금을 지키고자 했던 것뿐이었다. 이런 이야기를 하려고 말문을 여는데 임금이 불현듯 손을 뻗어 최씨의 손목을 그러쥐었다.

최씨는 순간적으로 두려웠으나 황공하기도 하여 공연히 얼굴만 붉혔다. 기실 임금이 나인 축에도 못 끼는 무수리에게 손길을 뻗친다는 것은 상상할 수도 없는 일이었다. 게다가 인현 왕후마저 간계를 써서 내쫓은 바 있는 장비가 버티고 있지 않은가. 만약 이 사실을 장비가 안다면 최씨는 죽은 목숨이나 진배없었다.

"전하, 이러시면 아니 되옵니다. 천한 무수리의 몸에 전하의 옥수가 닿게 하셔서는 아니 되옵니다."

그러나 숙종은 이렇다 저렇다 말도 없이 최씨를 끌어당겨 품에 안았다.

그날 밤, 최씨는 숙종과 한 이불에서 잤다. 숙종은 그날 이후로도 때때로 최씨를 찾았는데 두 사람의 만남은 주로 깊은 밤에 이루어졌다.

장비의 분노는 궁궐을 뒤흔들고

어느덧 1693년(숙종 19)도 기울어가고 있었다. 12월 엄동이 닥치자 궁녀들은 종종걸음으로 궁궐을 오가는데 무수리 최씨만은 유독 걸음 걸이가 조심스러웠다. 그즈음 최씨에게는 기뻐해야 할지 슬퍼해야 할지 모를 고민이 한 가지 생겼다. 몸에 변화가 나타나기 시작한 것이다. 임신이었다.

엎친 데 덮친 격으로 해가 바뀌면서부터는 입덧과 구역질을 심하게 했다. 임신 사실을 최대한 숨기려고 했지만 시도 때도 없이 찾아오는 입덧과 구역질만은 최씨로서도 어쩔 도리가 없었다.

아마도 그 때문이었을 것이다. 최씨가 헛구역질하는 모습을 본 궁녀들이 서로 소곤거리는가 싶더니 최씨의 임신 사실이 온 궁내에 퍼졌다.

장희빈 묘 (서울 서오릉 內)

장경(장희빈 아버지) 신도비 (경기도 고양)

궁궐 내에는 장비의 심복들이 요소요소에 박혀 있었는데 조 상궁도 그중 하나였다. 어느 날, 최씨가 임금의 은총을 입어 임신했다는 소식을 접한 조 상궁은 놀란 나머지 허겁지겁 장비의 침방으로 달려 들어갔다.

장비는 웬일인가 싶어 조 상궁을 놀란 눈으로 맞이했다. 이윽고 최 무수리의 임신과 그간 비밀스럽게 이루어진 숙종과 최씨의 만남에 관한 이야기가 조 상궁의 입에서 새어나오자 장비의 낯빛이 하얗게 변했다.

"기가 막혀 말이 안 나오는구나. 일국의 지존이라는 분이 계집이 그렇게도 없어 비자 년 무수리를 몰래 품었단 말이냐?"

장비는 부르르 몸을 떨며 표독스럽게 눈을 빛냈다. 아무래도 무수리 최씨를 잡아다가 물고를 낼 작정인 것 같았다.

아니나 다를까, 장비는 며칠 동안 끙끙 앓다시피 하며 분을 삭이다가 더는 참지 못하고 사람들을 보내 최씨를 잡아들였다.

최 무수리는 중전 뜰로 잡혀가면서 장비의 독한 성격을 잘 알기에 이제 죽었구나, 각오했다. 그러나 모성이라는 것 때문이었던지 뱃속의 아기만은 어떡하든 지켜내야 한다는 생각에서 두 손으로 가만히 배를 감쌌다.

오래지 않아 장비가 나타났다. 매섭게 쏘아보는 눈길에 살기가 가득했다. 최씨는 부르르 몸을 떨었다. 1월 하순의 살을 에는 듯한 추위 때문만은 결코 아니었다.

"네가 최씨 성을 쓰는 무수리냐? 폐비 민씨 처소에서 일했다고 하던데 맞느냐?"

"중전 마마, 황공하옵니다."

장비의 얼굴에는 감정을 최대한 억제하려고 애쓰는 빛이 역력했다. 그러나 최씨의 눈에 비친 그녀의 모습은 발톱을 교묘하게 숨겨 놓은 채 때를 기다리는 맹수의 그것과 조금도 다르지 않았다. 그래서 차분해지려고 애쓰는 그녀의 태도가 더욱 무섭게 느껴졌다.

"왜 말이 없는 게냐? 황공하다는 대답밖에 할 말이 없느냐?"

임금의 어머니가 된 궁궐 무수리 | 숙빈 최씨

"쇤네는 그저······."

말끝을 맺지 못하고 얼버무리는 최씨를 향해 장비가 어느 순간 두 눈을 번득였다. 이것이 장비의 한계였는지도 모를 일이었다.

"황공한 줄 알면서 무수리 주제에 전하를 모셨단 말이냐? 게다가 태기까지? 죽을 각오를 하고 저지른 일일 테지?"

장비의 목소리는 음산하기 이를 데 없었다. 최씨는 조금 전보다 더 심하게 몸을 떨며 그저 황공하다는 말만 연발했다.

"내가 직접 확인해야겠으니 배를 내밀어 보아라."

사람들이 있는 곳에서 배를 보자고 하다니! 최씨는 하늘이 무너지듯 절망적인 기분이었다. 장비는 최씨가 우물쭈물하자 대뜸 좌우에 대고 소리쳤다.

"어서 저년의 옷을 벗기지 않고 뭐 하는 게냐?"

벌건 대낮에 임금의 은총을 입은 바 있는 여자의 옷을 벗기라고 하니 궁인들도 망연한 표정을 지었다. 그러나 장비의 표독스러운 질타가 계속 이어지자 그들도 어쩔 도리가 없었다. 일제히 달려들어 최씨의 옷을 모두 벗겼다.

몸에 실오라기 하나 남지 않자, 최씨는 뭉개진 여자의 자존심을 어쩌지 못하고 돌아서서 흐느꼈다. 이때부터 국모의 체면이고 뭐고 던져 버린 장비는 욕설을 상스럽게 늘어놓기 시작했다.

"이런 발칙한 년! 임신한 것이 틀림없구나. 네년은 목숨이 몇 개나 되기에 이런 끔찍한 짓을 저질렀단 말이냐? 무수리 주제에 감히 상감을 현혹시켜 왕손을 임신해?"

문밖에서 부르는 조선의 노래

최씨는 억울한 심정이나마 벗어 보고자 자신이 왕을 현혹시킨 것이 아니라 그가 스스로 찾아와 자신을 품었다고 반박했다. 그러나 이미 이성을 잃은 장비의 귀에 그 이야기가 들릴 리 만무했다. 아무 소리도 귀에 들리지 않기는 최씨도 마찬가지였다. 살인적인 추위와 여자의 자존심을 송두리째 짓밟아 버린 장비의 만행에 최씨는 얼이 빠져 버리고 말았다.

그런데 어느 순간 정신을 차려 보니 뱃속의 아기 아버지가 임금이 아니라 하찮은 무감 아니냐고 유도하듯 다그쳐 묻는 것이 아닌가. 무감과 관계하여 애를 임신하고는 임금을 꾀어 팔자를 고치려 든다는 것이었다.

"그것은 모함입니다. 저는 상감마마 외에는 남자를 모릅니다."

"뭐라? 모함? 이년이 감히 어느 안전이라고 주둥이를 막 놀리는 게냐? 여봐라, 저년을 기둥에 묶어라!"

장비가 발을 쾅쾅 구르며 명령했다. 얼마나 독이 올랐는지 머리에 쓴 관이 떨어지는 것도 몰랐다. 이렇듯 광기에 사로잡힌 장비는 곧바로 미리 준비해 두었던 회초리를 집어 들었다. 그러고는 어서 이실직고하라며 닥치는 대로 후려치기 시작했다. 어느 순간 아랫배에 회초리가 쫘악 소리를 내며 휘감겼다. 머릿속이 아찔허진 최씨는 결사적으로 배를 막았다.

최씨의 그러한 모습에 더 광분한 것이었을까. 여러 개의 회초리를 한꺼번에 쥐고 매질을 해대던 장비가 그도 모자라 궁인들에게 불이 활활 타는 화로와 인두를 가져오라고 일렀다. 단근질을 시작하려는 것이었다.

마침내 시뻘겋게 달아오른 인두를 숯불 속에서 뽑아 든 장비가 마지막 자비를 베풀겠다는 듯 히죽 웃으며 물었다.

"이년, 어서 바른대로 대라. 네 배에 든 아이가 무감 놈의 씨렷다?"

"아니옵니다. 상감마마의 은총을 입었을 뿐입니다. 억울합니다, 중전 마마."

순간 장비의 얼굴이 불에 달군 인두만큼이나 벌게졌다.

"어디 누가 이기나 해보자."

장비는 이 말과 함께 인두로 최씨의 온몸을 지져대기 시작했다. 최씨는 고통을 참아내려고 이를 악물었다. 그러나 장비가 숯불 속에서 새로 꺼내 든 인두로 자신의 가장 은밀한 국부를 지져대기 시작한 순간 최씨는 참지 못하고 비명을 내질렀다.

아무리 생각해도 장비는 인간이 아니라 여자의 탈을 쓴 악마와도 같았다.

"이 음탕한 년! 뜨끈한 인두 맛이나 실컷 보다가 죽어라!"

살타는 소리와 냄새를 즐기는 사람 같이 놀랍게도 장비는 웃고 있었다.

그런데 장비가 시뻘겋게 달아오른 인두를 화로에서 또다시 뽑아들려 할 때였다. 저만치 떨어져서 밖을 살피던 궁녀 하나가 황망한 얼굴로 뛰어오며 소리쳤다.

"주, 중전 마마. 크, 큰일 났사옵니다. 상감마마, 상감마마께옵서 이리로 납시고 계시옵니다."

이 말에 장비는 놀라 우왕좌왕했다. 그렇지 않아도 무당과 장님을 동원하여 폐비 민씨를 저주한 일로 숙종의 눈총을 받는 장비였다. 이제 이 일마저 발각되는 날이면 중전 자리마저 장담할 수 없는 상황이었다.

사람은 무엇으로 사는가

숙종은 궁인들의 입을 통해 중전 뜰에서 벌어지는 일을 모두 전해 들었다. 하여 마음속으로 단단히 벼르며 달려온 참이었다. 그런데도 무수리 최씨를 중전 뜰 한편 커다란 항아리 속에 가두어두고 주변 정리까지 끝낸 장비는 시침을 뚝 떼고 있었다.

그러나 등잔 밑이 어둡다는 말이 있듯 장비는 자신의 옷고름에 묻은 붉은 피를 발견하지 못했다. 숙종이 그것을 놓칠 리 없었다. 웬 피냐고 다그치며 눈치를 살피니 장비의 표정이 새파래졌다. 중전 뜰로 들어설 때부터 커다란 항아리를 눈여겨보아 두었던 숙종은 수행한 무감에게 그것을 치워 보라고 명하였다.

숙종실록 19년 계유(1693, 강희 32) / 4월 26일(기해)
최씨(崔氏)를 숙원(淑媛)으로 삼도록 명하였다.

장비는 펄쩍 뛰며 항아리를 치우지 못하게 하였지만 결국 무감의 억센 손이 육중한 그것을 한쪽으로 들어 옮겼다. 순간 실오라기 하나 걸치지 않은, 피에 곤죽이 된 나체가 나타났다.

깜짝 놀란 숙종이 달려가 살펴보니 무수리 최씨였다. 얼마나 닦달을 했으면 사람의 몸이 이 지경이 되었겠는가. 숙종은 나이 많은 상궁을 시켜 최씨를 옮겨다가 치료케 하는 한편 이글거리는 눈빛으로 장비를 노려보며 못 박았다.

"악독한 계집이로다! 내 반드시 너를 폐위시키고 죄를 물을 것이다!'

그러나 장비는 기가 죽기는커녕 맞받아 소리치며 천한 무수리에게 마저 은총을 베푼 임금의 가벼운 처사를 비난했다. 세자를 믿고 저렇듯 안하무인이 되어 버린 것이 틀림없었다. 여자가 얼마나 악랄해질 수 있는가 두 눈과 귀로 확인한 숙종은 진저리를 치며 중전 곁을 떠나 버렸다.

한편 궁녀들의 정성스러운 간호와 수십 명의 금위, 여관들의 호위를 받으며 최 무수리의 몸은 서서히 회복되어 갔다. 그러나 워낙 만신창이가 되어 버린 몸이었기 때문에 한동안 운신조차 하지 못했다.

그런 중에도 숙종이 자신에게 종4품 숙원淑媛을 내려주고, 장비가 다시는 해치지 못하도록 사람을 수십 명이나 붙여주자 최씨는 눈물을 흘리며 감사함을 표했다.

참으로 혹독한 체벌을 당했지만 다행스럽게도 뱃속의 태아는 떨어지지 않았다. 최 숙원이 임신을 하였고, 그 고난을 겪었는데도 아이를 끝내 지켰다는 사실을 알고 숙종은 세상을 다 얻은 사람처럼 기뻐했다. 장비가 낳은 세자 균 외에는 소생이 없었기에 기쁨은 배가될 수밖에 없었다.

'천하디 천한 궁중 무수리가 숙원이 되었으니 이 일을 어쩌면 좋누.'

깊은 밤 끙끙 앓다가 깨어난 최 숙원은 최근에 자신에게 닥친 모든 일들이 꿈인가 생시인가 아득하기만 했다. 생각해 보면 살아가는 일은 날아가는 바람을 잡는 일만큼이나 허망했다.

궁벽한 집안에서 태어나 비록 거친 밥에 보리죽으로 연명했을 뿐이지만 부모님 품에 있을 때는 참으로 행복했다. 그러나 열 살을 넘기면서 철이 나고 팍팍한 세상살이에 부딪힐 때마다 부모님이 쏟아내는 넋두리를 들으며 최 숙원은 살아가는 고통을 처음으로 배웠다.

그러다가 가난한 집안 형편에 입이라도 하나 줄이자는 부모님의 채근을 어쩌지 못하고 강원도 삼척으로 팔려가듯 시집을 간 것이 최 숙원의 나이 열다섯 살 때였다.

유난히 몸에 털이 많던 그 사내. 삼척의 김 부자라고 소문 난 그 사내와 최 숙원이 어떻게 헤어지게 되었는지 역사 기록에 남아 있는 것은 없다. 아무튼 최 숙원은 징그러우리 만큼 털이 많고 거대한 그 사내가 무서웠다. 그러나 부부의 정도 나누지 못하고 헤어지게 될 줄 알았다면 마음이나마 곱게 가질 걸 그랬다는 후회가 이제야 찾아들었다.

그런데 항간에 영조 임금이 숙종의 자식이 아니라 삼척 김 부자의 핏줄이라는 이야기가 떠돈 적도 있었다. 야사에 불과한 이야기라 신빙성은 없지만 김 부자에게 시집간 최 숙원이 과연 합궁을 하지 않았겠는가 하는 의문과 함께 유난히 몸에 털이 많은 영조의 모습이 논란을 불러 일으켰다. 기실 조선의 왕들은 어느 한 사람도 영조처럼 몸에 털이 많지 않았다. 그러나 이 이야기를 믿을 수 없는 결정적인 이유가 있다. 당시 경종을 따르던 소론 세력이 일방적으로 주장한 내용이었다는 점 때문이었다. 소론 파는 당시 경종의 죽음에 의문을 품고 있었다. 즉, 영조에 의해 일어난 독살 사건일 가능성이 농후하다고 주장하며 영조를 폄하하기에 혈안이 되어 있었던 것이다.

사정이 어찌되었든 숙종으로부터 뜻밖의 은총을 입고, 장비의 질투에 죽음 직전까지 내몰렸던 최 숙원은 임금의 후궁이 되는 것도, 부귀를 누리는 것도 다 싫었다.

'돌아보면 인생만큼 부질없는 것이 어디 있던가……. 잘난 사내가 무엇이고, 부귀가 무엇이며 명예가 무에 그리 좋더냐.'

최 숙원은 탐욕에 사로잡힌 세상 사람들의 삶을 하나하나 떠올려 보고 있었다. 과분한 욕심과 지칠 줄 모르는 탐욕이야말로 세상을 망치는 독이다. 그 때문에 얼마나 많은 사람이 헛되이 쓰러져 갔던가.

최 숙원은 두려웠다. 세상 사람들은 천한 무수리가 임금의 은총을 입어 벼락출세를 했다고 입방아를 찧을지 모르지만 아무리 봐도 위태로운 줄타기에 지나지 않았다.

사람에겐 그저 그날그날의 생활이 있을 뿐이다. 자신의 분수에 맞는 소망이 있고, 그것을 차츰차츰 이루어가는 생활이 있다면 그것으로 족하다.

'무수리는 천한 신분이라지만 내가 있기에 궁중에는 물이 떨어지지 않았고, 늘 깨끗했지. 그 때문에 나라님이 정사를 편안하게 펼친다면

그 얼마나 보람된 일인가. 아무리 생각해도 그때가 좋았어. 내 마음속에 탐욕이 깃들까 봐 두렵구나.'

숙원은 임금을 원망하고 있었다. 그가 은총을 베풀지 않았다면 탐욕이라는 시험대에 오르는 일은 없었을 테니 말이다. 그러나 이미 엎질러진 물 아니던가. 최 숙원은 어떤 경우에도 욕심 때문에 마음의 중심을 잃지 말아야 한다는 생각뿐이었다. 탐욕을 억제하고, 분수를 지키며 고운 마음으로 살아가는 것이 최고의 지혜일 터였다.

해는 서산으로 기울고

최 숙원의 몸이 회복되어 가는 모습을 지켜보며 숙종은 장비를 폐출하리라 각오하고 또 각오했다. 그러나 그것은 임금의 개인적인 감정에 따른 각오요, 선택이었을 뿐이다. 기실 당시의 조정은 남인들이 완전히 장악하고 있었다. 임금 혼자서 장비의 폐위를 결정하고 실행에 옮기기에는 무리였던 것이다. 하여 숙종은 들끓는 마음을 꾹 누르며 때를 기다리기로 마음먹었다.

그즈음 남인 정권을 이끌어가던 영수 민암은 위기감에 사로잡혀 있었다. 장비가 숙종의 관심권 밖으로 점점 밀려나고 있었기 때문이다. 장비를 적극적으로 지지함으로써 권력을 얻었듯 남인은 그녀의 몰락과 함께 정치 생명에 치명상을 입을 것이 분명했다.

상황이 이렇게 되자 민암은 자구책을 찾아 나서지 않을 수 없었다.

민암의 묘소 (경기도 양평)

서인 세력을 일소해 버리고, 불안한 정국을 유리한 쪽으로 뒤바꿀 수만 있다면 어떤 희생을 치른다 해도 좋았다.

그런데 1694년(숙종 20) 3월에 성균관 유생 김인金寅이 심상치 않은 상소를 올렸다. 상소의 내용을 대략 살펴보면, 장비의 오빠이기도 한 총융사 장희재張希載가 김해성金海成이라는 사람을 매수하여 폐비 민씨와 최 숙원을 살해하려 한다는 것이었다.

이때까지만 해도 숙종은 장비와 장희재가 또 일을 꾸미려고 그러는구나 생각하며 이번 사건을 철저히 조사하라고 엄명을 내렸다.

그런데 이튿날, 함이완咸以完이라는 사람이 유생 김인의 상소에 맞불을 놓으며 기이한 상소를 올렸다. 서인의 잔당들이 정변을 일으키려 한다는 것이었다. 사태의 추이를 가만히 지켜보던 우의정 민암閔黯은 서인 세력을 뿌리째 뽑아 버릴 절호의 기회라 여기며 무릎을 쳤다.

어전으로 달려간 그는 김춘택金春澤과 한중혁韓重赫 등이 서인 잔당들과 힘을 합쳐 폐비 민씨를 복위시키고, 정권을 다시 잡으려 한다는 보고를 올렸다. 숙종은 내심 장비를 위시하여 남인 중심으로 짜인 정권에 진절머리를 내고 있었다. 그러나 그는 민암에게 사건을 조사하여 처리하라는 명을 내렸다.

이에 민암은 회심의 미소를 지으며 옥사를 대대적으로 일으키려 하였다. 물론 그의 목적은 서인 잔당 세력의 제거에 있었다. 그러나 민암의 속셈을 훤히 알고 있던 숙종은 결정적인 순간에 남인을 모두 몰아내 버리고 서인을 다시 등용하는 갑술옥사甲戌獄事를 일으켰다. 이때 제주도로 위리안치 되었던 민암은 이의징李義徵과 더불어 사사되었다.

한편, 서인 세력이 등용되자 폐비 민씨의 복위 문제가 가시화되기 시작했다. 이는 장비의 몰락을 의미하는 것이기도 했다. 그러나 이때까지만 해도 장비는 상당히 유리한 자리를 차지하고 있었다. 세자의 어머니였기 때문이다. 만약 그때 장비가 그간의 잘못을 진심으로 반성하며 숙종에게 용서를 구했다면 자리보전은 얼마든지 가능했을 것이다.

그러나 그녀는 광적으로 발악하며 계속해서 분란을 일으켰다. 이에 숙종은 그해 4월 12일 폐비 민씨를 복위시키기로 결정하고는 장비를 희빈으로 강등시켜 버렸다.

숙종실록 20년 갑술(1694, 강희 33) / 4월 12일(기묘)
장씨(張氏)의 왕후 새수(王后璽綬)를 거두고, 이어서 희빈(禧嬪)의 옛 작호를 내려 주고 세자(世子)가 조석으로 문안하는 예(禮)는 폐(廢)하지 않도록 하라.

이리하여 장희빈으로 불리게 된 그녀는 세자와 만나는 것조차 금지당한 채 궁궐 한편 구석에서 회한의 세월을 보내게 된다. 그런가 하면 복위되어 궁으로 되돌아온 인현 왕후는 숙원 최씨와 더불어 서로 질투하는 일도 없이 평온한 일상을 보내고 있었다. 특히 숙원 최씨가 자신의 생일만 되면 눈물을 흘리며 만수무강을 기원해 주었다는 이야기를 듣고 인현 왕후는 더욱 숙원 최씨를 사랑해 주었다.

숙종실록 25년 기묘(1699, 강희 38) / 10월 23일(정해)
귀인(貴人) 최씨(崔氏)를 숙빈(淑嬪)으로 승급시키다.

그러던 어느 날 숙원 최씨는 장차 조선 제21대 임금으로 등극하게 될 왕자 금昑을 낳았다. 1694년(숙종 20) 9월 13일 창덕궁 보경당에서였다. 세자 외에는 자신의 소생이 없어서 늘 불안감에 사로잡혀 있던 숙종은 두 번째 왕자가 태어났다는 사실에 잔뜩 고무되어 숙원 최씨의 직첩을 숙빈淑嬪으로 올려 주었다. 숙빈이라면 정1품의 내명부였다.

궁인의 비복, 무수리에서 정1품 숙빈이 되기까지 최씨가 펼쳐나간 인생 역전 드라마는 기실 전례가 없을 정도로 경이로운 것이었다. 조선 시대 여인들 삶의 한계이기도 하지만 그녀의 인생을 성공으로 이끈 요인들을 가만히 살펴보면 특이하다고 할 것이 전혀 없다. 어려운 처지에 빠진 자신의 상전을 배신하지 않고 고운 심성으로 그녀의 안

전과 앞날을 빌어 주다가 숙종의 눈에 띄었고, 이에 따라 급격한 신분 상승을 이루게 된 것뿐이니 말이다. 그러나 언제 어디서든, 어떤 상황에서든 자신의 본분을 지키며 고운 심성을 지켜나간다는 것이 말처럼 쉬운 노릇은 아닐 터였다.

숙빈 최씨와 인현 왕후 민씨가 궁궐에 불어넣은 온화한 기운 때문이었을까. 항상 반목과 질시가 횡행하던 궁궐에 웃음꽃이 활짝 피어나기 시작했다. 이렇듯 화기애애한 분위기는 장희빈의 소생 세자 균과 숙빈 최씨의 소생 왕자 금에게도 전해져 두 사람은 친형제처럼 우애가 매우 두터웠다. 이러한 우애는 균이 조선 제20대 임금 경종으로 즉위하고 나서도 이어졌다.

그러나 당파 싸움에 휘말려 우여곡절을 겪던 경종은 재위 4년째를 맞이하는 해에 36세로 승하하고 만다. 이에 따라 숙빈 최씨의 소생 왕자 금이 1724년 8월 30일 오시에 창덕궁 인정문에서 왕위를 이어받았다.

아마도 영조는 자신의 즉위를 6년여 앞두고 숨을 거둔 어머니 숙빈 최씨가 몹시 그리웠을 것이다. 숙빈 최씨는 1718년(숙종 44) 3월 19일에 49세를 일기로 세상을 달리했는데 그해 5월 12일에 당시 양주 땅이었던 지금의 파주시 광탄면 영장리에 묻혔다.

한편, 영조는 어머니를 잃은 뒤였기 때문에 경종의 비 어씨魚氏를 왕대비로, 세자빈 서씨徐氏를 왕비로 책봉하였다.

기행문

소령원을
찾던 날

영조 대왕 어새

소령원昭寧園은 이름만큼이나 아름다운 자리에 잘 모셔진 숙빈 최씨의 원소園所이다.

아들 금은 왕위에 오르고 나서 영조 원년에 숙빈 최씨를 위하여 육상묘毓祥墓를 건립해(현재 서울시 종로구 궁정동 1-1, 칠궁七宮으로 청와대 담장 안쪽) 신위를 봉안하고, 그 옆에 여막을 만들게 했다. 처음에는 소령묘로 불렸으나 1753년(영조 29)에 육상궁으로 개칭하면서 원園으로 승

영조 대왕 어진

숙빈 최씨 신도비

격시켜 소령원이 되었다.

원역圓域은 산록 중단부에 동향으로 조성되어 있다. 봉분 후면에 곡장(담장)이 설치되어 있으며 네 귀퉁이에는 석호·석양을 2좌씩 배치하였고, 좌우로 망주석·문인석과 석마가 대칭형으로 배열되어 있다.

석물들이 전체적으로 간략한 형태를 갖추고 있고, 장명등은 사각기둥이며 석마의 다리 사이를 투조透彫 처리하지 않은 점 등에서 조선후기 석물 양식을 살필 수 있다. 동북 방향으로 비각 2동이 일정한 간격을 두고 원역과 병렬로 건립되어 있다. 원역 하단부 동향으로는 정자각이 있고, 그 왼쪽에 능지기가 거처하는 수복방守僕房이 있는데, 조선 시대 원소 중 수복방 건물이 남아 있는 곳은 소령원뿐이다. 동남쪽엔 영조가 신하로 하여금 시묘케 하였다는 여막지가 있으며, 소령원·수길원 남쪽 울창한 숲 속 어귀에 신도 비각이 있다.

영조 임금은 천한 신분인 어머니 최씨를 대하는 마음이 늘 한결같

았다. 살아 있을 때는 물론이고 사후에도 자기 몸보다 더 귀하고 소중
하게 어머니를 받들었으니 말이다. 어머니에게 효를 실천한 영조의
기록을 살펴보면 본인의 통치 관계와 무관하지 않은 듯하다. 당시는
명분과 격식이 통치 이념의 중심에 서 있던 시절이다. 영조는 신분이
낮은 숙빈의 소생이라는 점 때문에 많은 고민을 하게 되었고, 그러한
고민이 때로는 당파 싸움에 찬물을 끼얹기도 하였다.

임금이 되기 전부터 정치 싸움의 중심에 서서 경종을 따르는 형당兄
黨과 자신을 따른 제당弟黨이 형성되어 권력에만 눈이 어두워진 신하
들 사이에서 갈 길 잃고 서성이던 시절도 있었다. 때로는 형인 경종을
시해했다는 오해도 받았고, 무수리 소생이 왕위에 오를 수 없다는 명
분에 격분하기도 하였다.

통치 기간 중 많은 치적도 남겼지만 실정을 하기도 하였고 이루고
자 했던 몇 가지 일을 처리하지 못하기도 하였다. 당파에 밀려 아들

영조의 후궁 정빈 이씨의 묘 수길원 (경기도 파주)

사도 세자(처음에는 장헌 세자였으나 죽은 뒤 애통한 마음에서 사도思悼라 함)를 뒤주에 가둬 죽게 했는가 하면, 어머니의 생전에 직첩을 내리고 사후에 묘를 원으로, 원을 능으로 격상시키려 했으나 신하들의 강한 반발에 주저앉고 말았다. 여기서 알 수 있듯 조선왕조에서 가장 장수한 임금, 가장 긴 기간 통치한 임금이라는 기록을 남겼지만 영조는 항상 까다로운 신하들에게 심리적 압박을 느끼며 살았다.

어머니에 대한 효성이 지극했음은 후궁 정빈 이씨의 무덤 위치만 봐도 알 수 있다. 정빈 이씨의 무덤, 수길원綏吉園을 소령원 맞은편 기슭에 조성하여 후궁의 영혼으로 하여금 아침저녁으로 어머니 시중을 들게 했던 것이다.

정빈 이씨는 아들 효장 세자를 낳고 병환으로 사가에서 조리하였으나, 1721년(경종 1) 11월 16일 28세의 젊은 나이로 세상을 떠나게 된 가없은 영혼이다. 무덤가의 울창한 숲 사이를 오가는 산새들은 아마도 고부간의 뜻을 전하는 산새일 것이리라 믿어 본다.

필자가 소령원을 찾던 날, 무덤 앞 혼유석에 곱게 핀 장미 한 다발을 놓고 간 참배객이 있었다. 비록 조화이긴 하지만 그 참배객의 순수한 마음을 엿볼 수 있었고, 생전에 맑은 심성과 아름다운 자태를 갖춘 숙빈 최씨를 시간과 공간을 뛰어넘어 바로 옆에서 만나는 듯하여 뜻있는 기행이 되었다.

궂은 날씨에 현장을 찾아 헤매는 어려움도 있었지만, 옛 성현들과 교감하면서 고인의 일생을 글로 남겨 본다는 점에서 하는 일이 어렵다고 생각한 적은 한번도 없었다. 오늘도 낙엽 밑에 고인 얼음물에 발이 빠져 몹시 불편하였지만 이러한 수고로움이, 후일 소수일망정 몇몇 사람들에게 역사의 길잡이 노릇을 하게 된다면 무엇과도 바꿀 수 없는 기쁨과 보람으로 남을 것 같다.

소령원 · 수길원을 빠져나오는 길, 작은 다리를 넘어서는데 어둠 속으로 보이는 희미한 식당 간판이 보였다. 자갈이 깔린 마당에 차를 세워 놓고 여주인의 안내로 저녁상을 받았다.

기름기 있는 이밥(조선 왕조의 성씨가 이씨여서 붙은 이름)과 전주 백반 18가지의 맛깔스런 반찬을 받고 보니 먹지 않아도 풍성함이 느껴졌다. 갓 조리한 반찬은 우리 민족의 전통 음식으로 자리해도 좋을 듯하였다.

식사를 마치고 필자는 춥고 노곤한 몸을 다시 세웠다. 수세기의 시공 너머에 존재하는 새로운 여행지를 찾아 나서기 위해서였다.

소령원에 얽힌 전설

영조는 숙종의 후궁인 숙빈 최씨로부터 1694년(숙종 20)에 탄생하였다. 영조는 어려서부터 무예와 산타기를 좋아하여 틈만 있으면 별궁과 같이 이 산 저 산 두루 다니며 사냥을 즐긴 관계로 풍수지리에 밝았다.

그러던 어느 날, 지금의 광탄면 용미리에 있는 산을 지나다가 산소 자리를 파는 사람들을 발견하고 올라가 보았다. 영조가 가만히 주변을 살피니 험준한 망지에다 자리를 잡아 수인(장례의 사역을 하는 사람)이 역사役事하는 것이었다. 하도 딱한지라 상주에게 사연을 물은즉슨, 가난한 집이라 좋은 자리에 산소를 쓸 수 없다고 했다.

영조는 상주에게 이 자리를 봐 준 사람이 누구냐고 물었다. 그러자 상주가,

"이 아래 산기슭에 사는 선비가 묘소를 정하여 주었습니다."

라고 공손하게 대답하였다.

양심이 바르고 겸손한 상주를 가상히 여긴 영조는 두 팔을 걷어붙이며 소리쳤다.

"내가 이 뒤에다가 산소를 다시 잡아줄 터이니 서슴지 말고 추진하라."

영조는 이어서 양주 목사에게 쌀 한 가마와 돈 백 냥을 보내라고 편지를 썼고 상주는 양주 목사에게 받은 돈과 쌀로 장사를 잘 치를 수 있었다.

장사를 치르고 나서 산에서 내려온 영조는 괘씸한 선비를 찾아갔다.

보광사 (경기도 파주)

"어찌하여 이런 나쁜 곳에 산소 자리를 잡아 주었느냐?"

영조가 엄하게 꾸짖어 묻는데도 선비는 조금도 움츠러들지 않았다.

"쌀 한 가마와 돈 백 냥이 생길 자리인데 왜 그러십니까?"

선비의 대답에 영조는 깜짝 놀라고 말았다. 자기가 한 일과 꼭 맞아 떨어졌기 때문이다. 영조는 감탄 속에 치하하고 들어가면서 그 선비가 명사임이 틀림없다고 생각하였다.

얼마 후 숙빈 최씨가 서거하자 각지에서 명사라는 사람들이 많이 운집하였으나, 영조는 이들을 모두 물리치고 아무 데 사는 선비를 데려오라고 명령했다. 가난한 상주에게 쌀 한 가마와 돈 백 냥이 생길 자리를 잡아준 바로 그 선비였다. 부름을 받고 달려온 선비는 두루 지세를 살피다가 광탄면 영장리에 묘 터를 잡았다. 그곳이 바로 소령원이었다.

광탄면 영장리는 임진왜란 때 생긴 지명이었다. 사명 대사의 스승 휴정 서산 대사가 이끈 승병들이 이곳 보광사普光寺 부근에서 수없이 죽어 갔다 하여 이런 지명이 생긴 것이다.

영조는 효성이 지극하여 사친私親 묘전에 여막을 짓고 친필로 묘비를 세웠으며 시묘를 살기도 하였다.

그러던 어느 날 궁궐에 들어가고 싶어 차비를 갖추고 떠나 지금의 파주군과 고양시 경계인 혜음령 고개를 넘어가던 중, 궁궐에서 내려온 관원들과 만났다. 이 고개에서 1724년(경종 4) 왕으로 추봉된 임명장을 받게 되어, 이 고개를 수령령 고개라고 부르게 되었다 한다.

그 후 영조는 사친 숙빈 최씨 묘소인 소령원 근방 전 주민들에게 철거령을 내리고 일대를 수렵장 및 훈련장으로 사용하였다 한다.

영조는 묘소 동남 편에 친필 비각을 네 곳에 세웠다고 하며 명복을 빌고자 보광사를 중수하는 한편, 어실각御室閣을 짓고 매년 백중날 절에서 제사를 지내도록 하였다. 또한 꾀꼬리봉 아래 고양리 벽제관에서 보광사를 넘어 다니는 가파른 고갯길을 더 파서 낮추라고 어명을 내리니 이 고개가 '더파기 고개' 이다.

영조는 소령원 자리를 잡아 준 명지사 이 선비를 궁궐로 초대하여 극진히 대접한 후, 얼마만큼 잘 알아맞히나 시험을 하기로 하였다.

영조가 선비에게 물었다

"경기도 일대에 명당자리가 몇 군데 있느냐?"

이에 선비는 기다렸다는 듯 정승이 날 자리와 판서가 날 자리 등 수십 군데에 이르는 명당을 줄줄이 꿰었다. 영조는 적이 만족스러웠다.

역시 아는 것이 많고 학문에도 뛰어난 명지사가 틀림없었다. 그러나 영조는 한 번만 더 시험하리라 마음먹었다. 이윽고 별궁을 시켜 쥐 한 마리를 잡아 오게 한 영조는 용상 밑에 그것을 감추고는 물었다.

"이번 질문을 맞추면 큰 벼슬도 주고 후사할 것이나 만약 맞추지 못하면 죽일 것이다. 짐의 용상 밑에 무엇이 들어 있느냐?"

선비는 한참 생각하고 나서 대답했다.

"쥐가 들어 있는 것으로 아옵니다."

아연실색한 영조가 재차 물었다.

"그럼, 몇 마리가 들어 있느냐?"

"세 마리가 들어 있습니다."

순간적으로 호승심에 사로잡힌 까닭인지 영조는 호탕하게 웃으며 선비를 손가락질했다.

"이놈, 과인을 속이는구나. 이놈을 데려다가 참하여라."

과한 처분이라는 것을 잘 알면서도 영조는 좌우에 이렇게 명했다. 그러고는 별궁을 불러다가 쥐의 배를 갈라 보게 하였다. 그런데 이게 웬일이란 말인가. 어미 쥐의 뱃속에 새끼 두 마리가 들어 있었던 것이다.

아차 싶었던지 영조는 죽이라고 한 명령을 즉각 거두었다. 그러나 별궁이 가보니 선비는 이미 죽은 후였다. 별궁이 되돌아와 고하는 말을 들은 영조는 깜짝 놀라며 탄식했다.

"짐의 실수로 나라의 아까운 인재를 잃었노라."

아무리 임금이라도 해도 죄 없는 선비의 목숨을 끊어 버린 영조의 행위는 비난받아 마땅한 것이었다. 영조 또한 이를 모르지 않았던지

임금의 어머니가 된 궁궐 무수리 | 숙빈 최씨 |

한동안 애석한 낯빛을 지우지 못하며 안타까워했다고 한다.

한편, 영조는 사친의 묘를 능으로 모시지 못한 것이 한이 되어 추봉시키려고 갖은 노력을 다하였다. 그러나 조정 중신들의 반대로 뜻을 이루지 못하였다. 그리하여 소령원에서 제사 지낼 적에 가장 반대가 심한 중신을 골라 끔찍한 형벌을 가한 적도 있었다. 숯불이 이글대는 향로를 맨손으로 들게 하였던 것이다. 열 손가락 사이로 기름이 흘러내리는 모습을 바라보며 영조가 소리쳤다.

"이래도 능으로 책봉을 못 하겠느냐?"

"소신은 죽사와도 '능지하 원지상陵之下 園之上'입니다."

뜨거운 화로에 손바닥이 녹아내리는 데도 중신의 태도는 변함이 없었다. 중신들의 마음이 이와 같다는 것을 알아차린 영조는 결국 능으로 격상시키는 것을 단념하고 말았다.

영조가 숙빈 최씨의 묘소를 얼마나 각별하게 생각했는지는 김세휘 노인에 얽힌 이야기에서도 잘 나타난다.

영조는 어느 날, 먼동이 틀 무렵 순회를 돌다가 무악재에서 숯 장사 김세휘 노인을 만났다. 고갯마루에 앉아 쉬는 노인 곁으로 다가간 영조는 넌지시 말문을 열었다.

"그대는 어디에 살며 무엇을 하느냐?"

노인은 고갯마루에 불쑥 나타나 다짜고짜 자신의 신상에 대해 묻는 사람이 임금일 줄은 꿈에도 몰랐다. 그래도 노인은 공손하게 대답했다.

"양주 고령에 사는데 가세가 빈곤하여, 밤이면 능에 가서 참나무를 베어다가 숯을 구워 한양 장안으로 져다가 팔아 생계를 꾸립니다."

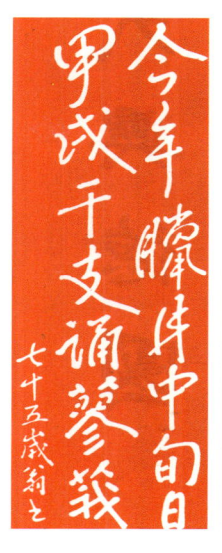

영조는 노인의 대답을 듣고 매우 기뻤다. 백성으로부터 능이라는 말을 들으니 꿈만 같았던 것이다. 영조는 기쁨을 애써 감추며 다시 한 번 물었다.

"능이라면 저쪽에 있는 소령원을 두고 하는 말인가?"

"물론입죠. 임금님의 어머니께서 쉬고 계신 곳 아닙니까."

영조는 김세휘 노인을 당장 궁궐로 데려다가 영의정 자리에라도 앉히고픈 심정이었다. 그러나 영조는 애써 무심한 척 길을 떠나며 시종에게 넌지시 일렀다.

"너는 저 노인을 미행하다가 숯을 모두 팔거든 어전으로 데려오거라."

누구의 명이라고 거역할 것인가. 시종은 즉각 노인의 뒤를 밟기 시작했다.

이윽고 한양 장안에 도착한 노인이 숯을 모두 팔기 무섭게 시종은 그를 대궐로 데려갔다.

　　영조는 노인이 들어와서 부복하자 고개를 들라고 하였다. 간신히 고개를 들어 영조를 바라보던 숯 장사 노인의 얼굴이 백지장처럼 변했다. 새벽에 만난 그분이 아닌가. 소령원에서 나무를 해다 숯을 만들어 먹고 산다고 천연덕스럽게 이야기했으니 노인은 죽은 목숨이나 다름없었다. 하여 목숨만은 살려 달라고 애원하는데 영조의 대답이 뜻밖이었다.

　　"그대의 소원은 무엇이든지 들어줄 것이니 말하라."

　　영조는 이런 말과 함께 술을 하사했다. 귀신에 홀린 기분이 된 노인은 한참이나 망설이다가 떨리는 음성으로 자신의 소원을 밝혔다.

　　"신의 소원은 대대손손 능세원(능에서 나무를 간수하는 직책)을 하는 것입니다."

　　이에 영조는 특명을 내려 김세휘 노인을 통훈대부通訓大夫(정3품 당하관)에 봉하고 대대로 능세원을 지내도록 해 주었다.

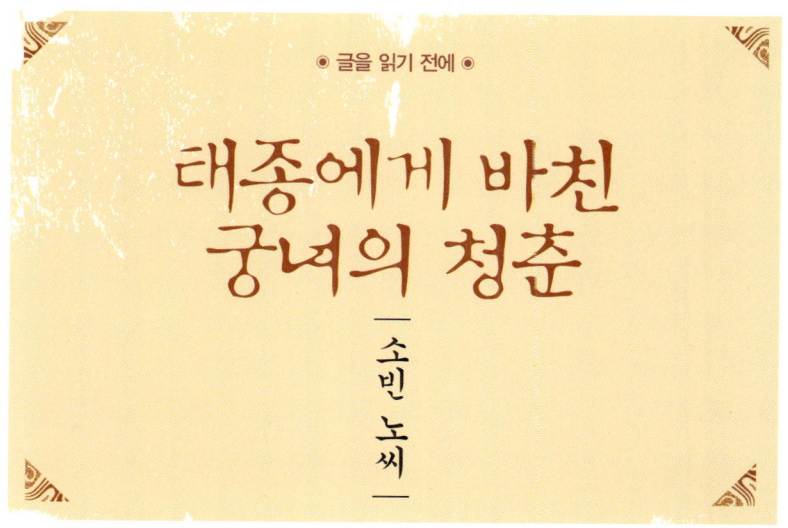

태종에게 바친
궁녀의 청춘

소빈 노씨

**이야기의
시대적 배경**

　　기업 하나를 새로 만들어 안정적인 단계로 올려놓기까지는 숱한 오류와 혼란이 뒤따르기 마련이다. 그렇다면 새로운 왕조가 탄생했을 때는 어떠했을까. 나라의 기틀이 완전하게 다져지기까지 겪어야 할 온갖 불안 요소들은 굳이 나열할 필요도 없을 것이다.

　　조선은 태조와 정종, 두 임금의 치세 기간을 거쳤으나 곳곳에 불안 요소가 산재해 있었다. 특히 신진 사대부라고 일컬어지던 개국공신들이 꿈꾸던 신권 중심 사회는 왕권 축소를 염두에 둔 개혁적인 이념이었기 때문에 왕권 사수에 목을 걸 수밖에 없는 왕실 세력과의 충돌이 불가피했다.

이에 따라 정도전을 축으로 한 공신 세력은 태조 이성계의 자식 중 가장 강성한 왕자였던 정안군 방원과 적대적인 관계에 놓일 수밖에 없었다. 이들 사이에는 늘 불안감이 감돌았으나 불편한 동거는 상당 기간 지속되었다.

당시 태조 이성계에서는 신의 왕후 한씨 소생으로 방우, 방과(정종), 방원, 방의, 방간, 방연 여섯 왕자와 경신, 경선 두 공주가 있었고, 계비 신덕 왕후 강씨 소생으로는 방번, 방석 두 왕자와 경순 공주가 있었다. 그런데 태조와 개국공신들은 신덕 왕후 강씨 소생인 방석을 세자로 책봉했다. 이에 방원을 중심으로 한 신의 왕후 한씨 소생 왕자들은 공공연하게 불만을 토로했다. 게다가 방원은 개국 과정에서 공이 가장 많았음에도 논공에서 제외된 바 있었다. 이런 일들이 겹치면서 분노한 방원은 개국 공신, 특히 그중에서도 정도전을 향해 칼을 갈기 시작했다.

그러나 방원은 먼저 도발하지 않았다. 오히려 최고의 군 통솔 기관인 의흥삼군부義興三軍府를 장악하고 있던 정도전이 진법陣法 훈련에 불참했다는 이유로 왕자들을 처벌해야 한다고 주장하며 먼저 도발해 왔다. 자신이 보유한 사병마저 혁파 당할 위기에 처하자 방원은 결국 이숙번을 위시한 휘하 인물들을 대거 동원하여 정도전 일파를 제거해 버리고 신덕 왕후 강씨 소생 방번·방석 형제마저 살해하기에 이른다.

이를 1차 왕자의 난이라고 하는데 방원은 이를 통해 자신의 동모형 정종을 조선 제2대 임금에 즉위시켰고, 이어서 1400년(정종 2) 2월에 벌어진 2차 왕자의 난을 통해 자신이 조선 제3대 임금으로 등극하는 계기를 마련하였다.

이처럼 방원(태종)은 자신의 형제들은 물론이고 숱한 사람들을 죽이며 임금이 된 사람이었다. 그러나 그는 즉위 후에 왕권을 확립하고 나라의 기틀을 다지고자 엄청난 노력을 기울인 왕이기도 했다. 그의 아들 세종이 조선 역사상 유례가 없는 황금기를 이끌어갈 수 있었던 것도 태종의 철인 군주다운 신념과 노력이 있었기에 가능한 일이었다.

한편 태종은 강성한 임금답게 후궁들도 많이 거느렸는데 총 10명의 부인으로부터 12명의 아들과 17명의 딸을 얻었다. 이들 10명의 부인 중에 이번 글의 주인공이기도 한 소빈 노씨昭嬪盧氏도 끼어 있다.

기실 태종의 비 원경 왕후 민씨는 평생 후궁들 때문에 가슴앓이를 많이 한 사람이었다. 해바라기처럼 남편만을 바라보며 울고 웃을 수밖에 없었던 당시 여인의 처지에서 허구한 날 후궁들을 끼고 앉아 희희낙락하는 남편은 가슴에 얹힌 거대한 바윗덩이 같은 존재였다.

그러나 임금의 총애를 이제나저제나 고대하는 궁녀들은 원경 왕후 민씨의 고통쯤은 안중에도 없었을 것이다. 임금의 총애를 쟁취하는 것만이 궁녀들이 취할 수 있는 유일한 성공이요, 여인으로서 행복을 얻는 길이었기 때문이다.

소빈 노씨 또한 상황이 크게 다르지 않았다. 아니, 오히려 그는 일반 궁녀들보다 더 큰 야망을 가슴에 품고 있었다. 낮은 신분을 극복하고 복된 삶을 누려보고자 궁으로 들어갔던 그녀는 마침내 태종의 눈에 띄는 데 성공하여 빈의 봉작을 받기에 이른다. 원경 왕후 민씨와 후궁들은 난데없이 나타나 임금의 총애를 독차지한 소빈 노씨가 얼마나 미웠으랴.

　이 이야기는 임금의 총애를 얻고자 몸부림친 후궁들의 번잡한 삶을 재조명한 하나의 드라마라고 해도 과언이 아닐 것이다.

어린 소녀의 추파

제아무리 잔잔한 호수도 바람 불고 물고기 놀면 어쩔 수 없는 노릇이다. 남자의 마음도 이와 비슷하여 아름다운 여인이 나타나 추파를 던지면 파장이 이는 호수처럼 흔들리기 마련이다.

계모와 싸워 이겼고, 혈육을 뒤로 밀치며 용상을 향해 숨 가쁘게 달려온 조선 제3대 임금 태종에게 어느 날 문득 이러한 여인이 찾아왔다. 당시 태종에게는 왕자와 옹주를 낳아 바친 후궁만 여덟 명이 있었고, 잠깐이나마 총애를 준 궁인들도 많았다. 이렇듯 여인들의 치마폭에 휘감겨 있다시피 했던 태종이 청춘기의 총각처럼 한 여자를 연모하여 달뜬 마음이 되어 버린 것이다.

사위가 애수를 띠며 저물어 가던 해거름 무렵이었다. 태종 임금은 연회를 베풀다 말고 자리를 떠나 나른해진 심신을 달랠 겸 연못가로 걸어갔다. 시원하고 향기로운 대기가 태종의 가슴에 기분 좋게 휘감겨 들었다.

연못 안에 있는 누각이라 경회루의 오색영롱한 녹청색 단청은 늘 잔물결 속에 녹아들어 산들산들 흔들리곤 했다. 마치 가녀린 규수의 허리처럼 여리게 살랑대는 바람과 그 바람을 맞으며 파문에 휩싸인 호수. 장차 태종에게 벌어질 일을 예감하듯 경회루의 풍경은 그렇게 무르익어 가고 있었다.

문득 임금은 호수 건너편 나무 사이에서 어른거리는 붉은 치맛자락을 보았다. 나무 뒤에 몸을 숨겼으나 풍만하게 벌어진 치마폭만은 감출 수 없었던지 바람이 불 때마다 어지럽게 나부꼈다. 아무래도 궁중 법도에 어두운 아기나인인 것 같았다. 그렇지 않고서야 저렇게 눈에 뻔히 띄게 숨어서 겁도 없이 임금의 모습을 마냥 훔쳐볼 수는 없을 터였다.

임금의 눈은 아기나인에게로

태종 임금은 피식 웃고 말았다. 궁중 법도로만 따진다면야 당장 불러 불호령을 내려야 마땅했지만 하는 짓이 귀엽게 느껴져서였다. 게다가 대체 어떤 여자인데 저렇듯 숨어서 자신을 바라보는지 궁금하기도 하였다. 태종은 무감에게 넌지시 일렀다.

"애야, 저기 웬 나인이 서 있구나. 무슨 소회가 있는지도 모르니 가서 이리로 데려 오너라."

무감은 부리나케 호수 건너편으로 달려갔다.

마침내 마주 선 여인과 무감이 잠시 말을 나누는 듯하였다. 그러나 그도 잠시 무감이 앞장서며 여인을 이쪽으로 이끌어 오기 시작했다. 여인은 코끝이 안 보일 정도로 가슴 깊이 얼굴을 묻은 채 차분차분 걸어오고 있었다.

이윽고 태종 앞에 이른 여인이 허리를 굽히더니 그냥 바닥에 꿇어 앉아 절을 올렸다. 지치 꽃이 만발한 화판畵板처럼 둥글게 펼쳐진 여인의 치마폭이 태종의 시선을 끌어당기는 듯하였다.

태종은 그녀의 동그마한 양 어깨로 눈길을 옮겼다. 가까이서 보자니까 여인이라고 하기엔 너무도 어린 소녀였다. 그래선지 여인을 바라보는 사이 태종의 가슴은 솜이불처럼 부드러워졌다. 얼굴은 아직 확인하지 못했으나 흡사 한 포기 산나리처럼 아련한 여인의 몸매가 보기에 참으로 좋았다.

얼마나 시간이 흘렀을까. 아기나인이 마침내 고개를 가까스로 들며 상감의 용안을 우러러보았다. 마치 인간과 신의 관계인 것처럼 존경과 흠모로 가득 찬 눈빛이요, 표정이었다.

태종은 앳되고 어리광스러운 궁녀의 얼굴을 가만히 내려다보았다. 동그랗게 부푼 두 뺨을 보니 고집깨나 피울 것 같은 여자였다. 그러나 고집이 좀 있으면 어떻단 말인가. 기실 태종은 적이 놀라고 있었다. 어린 소녀라서 그런지는 몰라도 어찌 이리도 귀엽단 말인가. 아니, 어쩌면 이것은 태종의 착각이었는지도 모를 일이었다. 단지 나이가 어리다는 이유로 절세미인이라는 말을 갖다 붙여도 한참 부족할 것 같은 여인의 아름다움을 '귀여움' 이라는 단어 하나로 뭉뚱그려 표현한 것인지도 몰랐다.

그러나 시간이 조금 지나면서 태종은 어린 소녀의 아름다움을 진심으로 깨닫게 되었다. 그래선지 임금의 눈에는 소녀가 아니라 성숙한 여인으로 보였다. 그녀에게는 단번에 사람의 심장을 움켜쥐는 마력 같은 것이 있었다.

태종은 마음속으로 혼자 중얼거렸다. 이 세상에 참으로 살아있는 생명이 있다면 그 생명의 정기는 바로 이 소녀일 것이다.

왕후의 불면은 시작되고

"상감마마 부르셨사옵니까?"

태종이 웃음 띤 얼굴로 넋을 놓고 바라보고 있으니 소녀가 먼저 말문을 열었다. 소녀는 음성마저도 상냥하며 응석기가 가득했다.

태종은 말없이 고개를 끄덕끄덕해 보였다. 조금 전만 해도 연로한 대신들과 내외 국사를 자문주답諮問奏答하며 쌓인 연석의 피로가 두 어깨를 찍어 누르는 듯하였다. 그런데 그 묵직한 피로가 어린 궁녀를 바라보는 사이 씻은 듯이 가셨다.

"상감마마 처음 뵈옵나이다."

소녀 궁인이 깜찍스레 초면 인사를 올렸다. 한편으로 생각하면 당돌하기 이를 데 없는 궁녀였으나 태종은 그저 기분이 좋아 벌쭉 웃었다.

"오냐. 너는 언제 입궁했느냐?"

태종은 순간 위엄도 체면도 벗어 버리고 그냥 이야기나 하고 싶었다.

"이제 사흘째 되옵나이다."

통통한 볼에 오목하니 보조개가 팼다.

"네 성이 무엇이냐?"

임금은 어린 궁녀에게 성까지 물어보았다.

"노가이옵니다. 상감마마를 모시려고 궁에 들어왔습니다. 왕자 마마를 낳으려고요. 한둘쯤…… 하온데 사흘이 되도록 뵈올 길이 없사와 노심초사 괴로웠나이다."

삼천리강산의 주인이요, 철권통치의 주인이었던 무서운 임금도 순간 어린 궁녀의 포로가 되어 버렸다. 꽃다운 이 소녀 궁녀의 당돌함을 임금은 미워하려야 미워할 수가 없었다. 임금은 겸짓 헛기침을 한 번 하고는 넌지시 일렀다.

"물러가 있거라. 내 너를 일간 찾을 테니까……."

궁녀는 태종의 첫마디에 울상이 되었다가 둘째 구절에 활짝 얼굴을 폈다.

"성은이 하해 같사옵니다. 마마."

아기 궁녀를 한참 지켜보다가 임금은 중전을 향허 걸음을 옮겼다.

중전이 저만치 바라다 보이는 지점에서 임금은 잠시 망설였다. 그러다가 뒷짐을 지고 돌아서더니 대전으로 가는 것이었다. 마음은 오직 하나일 뿐 둘로 나누어지지 않았다.

이때부터 태종의 비 왕후 민씨의 불면은 다시 시작되었고 날이 갈수록 증세가 점점 더 나빠졌다.

임금의 권력은 어디까지인가

태종은 며칠 후에 아무 조건도 없이 아기 궁인 노씨에게 전격적으로 직첩을 내렸다. 이때 내린 직첩은 빈호였는데, 소빈昭嬪이라 봉하고 전각과 시녀들도 내려 주었다.

새로 꾸민 전각을 찾은 태종은 풍상에 찌든 가슴에 춘풍이 일듯 설레는 마음을 감추지 못했다. 여인이 가진 아름다움으로만 친다면 사실 소빈 노씨는 태종에게 그다지 새로울 것이 없는 여인이었다. 절세 미인의 경계를 넘어섰다지만 세상에 흔치 않은 미인들을 무수하게 만난 것이 태종이었기 때문이다.

그렇다면 소빈은 어떤 특별한 점이 있어서 태종을 한순간에 이토록 사로잡아 버린 것일까. 모르긴 해도 당돌함이었을 것이다. 그것은 바꿔 이야기하면 그간 만나 온 여자들이 지니지 못한 신선함이기도 했다.

기실 임금의 곁을 지키는 사람들은 여자든 남자든 한결같았다. 임금은 지존 같은 존재이기에 절대 충성해야 하고 자신의 사사로운 감정 따위는 나타내지 말아야 한다는 생각을 가진 사람들이었다. 이렇 듯 한결같은 사람들 틈에 끼어 정무에 지치고 사람 대하는 것에 지쳐

정릉(貞陵) (서울 성북구)

조선 태조 이성계의 두 번째 부인인 신덕 왕후(?~1396) 강씨의 무덤이다. 원래의 자리는 정동에 있었으나 1405년(태종 5) 의정부에서 왕의 무덤이 모두 도성 밖에 있는데 정릉만이 도성 안에 있고, 무덤이 크고 넓다는 논란이 있어서 도성 밖 현재의 자리로 옮겼다.

가던 태종은 어느 날 문득 바람처럼 자신 앞에 나타난 소빈 노씨가 일종의 생명수처럼 신선하게 느껴졌다.

세상에 임금과 처음 만난 자리에서 왕자를 하나나 둘쯤 낳으려고 궁에 들어왔다고 대뜸 밝힐 수 있는 여자가 얼마나 되겠는가. 태종은 그런 당돌함이 마음에 들어 소빈을 곁에 두고 열흘을 하루처럼 정답게 지냈다.

그날도 풍성한 술상을 앞에 놓고 앉은 태종과 소빈 노씨의 웃음소리는 높아만 갔다. 태종은 보면 볼수록 예사 궁중 여인 같지 않은 소빈이 마음에 들었다.

일찍이 태상왕太上王 이성계가 곡산에서 현비 강씨顯妃康氏를 만났을 때 일거에 매혹돼 여생토록 불망不忘한 까닭도 강씨의 그런 성격에 기인한 바가 컸다고 했다. 태종과 노씨 사이 또한 이성계와 강씨의 그것을 방불케 했으니 왕후 민씨는 물론이고 모든 후궁들이 불안해하는 이유가 여기에 있었다.

왕후와 후궁들의 초조한 심사를 아는지 모르는지 철모르는 소빈 노씨는 태종의 금 술잔에 구기주를 조용히 따르고 있었다. 연둣빛 저고리 남색 끝동 속에서 아른아른 내비치는 소빈의 하얀 손목이 갓 따낸 목화솜보다도 희고 매끄러워 보였다. 태종은 그 앙증맞은 손을 움켜잡고 으스러뜨리고 싶은 애착을 가까스로 참아 내며 입을 열었다.

"언제까지나 꼭 요대로만 있어다오. 이것이 짐의 부탁이다."

소빈은 환한 미소로 대답을 대신하였다.

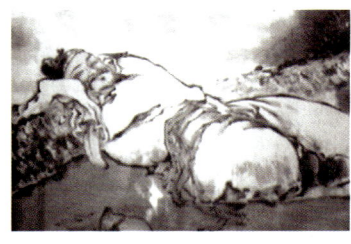
중국 당나라 때 시선(詩仙)으로 불린던 중국 최고의 시인 이백(李白)의 조각상 모습.

그 미소를 보니 또다시 마음이 흡족하여 태종은 금잔에 가득한 술을 기분 좋게 마셨다. 천하를 얻은 듯한 넘치는 기쁨 때문이었을까. 문득 이태백의 궁중행락사宮中行樂詞가 생각나 읊조렸다. 장엄하고 율조 있는 목소리였다.

柳色黃金嫩	유색황금눈
利花白雪香	이화백설향
玉樓巢翡翠	옥루소비취
珠殿鎖鴛鴦	주전쇄원앙
選妓隨彫輦	선기수조연

徵歌出東房	징가출동방
宮中誰第一	궁중수제일
飛燕在昭陽	비연재소양

봄이라 버들잎 황금빛 띠고
흰 눈인 양 배꽃이 향기 풍기면
다락에 비취가 둥주릴 틀고
전각에는 원앙새가 깃든다
기를 뽑아 연을 따르게 하고
노래 부를 이를 불러내면
궁중에서 누가 으뜸일까.
물론 소양전 비연일테지

비연은 한나라 성제成帝의 황후였던 절세미인 조비연趙飛燕이란 여인이다. 임금은 낭송을 마치고 허허 큰 웃음을 지으며 딸 같은 노씨를 치켜세웠다.

"너는 나의 비연이다."

"마마. 옳으신 말씀이옵니다."

호랑이보다 무섭다고 알려진 태종이 어린아이 같은 노씨에게 끌려가는 모습을 신하들이나 왕후, 혹은 궁녀들이 보았다면 눈이 휘둥그레졌을 것이 분명했다. 그만큼 태종의 이러한 모습은 낯선 것이었다.

태종은 하도 유쾌하여 어전에 놓인 술상을 저만치 밀쳐놓고 노씨를 당겨 안았다. 취기가 도연하여 마치 임금 스스로는 북해 창용北海蒼龍이요, 노씨는 일점一點 해당海棠 같이 느껴졌다. 파도가 일어 백사장이 꽃을 움키니 이 어찌 용의 여의주 찾는 형상이 아닐까 보냐. 노씨가 숨 가쁘게 아뢰었다.

"마마. 신첩도 마마의 음령音吟에 화답하오리다. 놓아주십시오."

"입만 막지 않으면 될 것이 아니냐. 어서 품에 안긴 이대로 읊어 보아라. 네가 제법 시부詩賦를 안단 말이지?"

"예. 마마 궁중행락사 7절이옵니다."

"오. 너도 이태백이로구나."

태종은 재빨리 소빈의 얼굴에 입을 맞추고 마지막으로 붉은 입술에 담뿍 사랑을 맞췄다. 잠시 태종에게 모든 것을 맡기고 있던 소빈은 입술이 풀리자 곧 청아한 목소리로 시를 읊기 시작했다.

寒雪梅中盡　　한설매중진

春風柳上歸　　춘풍유상귀

宮鶯嬌欲醉　　궁앵교역취

簷燕語還飛　　첨연어환비

遲日名歌席　　지일명가석

新花艶舞衣　　신화염무의

晚來移綵仗　　만래이채장

行樂好光輝　　행락호광휘

매화 향기에 눈이 쫓겨 가고

버들가지에 봄바람 돌아오면

꾀꼬리 울음 취한 듯 곱고

처마 밑에 제비는 지저귀다 다시 날아간다.

해는 더디어 노래는 흥겹고

춤추는 소맷자락 꽃을 스친다.

저녁 때면 상감도 납시어

그 즐거움 낙조와 빛을 다툰다.

소빈 노씨의 소망

　태종은 소빈 노씨를 옆에 두고 그저 지켜보기만 해도 마음이 흐뭇하고 애정이 샘솟았다. 그런데 이처럼 청아한 목소리로 대구對句해 주니 더더욱 신통하고 갸륵할 따름이었다. 태종은 벅차오르는 감동을 이기지 못하여 소빈의 가녀린 양 어깨를 꼭 끌어안았다.

　태종은 험악한 정치 마당에 뛰어든 이래 손에 피 마를 날이 없을 정도로 무수하게 살생을 저지른 사람이었다. 그러고 보면 사람은 누구나 강한 면과 약한 면, 거친 면과 부드러운 면, 악하지만 선하기도 한 심성을 고루 갖고 태어나는 모양이다. 그렇지 않고서야 소빈 노씨 앞에 앉은 태종이 이처럼 풍부한 감성과 뜨거운 애정을 소유한 남자로 돌변할 수는 없는 노릇이었다.

"기특하구나. 뉘에게서 배웠느냐? 그 사람에게 상이라도 주어야겠구나."

빈말이 아니라 실제로 소빈 노씨에게 시를 가르친 사람에게 상을 듬뿍 주고 싶은 심정이었다.

그런데 그 순간 소빈 노씨의 은행 껍질같이 얇은 눈까풀이 파르르 떨리는 것이 아닌가. 그와 함께 아름다운 얼굴 전체에 뜨거운 열기 같은 것이 확 번져 들었다. 위기에 봉착한 사람이 구사일생의 기회를 목메어 고대하다가 그러한 순간이 실제로 찾아왔을 때 보일 만한 표정의 변화였다.

소망.

그렇다. 그것은 소빈 노씨가 어린 나이에 궁궐로 들어오면서 간절하게 마음에 품은 소망일 수도 있었다. 젊고 아름다운 자신의 몸을 임금에게 내던짐으로써 얻고자 하는 그 무엇 말이다.

아니, 어쩌면 그것은 욕심인지도 모르겠다. 조선 시대 궁녀들의 이력을 살펴보면 집안이 유복한 사람은 좀처럼 찾아보기 어렵다. 갑자기 가세가 기울었거나 원래부터 살림이 구차하여 어쩔 수 없이 궁으로 들어온 사람이 대부분이다. 궁녀들은 누구나 꿈을 꾸며 살아간다. 임금의 은총을 입어 복된 삶을 누리고 싶은 꿈. 소빈 노씨 또한 그랬을 것이다. 그런데 그녀는 참으로 운 좋게도 궁에 들어온 지 얼마 되지 않아 그 꿈을 이루었다.

꿈을 이루었다는 것은 행복과도 직결된다. 뭔가를 이루었으니 부족함이 없는 상태이다. 그런데 자신에게 시를 가르친 사람에게 상을 주

문밖에서 부르는 조선의 노래

164

겠다는 태종의 말이 끝나기 무섭게 소빈 노씨는 어찌하여 표정이 일변했던 것일까. 자신이 꿈꾸는 소망이 아직 다 이루어지지 않은 까닭이었다. 결국 소빈 노씨는 임금의 은총을 입은 것만으로는 부족하여 무언가를 더 바라고 있었다는 이야기가 된다. 소빈 노씨의 표정 변화가 욕심에서 기인한 것이라고 표현한 까닭이 여기에 있다.

그러고 보면 인간은 코앞의 운명조차 예측하지 못하는 가련한 존재다. 왕비는 물론이고 모든 후궁들에게 질투를 받는 높은 자리까지 일거에 오른 것이 소빈 노씨였다. 임금의 총애가 이렇듯 두터운데 이루지 못할 일이 어디 있단 말인가. 소빈 노씨에게 필요한 것은 인위적으로 소망을 이루려 할 것이 아니라 자연스럽게 그 모든 것이 이루어지기를 기다리며 위치에 걸맞는 사람이 되고자 노력하는 지혜였다.

임금의 말이 끝나기도 전에

그러나 소빈 노씨의 표정으로 보건대 당장에라도 자신의 소망을 임금에게 발설하여 이루고자 하는 열망이 가득했다. 아니나 다를까, 그녀는 자신에게 시를 가르쳐준 사람에게 상을 내리겠다는 태종의 말이 끝나기 무섭게 바짝 다가앉으며 말문을 열었다.

"신첩의 아비가 가르쳤사옵니다. 높지 않아도 좋사오니 벼슬 한자리만 내리시옵소서. 때를 못 만나 여태껏 백두白頭이옵니다. 그리고 오라비는 어디 푸짐한 곳에서 일하게 해 주소서. 내수사에서 쌀을 취급하는 자리도 좋고 어느 곳 수령 방백 자리도 좋사옵니다."

소빈 노씨는 마치 외워 두기나 했던 것처럼 자신의 소망을 토해냈다.

태종은 적이 놀라 혀를 차면서도 그리 귀찮은 마음은 들지 않았다. 오히려 귀엽고 미더워 보였다. 평소 임금의 처결로 보아선 그야말로 파격이었다.

민무질의 묘비 (경기도 양주)

태종은 처음부터 처가 덕을 크게 입은 사람이다. 그러나 왕위에 오른 후 외척의 득세를 꺼려 보은하지 않았다. 오히려 처남들을 귀양 보내고 자진케 하여 해를 입혔다. 원경 왕후의 동생 민무질도 그때 희생되었다.

이후 후궁을 연이어 세웠을 때도 그의 방침은 요지부동이라서 여자들로 말미암아 국정에 어지러움을 초래한 적이 거의 없었다. 심지어는 현철賢哲한 왕후 민씨의 지략조차 부득이 한 경우가 아니면 가납하지 않았다. 그런 태종이 소빈 노씨의 이야기에 마음이 솔깃해진 것이다.

"신첩의 집안이 본디 한미하여 늘 골수에 한이 되었나이다. 재상은 잘나서 재상이오이까. 벼슬만 얻으면 그날로 명문거족이 아니옵니까."

노씨의 말은 갈수록 태산이었다. 스물도 넘ˊ지 않은 소녀의 언사라기엔 너무나 뼈지고 매서운 의미들이었다. 헌데 태종은 소빈 노씨가 귀엽고 측은하기만 하여 부드럽게 안아 주었다.

"내가 알아서 한 자리씩 맡겨줄 터이니 걱정 갈거라. 이제 원이 풀리느냐? 고것 참."

소빈 노씨는 기쁨을 감추지 못했다. 그러나 그녀는 몰랐을 것이다. 궁궐이라는 곳이 얼마나 무서운지를. 그리고 하루에도 열두 번씩 바뀔 수 있는 것이 궁궐 인심이라는 사실을.

게다가 소빈 노씨는 치명적인 실수를 한 가지 저질렀다. 아름다운 용모와 신선함으로 태종을 사로잡는 데는 성공하였으나 고운 심성으로 태종의 마음을 묶어놓는 대신 자신의 욕심을 되바라진 말투로 드러냄으로써 알게 모르게 인간적인 실망감을 태종에게 안겨 주었다는 사실이다. 겉모습으로 사람을 감동시키는 것과 고운 심성으로 감동시키는 것 사이에 어떤 차이가 있는지를 소빈 노씨가 알았다면 그녀의 일생은 달라졌을 것이 틀림없다.

하긴 생각해 보면 허탈한 노릇이다. 고운 심성이라는 것이 의도적으로 꾸민다고 하여 다른 사람에게 절절하게 전해지는 것은 아니지 않은가. 비록 후궁의 자리지만 태종의 배필로서 복을 누리며 살아갈 만한 자질과 심성이 부족한 여인이었다고 이야기하는 편이 옳을 것 같다.

신빈 신씨 묘역(信嬪辛氏墓域)
태종의 두 번째 후궁인 신빈 신씨는 신영귀(辛泳貴)의 딸로 3남 6녀의 자식을 낳았다. 1414년(태종 14)에 신령 궁주에 봉해졌고 원경 왕후가 죽은 후에는 궁궐의 내명부를 총괄하다가 태종이 죽자 승려가 되었다.

왕비와 후궁들의 응징

임금의 우렁찬 웃음과 소빈 노씨의 애교 떠는 간드러진 말이 묘한 하모니를 이루는 그 시각, 왕후 민씨와 후궁들은 모처럼 한자리에 모여 소빈 노씨를 성토하고 있었다.

소빈 노씨에게 왕이 몰두하는 것을 계기로 왕후와 여러 후궁 사이에 화해 비슷한 용납이 이루어진 것이다. 요염한 자태를 뽐내며 임금을 독차지한 소빈을 연합하여 물리치려는 의도였다.

소빈 노씨의 간특한 짓거리를 입에 올리며 열을 내던 왕후 민씨는 곧 신빈 신씨信嬪辛氏를 지목하며 말문을 열었다.

"신빈께서 그 간특한 계집을 이리로 데려 오세요."

왕후 민씨에게는 그래도 심복으로 여기며 전적으로 믿을 만한 사람은 신빈뿐이었다. 옛날의 정의情誼도 있으려니와 신빈은 이미 심신이 모두 흡족하여 더는 왕의 총애를 다투려 들지 않았기 때문이다.

신빈 신씨는 원래 태종이 임금으로 즉위하기 이전부터 사저에서 태종(정안군)을 모시던 시비였다. 따라서 왕후 민씨와도 예전부터 주종으로 묶인 사이였다. 그 옛날 왕비 민씨가 친정 나들이차 집을 비웠을 때 태종의 강압에 못 이겨 잠자리를 같이했다. 신빈은 그날의 일을 계기로 훗날 빈의 봉함을 받았고, 왕자와 옹주를 아홉 남매나 출산하였다.

후궁 중에서 성총을 제일 꾸준하게 받은 편으로 아기들의 양육에 영일寧日이 없어 왕후인 옛 상전 민씨와 대면할 기회도 그리 많지 않았다. 이 점이 왕후 민씨는 가장 마음에 들었다.

신빈이 소빈 노씨의 처소에 당도해 보니 때마침 임금과 소빈의 웃음소리가 낭자하게 울려 나오고 있었다. 그녀는 어금니를 사리물고 오도카니 서서 기다렸다. 그러나 태종과 소빈의 유희는 쉬 끝날 것 같지 않았다.

그 바람에 속절 없는 시간만 자꾸 흘러갔다. 어느덧 문밖에서 기다린 지도 서너 시간. 신빈은 힘겨운 나머지 그냥 돌아가려고 했다. 그러나 왕후와 여러 후궁의 결의에 따라 나선 길이니 만큼 이대로 돌아설 수도 없는 노릇이었다.

그때 노씨의 시녀들은 모두 왕후에게 불려가고 아무도 남은 사람이 없었다. 한참이나 망설이고 또 망설이던 신빈은 마침내 나지막이 소빈 노씨를 불렀다. 소빈은 물론이고 태종도 순간 므언가를 깨닫고 취안이 와락 노기로 변했다. 그러나 몹시 취한 나머지 태종은 앞뒤 가려 볼 생각도 못하고 보료 위에 벌렁 눕고 말았다. 뒤로 눕자마자 곤하게 잠든 임금을 바라보다 말고 소빈이 자리에서 일어섰다.

이윽고 소빈이 밖으로 나오자 신빈은 왕후 민씨의 뜻을 전했다. 순간 자신에게 위기가 닥쳤음을 눈치 챈 소빈은 힐끔 뒤를 돌아보았다. 그러나 깊이 잠든 임금에게선 아무 소리도 들리지 않았다.

"시녀들도 없는데 어찌 상감을 홀로 계시게 할 수 있단 말입니까. 잠시만……."

소빈이 시녀들을 부르려고 주변을 둘러보았다. 신빈은 시녀들이 한 사람도 없는 이유를 알려 주며 어서 가자고 다시 한 번 재촉했다. 소빈은 가슴이 쿵 내려앉았다. 시녀들까지 불러들일 정도면 예삿일이 아니었다.

순간적으로 소빈은 핑계거리를 꾸며내어 피하고 싶은 마음이 들었다. 그러나 마주선 채 빤히 바라보는 신빈 때문에 도리가 없었다. 결국 소빈은 저승사자를 만나러 가는 사람처럼 온몸을 바들바들 떨며 신빈의 뒤를 따르기 시작했다.

쇠꼬챙이로 네 몸을 지지리라

"전하께옵선 몽중이신가?"

소빈이 당도하자 왕후 민씨는 부글부글 끓는 속을 간신히 억누르며 입을 열었다. 왕후의 말을 받아 대신 명을 내리는 사람은 신빈 신씨였다.

"그러하옵니다. 방금……."

"전하를 믿고 아직껏 뭉그적거렸다 이건가? 유시에 부르러 갔는데 술시가 지나서야 나타난 이유가 무엇이냔 말이다!"

이번에도 왕후의 나지막한 말을 받아 신빈이 물었다. 소빈은 사실 신빈이 부르러 왔다는 것을 조금 전에야 알았다. 한마디로 억울했다. 그런데 이상하게도 이글이글 타는 눈으로 노려보는 왕후 앞에서 말문이 쉬 열리지 않았다. 우물쭈물하는 소빈의 모습을 보다 못한 왕후가 한순간 신빈 앞으로 쑥 나섰다. 신빈을 통해 묻거나 명령하는 복잡한 절차를 더는 거치지 않겠다는 뜻이었다.

"너, 이 발칙한 계집은 들어라! 부르러 간 것이 언젠데 이제야 나타난 저의가 무엇이냐고 물었다. 여기가 무슨 천리만리라도 되더란 말이냐? 궁중엔 법도가 서야 기강이 잡히는 것. 너 같은 요물을 그대로 용납할 수 없다. 여봐라, 물볼기 50대를 쳐라!"

왕후 민씨는 대뜸 폭언을 쏟아 내며 물볼기를 치라고 좌우에 명하였다. 왕 때문에 일어난 여자들 간의 다툼이었으나 왕후 민씨의 명은 절대적이었다.

소빈이라고 해서 하고픈 말이 없는 것은 아니었다. 임금의 선택을 받아 아낌없이 모든 것을 바쳤고, 그 덕분에 빈의 자리에 올랐는데 대체 무엇이 잘못되었단 말인가. 그러나 상대가 왕후 민씨이고 보면 입이 열 개라도 감히 놀릴 수 없는 것이 소빈의 처지이기도 했다. 왕후는 임금의 정부인이 아니던가. 그저 왕후가 욕을 하면 욕을 먹고, 때리면 맞는 도리밖에 없었다.

형틀과 곤장이 곧 엄중하게 갖추어 졌다. 나이 어린 소빈에겐 꾀와 오기는 있을망정 인내와 의지는 있을 리 만무했다. 50대를 치라 하였건만 20여 대에 이르러 시녀들은 곤장을 내렸다. 이미 볼기 살이 찢어지고 해져 붉은 선혈이 형틀을 적시고 있었던 것이다. 궁녀들은 산산이 흩어진 머리채를 한 채 시체처럼 축 늘어진 소빈에게 차마 매를 더 들 수가 없었다.

"곤장은 그만두고 어서 숯불을 이글이글하게 피워 대령하여라. 쇠꼬챙이도 대여섯 개 가져오고!"

소빈은 이미 초주검이 되었건만 왕후의 마음속에 가득 들어찬 분은 다 풀리지 않았던 모양이다. 숯불과 쇠꼬챙이를 대령하라고 이르는 것을 보면 단근질이라도 해야 직성이 풀릴 모양이었다. 왕후는 기실 임금이 취한 숱한 후궁들 때문에 늘 고독과 씨름하며 살아왔다. 그러한 심회가 오늘에 이르러 가학증으로 발산되고 있는 것이 분명했다. 이러한 사실을 증명하듯 왕후가 돌연 소리쳤다.

"저 어린 것의 버릇을 고쳐 놓으려면 시뻘건 쇠로 하문이라도 지져 버려야겠다."

그때 왕후 민씨는 소빈 노씨의 몸에서 새 생명이 자라고 있다는 것을 알고 있었다. 그런데도 쇠꼬챙이로 하문을 지져 버리겠다고 을러 댈 정도이니 왕후 민씨의 분노가 어느 정도인지 알 만한 일이었다.

함께 있던 후궁들은 약속이나 한 것처럼 부르르 몸을 떨었다. 일이 이쯤 되고 보니 자신들을 향해 터져 나오는 왕후의 분노인 것만 같아 두려웠던 것이다.

되풀이되는 한많은 여인사

신라 시대에 어느 왕이 동해를 순방하던 중에 한 시골 처녀를 총희 寵姬로 삼아 데려온 적이 있었다. 마음이 상한 왕비는 절치부심 때만 기다렸다.

그러던 중 마침 왕이 사냥하러 떠나자 왕비는 기다렸다는 듯 새털이라는 이름의 시골 처녀를 잡아들여 갖은 고문으로 괴롭히다 못해 달군 쇠로 처녀의 하문을 지져 버렸다. 왕비는 그래도 분이 풀리지 않자 처녀의 온몸을 토막 내어 젓을 담가 버렸다.

오래지 않아 임금이 사냥을 끝내고 돌아왔다. 왕비는 임금이 그 처녀를 찾으리라 예상하고 선수를 쳤다. 처녀가 말도 없이 고향으로 달아나 버렸다고 아뢴 것이다. 머리끝까지 화가 난 왕은 앞뒤 가려볼 생각도 하지 못하고 그 처녀의 친정으로 병사들을 보내 쑥대밭을 만들어 버렸다.

참으로 간악하고 잔인한 왕후요, 어리석은 왕이 아닐 수 없었다. 그러나 신분이 비천하다는 이유로 남자에게 성 노리개가 되었다가 비참한 최후를 맞이한 슬픈 사연은 이것 말고도 우리 역사 속에 얼마든지 있다.

옛날 양반가에서 일어난 일을 잠시 살펴보기로 하자. 한다하는 집안에는 남녀 비복이 한둘이 아니었다. 그중 탐스러운 여종이 있다면 그들은 집안 남자들의 노리개로 전락할 위험이 농후했다.

그런데 그 집안의 주인이나 아들, 혹은 손자가 욕심을 부려 여종을 범하고 나면 집안 여자들의 처절한 응징이 기다리곤 하였다. 안방 마나님이나 새댁들은 사정없이 그 여종을 끌어다 고문했고 심지어 죽여버리는 일도 드물지 않았다.

그러한 소행의 근본 원인은 역시 질투였다. 질투는 칠거지악에 해당한다 하여 남자들의 편의에 따라 원천봉쇄하려는 분위기가 대세를 이루었지만 은밀하게 이루어지는 보복만은 막을 도리가 없었다.

남자들 또한 인간의 상정常情을 아는 탓에 여종이 살해된 일을 두고 본처가 혹독하다고는 여기되 살인죄로 다스리지는 않았다. 그러고 보면 힘없는 여종들만 불쌍한 셈이었다. 이렇듯 참혹한 사건을 불러온 장본인인 남자들의 행위 또한 별반 비난의 대상이 되지 않았으니 말이다.

당시는 열 계집 마다할 남자가 어디 있겠느냐는 사고방식이 은연중 여자들의 뇌리에 각인된 시대였다. 결론적으로 얘기한다면 약자의 처지가 슬프다는 것이다.

그날 왕후 민씨에게 처참한 단근질을 당한 소빈 노씨를 바라보면서 애초에는 왕후와 같은 입장에 섰던 후궁들이 모두 동정심을 느낀 까닭도 여자로서의 비애와 고통 때문이었을 것이다.

때린 사람과 맞은 사람

매 맞은 소빈은 비록 상처가 아물지는 않았지단 며칠 쉬고 나니 그나마 살만 했다. 그런데 정작 매를 든 왕후 민씨는 마음의 상처가 쉽사리 회복되지 않았다. 마음의 병, 곧 화병이 찾아온 것이다.

그 소름 끼치던 날 밤 태종은 공교롭게도 꿀맛 같은 기나긴 잠에 빠져들었다가 새벽녘에야 겨우 일어나 앉았다. 곁에 있어야 할 소빈이 없어 이리저리 찾다가 소빈의 시녀들에게서 자초지종을 들었다. 시녀들은 발뺌하느라 더욱 과장되게 그날 밤의 정황을 설명해 나갔다.

태종은 몹시 격분하였다. 특히 단근질 대목에 이르자 멀쩡했던 수염이 위로 곤두설 정도로 치를 떨었다. 당장 중전을 불러들여 분을 풀려 하였지만 그마저도 쉽지 않았다. 민씨 역시 마음의 병으로 말미암아 사경을 헤매고 있다는 소식이 전해진 것이다.

왕후를 진단한 전의의 말을 빌자면 혈관의 순환이 고르지 못한 원경 왕후 민씨가 소빈 노씨를 고문하는 과정에서 지나치게 흥분하여 장애가 초래된 것이라고 하였다. 완전 회복이 불가능하다고 이야기하는 것으로 보아 화병이 분명했다.

형세는 바뀌고

사정이 이쯤 되자 태종은 나 몰라라 할 수가 없었다. 하여 아침저녁

연려실기술(燃藜室記述) 제2권 / 태종조 고사본말(太宗朝故事本末)
여섯째 딸 숙혜 옹주(淑惠翁主)는 소빈 노씨(昭嬪盧氏)가 낳았다. 남편은 성원위(星原尉) 장절공(章節公) 이정녕(李正寧)이고, 아들 셋과 딸 하나를 두었다. 정녕의 본관은 성주(星州)이고, 아버지는 좌윤(左尹) 사후(師厚)이다.

으로 왕후의 처소에 문안을 가곤 하였는데 셋째 왕자 충녕이 지극한 효성으로 늘 어머니 곁을 지켰다.

왕자 충녕(후일 세종 임금)은 효자이기도 했지만 참으로 인간미가 돋보이는 사람이었다. 그는 태종을 보자마자 이렇게 간청했다.

"부디 어마마마를 나무라지 마옵소서. 제가 몇 배로 소빈 마마께 사과하겠사옵니다."

충녕의 말에 태종은 깜짝 놀랐다.

"아니 된다. 무슨 소릴 하는 게냐?"

충녕은 나라 안에서 신망이 으뜸인 적실 왕자다. 게다가 태종의 촉망이 두터운 아들이기도 했다. 반면에 소빈 노씨는 아무리 총희라 하나 비천한 여인이었다. 어찌 왕자가 그런 여인에게 사과한단 말인가.

그러나 충녕은 훗날 소빈에게 미안한 마음을 진실로 전했다고 한다. 소년 왕자 충녕은 그때 이미 성군 세종이 될 만한 싹을 보이고 있었던 것이다.

아무튼 소빈 노씨에게 사과하겠다는 충녕의 말을 듣고 나서 태종은 순간적으로나마 모욕당하는 느낌을 받았다. 그것은 충녕이 아니라 소빈 노씨에게 받은 모욕감이었다. 자신이 아끼는 왕자가 한낱 천한 여자에게 사과하겠다고 하니 정신이 번쩍 났던 것이다. 그러고 보면 태종이 소빈 노씨에게 그토록 빠졌던 것은 미색 때문이지 사람됨 때문은 아니었다는 것이 명백해진 셈이었다.

후궁의 원천적인 슬픔. 첩이 느끼는 애수의 근원은 바로 이러한 남자들의 사고방식에서 기인하는지도 몰랐다. 그날 받은 일종의 모욕감 때문이었던지 태종은 소빈 노씨를 전처럼 가까이하지 않았다고 전해진다.

한편, 심한 고문에도 떨어지지 않다가 세상 빛을 보게 된 노씨 태중의 아기는 사내아이가 아니라 옹주였다. 임금의 발길이 멀어졌으니 소빈 노씨는 처음 만났을 때 공언한 바를 이룰 수 없었다. 하나나 둘쯤 왕자를 낳겠다던 당찬 포부 말이다. 태산이라도 옮길 것 같던 왕의 총애란 이렇게 허망한 것이었다.

생각해 보면 앞에서 이미 다룬 바 있는 숙빈 최씨와 유사하면서도 다른 점이 참 많은 사람이 소빈 노씨이다. 두 사람 다 비천한 신분으로 왕의 총애를 입은 것은 같지만 본분을 잃지 않고 고운 심성을 지켜나간 숙빈 최씨가 왕비와 후궁들 틈바구니에서도 왕의 사랑을 지켜나간 것과 달리 소빈 노씨는 왕비와 후궁들 뿐만아니라 왕에게까지 버림받았다.

그들의 신분 상승이 출중한 외양 때문이었든 하늘이 감동할 심성 때문이었든 상대적으로 약자의 입장에 설 수밖에 없었던 조선 여인들의 삶이란 이렇듯 남성이 중심인 사회에서 남성들에 의해 좌지우지되기 십상이었다. 그 틀 안에서 분에 넘치는 신분 상승을 꿈꾼 소빈 노씨나 왕의 관심과 사랑을 바라다 질투로 인해 몸과 마음이 상한 원경 왕후의 삶 모두 안타까울 따름이다.

소빈 노씨의
혼령을 찾아서

소빈 노씨의 몸을 빌려 세상에 태어난 어린아이는 태종의 여섯 번째 딸 숙혜 옹주叔惠翁主였다. 옹주는 소빈 노씨의 유일한 소생이었는데 어머니와 함께 경기도 포천시 창수면 주원리 야산에 안장되어 있다.

참고로 숙혜 옹주의 남편이기도 한 부마 이정녕李正寧은 관향이 성주이고 숭덕대부 성원위崇德大夫星原尉인데 부마 또한 옹주와 같은 곳에 묻혀 있다.

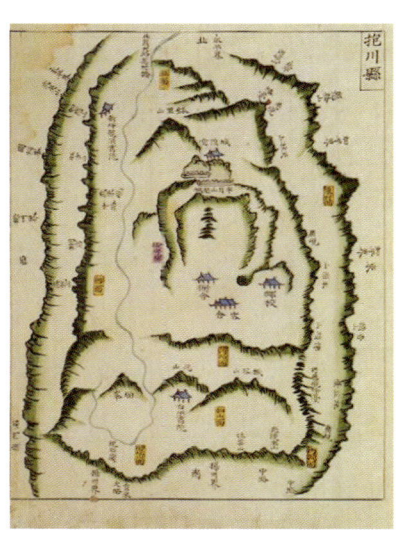

경기도 포천현 지도

성주 이씨 이정녕의 가계를 살피며 거슬러 올라가다 보면 충혜왕 시절 정당문학政堂文學 예문藝文 대제학직을 맡았던 이조년을 만나게 된다. 이조년은 충혜왕의 방탕을 충정으로 간한 사람으로 유명하다.

성산 이씨 가승家乘에 의하면 이조년李兆年과 이억년李億年 형제에 관한 전설 같은 이야기가 오늘날까지 전해지고 있다. 이를 투금탄投金灘 이야기라고도 하는데 물질 만능주의에 찌든 현대인들에게 시사하는 바가 자못 크다는 생각에 잠시 소개해 보기로 하겠다.

이조년 영정

어느 날 이조년·이억년 형제는 한양으로 가는 도중에 길에 떨어진 황금 2개를 주워 나누어 가졌다. 신바람이 난 두 형제는 공암진에 이르러 나룻배를 탔다. 이들이 배를 탄 공암 나루는 한강으로 흘러드는 지류에 있었는데 오늘날의 지명으로는 김포 부근에 해당된다.

아무튼 커다란 금덩어리를 하나씩 주워 들고 강을 건너는 형제는 구름 위에 둥둥 뜬 기분이었을 것이다. 그런데 이게 어찌 된 일이었을까. 나룻배가 강 한복판에 이르렀을 때였다. 갑자기 아우가 황금 덩어리를 꺼내더니 강에 던져 버리는 것이 아닌가. 이를 본 배 안의 손님들과 형은 크게 놀라 눈을 둥그렇게 떴다.

"아니, 네가 던진 것이 아까 주운 황금이 아니더냐?"

"예, 그렇습니다."

"그런데 어찌 그 귀한 것을 물에 던졌느냐?"

"형님, 제가 어찌 황금 귀한 것을 모르겠습니까? 다만 평소에 우리 형제 우애가 두터웠는데 황금을 주워 나누어 가진 다음부터 제게 요상한

이억년 묘비 제막식
2006년 12월 4일 경남 함양군 휴천면 문정리 뒷산에서 있었던
이억년 묘소 정화 작업과 새 묘비 제각식.

마음이 생겼습니다. 형님을 미워하는 마음이 생긴 것입니다."

가만히 이야기를 듣고 있던 형은 자못 놀라면서 되물었다.

"그게 무슨 말이냐?"

"황금을 갖고 나니 갑자기 욕심이 생겨 만약 형님이 없었다면 제가 혼자 두 개의 황금을 가질 수 있었을 텐데, 하는 마음이 생겼단 말씀입니다. 형님, 그리 긴 시간은 아니었지만 못나 빠진 저를 스스로 얼마나 자책했는지 모릅니다. 물질 때문에 우애를 잃어서는 아니 되지 않겠습니까? 황금을 강에 던진 것은 그 때문입니다."

그제야 아우의 마음을 알아차린 형은 감동한 표정을 지으며 대답했다.

"네 말이 옳다! 이까짓 황금 때문에 우리 형제의 우애를 잃어서야 되겠느냐?"

이런 말과 함께 형도 황금을 물에 던져 버렸다.

이때부터 공암 나루 일대의 강은 투금강, 투금뢰 또는 투금탄이라 불리게 되었다. 말 그대로 황금을 던져 버린 강이라는 뜻이 되겠다. 서울 강서구에서는 1994년에 우장산 문화의 광장에 이조년의 시비詩 碑(다정가)를 세워 이들 형제간의 우애를 기리고자 하였다.

이처럼 형제간 우애의 상징이자 고려 말의 명사로 이름이 널리 알려진 이조년은 공민왕 시절 검교 시중檢校侍中을 역임한 이포李褒의 아버지이기도 하다. 이포는 다시 이인복李仁復, 이인임李仁任, 이인민李仁敏을 낳았는데, 이 중 이인민이 부마 이정녕의 증조부이다.

이직의 묘비 (경기도 고양)

맏형 이인복과 달리 이인민은 사람 됨이 비뚤어져 세인들로부터 지탄을 자주 받았다. 그는 대제학 벼슬까지 올랐으나 1388년 최영과 이성계에 의해 이인임이 숙청당할 때 그에 연루되어 경주로 쫓겨나 봉졸(일개 졸병)이 되었다. 대제학에서 봉졸이 되었으니 이인민은 혀를 깨물고 싶도록 수치스러웠을 것이다.

그러나 그의 수치는 아들 이직李稷 대에 이르러 깨끗하게 씻겨 나간다. 이정녕의 할아버지이기도 한 이직은 조선 개국공신으로서 영의정까지 오른 사람이었다. 아마도 이직이 지은 시조를 모르는 이는 거의 없을 것이다.

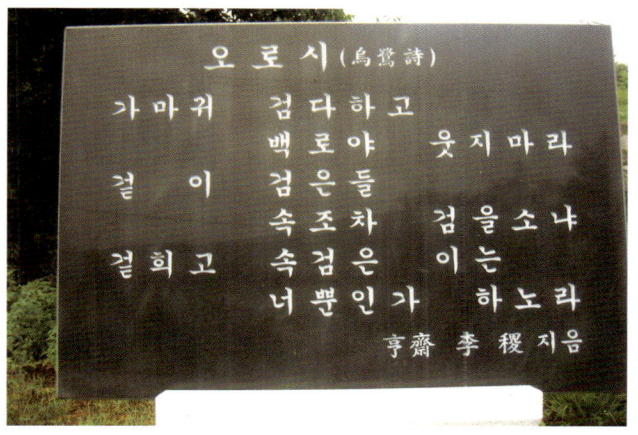

이직의 시 (경기도 고양 묘소 앞)

가마귀 검다하고 백로야 웃지 마타
겉이 검은들 속까지 검을 소냐
겉 희고 속 검은 이는 너뿐인가 하노라.

그 시절 이직은 수많은 고려 절신節臣들로부터 비방을 받았다. 고려의 녹을 먹던 신하가 조선의 개국공신이 되었으니 말이다. 그러나 낡은 국가 고려 대신 젊은 국가 조선을 선택함으로써 새 세상을 열어 보고자 했던 이직은 위의 시조로써 고려 절신들의 비방에 응수했다.

이직의 아들은 이사후李師厚였는데 어찌 된 일인지 그는 부친의 명성에 걸맞은 활동을 하지 못한 채 아들 이정녕을 세상에 남겼다. 이정녕이 비운의 여인 소빈 노씨 소생 숙혜 옹주를 부인으로 맞아들이니 영의정 이직은 결국 태종의 서녀를 손자며느리로 삼은 셈이었다.

소빈 노씨와 숙혜 옹주, 부마 이정녕의 천 년 유택을 찾아보고자 길

소빈 노씨 묘소 (경기도 포천)

소빈 노씨 묘비

을 나선 필자는 그들의 가계를 떠올려 보며 천천히 자동차를 몰고 있었다. 포천이 초행길인데다 군데군데 길이 얼어붙어 속도를 낼 수가 없었던 것이다.

서울에서 포천까지 시간이 얼마나 걸리는지는 몰라도 지도상에 나타난 거리는 130여 리였다. 전날 내린 눈으로 도로 사정은 생각보다 훨씬 좋지 않았다.

온통 하얗게 변해 버린 겨울 산천을 휩쓸며 달려온 바람이 차창에 부딪히며 윙윙 굉음을 냈다. 게다가 거리에는 행인마저 없었기에 호호막막浩浩漠漠하다는 말이 딱 들어맞는 날이었다.

필자는 전날 성원위 이정녕 부마의 후손 이복상 선생에게 전화를 걸어 그곳을 찾겠으니 안내를 부탁한다는 말을 전해 놓았다. 그러나 가급적이면 혼자 힘으로 찾아보는 것이 좋을 것 같아 길을 헤치고 나갔으나 초행길이 원래 그렇듯 몇 번이나 원래 자리로 되돌아오는 헛수고를 감수해야만 했다.

결국 생각처럼 길이 열리지 않자 필자는 이복상 선생에게 도움을 청했다. 이복상 선생은 된장 공장을 운영하고 있었다. 포천의 맑은 물과 깨끗한 콩이 원료라고 하니 된장이 참으로 맛날 것 같다는 생각이 절로 들었다. 이복상 선생은 미안하리만큼 성의를 보이며 묘원으로 필자를 안내했다. 장 공장 바로 앞산이 묘원이었다.

필자는 맨 먼저 소빈 노씨의 혼령을 찾았다.

앞에서 이미 살펴보았듯 소빈 노씨는 미색을 갖추었을 뿐만 아니라 한시漢詩도 잘하여 왕후 민씨와 후궁들에게 그리 반갑지 않은 존재였다. 그러나 깔끔하게 정돈된 묘소를 둘러보니 부산했던 일생과 달리 사후에는 외손 성주 이씨들의 모심을 받으며 편히 쉬고 있었다.

다시 봐도 묘소는 잘 손질되어 있었는데 다만 최근에 설치했다는 둘레석이 조금 두드러져 보일 따름이었다. 묘비와 상석, 그리고 키는 작지만 위엄을 갖춘 문신석의 관복엔 이끼가 끼었고 늙어 보였다. 그러나 그 자세만은 변함이 없었다. 아마도 주인 소빈을 닮아서가 아닐까 싶었다.

처음에 놓았다고 하는 묘비엔 '소혜궁주노씨지묘昭惠宮主盧氏之墓'라는 문자가 새겨져 있었는데, 옆에 새로 세운 오석으로 만든 비석에는 '태종대왕소빈노씨지묘太宗大王昭嬪盧氏之墓'라고만 되어 있었다. 필자는 고개를 갸웃거리며 뒷면을 살폈다. 박영규朴瑛圭가 발췌한 왕조실록 태종 가계도에 소빈으로 기록되어 있음을 확인하고 표석을 개설한다고 적혀 있었다. 그렇다면 당시에는 어찌하여 소혜 궁주 노씨라고 했는지 납득이 잘 안 되었다.

그러나 필자는 이내 동행한 이복상 선생에게 환하게 웃어 보이며 묘소를 찾기까지의 과정을 설명했다. 기실 소빈 노씨의 묘소를 찾으려고 전주 이씨 종회 측에 자문을 먼저 받은 바 있었다. 그러나 그쪽에서는 소빈 노씨에 관한 사항을 아무도 알지 못했다. 하여 필자는 소빈 노씨의 부마 이정녕 선생의 본관이 성주라는 것을 파악하고 부마와 숙혜 옹주의 유택을 찾는 과정에서 소빈 노씨의 사후 내력을 알게 된 것이었다.

그런데 막상 이곳에 도착하고 나서 살펴보니 묘소 관리에서부터 향사에 이르기까지 한 점 모자람 없이 소빈 노씨를 잘 모셔 왔음을 한눈에 알 수 있었다. 역시 명문거족의 후예는 어디가 달라도 다르다는 생각을 하며 필자는 이복상 선생에게 이야기를 건넸다.

"소빈 노씨의 사후 관리는 전주 이씨 왕족 후예들의 몫인데 어찌하여 외손이 봉사하는 겁니까?"

"물론 그분들이 해야 할 일이지만 우리도 혈손 아닙니까. 당연히 모셔야지요."

이복상 선생의 이야기가 미덥기만 했다.

본디 한미한 가문에서 성장하였으나 태종의 총애를 받음으로써 소빈 노씨는 성공의 발판을 마련하였다. 그러나 애통하게도 절호의 기회를 놓치면서 불행한 여생을 지낸 사람이었다. 미인박복美人薄福이라는 말이 있다지만 필자는 사후 570여 년이 흐른 지금에나마 혈손들의 정성을 받으며 다른 세상에서 살아가는 소빈 노씨가 흐뭇하게 미소 짓고 있으리라 상상해 보았다.

이복상 선생과의 이야기를 마치고 묘소를 새삼스레 다시 살펴보니 소빈 노씨의 체백과 혼령은 따뜻한 남향을 향해 단좌하고 있었다. 아직 음지에는 눈이 쌓여 음산한데 소빈의 묘역은 양지바른 곳이라서 묵은 잔디 사이로 고개를 삐죽 내민 새싹을 볼 수 있었다. 이래서 음택陰宅(묘 터)을 신중하게 잡는 모양이었다. 찬 기운을 무릅쓰고 고개를 내민 새싹은 무덤 주인 소빈을 닮은 듯 연한 늑색을 띠고 있었다. 적만 가득한 궁궐 안에서 미색을 맘껏 뽐내던 소빈의 모습이 저 새싹과 흡사했겠구나 생각해 보며 필자는 아래를 살펴보았다.

그곳에는 외손자 순정공純貞公 이의李誼와 그의 정부인 안동 권씨의 묘가 쌍분으로 자리하고 있었다. 아마도 부마 이정녕 선생이 둘째 아들 순정공 이의에게 외조모 소빈 노씨의 혼령을 밑에서 잘 받들라고 명을 내린 모양이었다.

외손자 이의의 자는 인로仁路, 호는 추강秋江이며 시호는 순정純貞, 관직은 대사헌이다. 대사헌은 사헌부(감찰 행정을 관장하던 관청)의 수장으로 종2품에 해당하는 자리였다.

1469년(예종 1) 사마시에 합격, 1474년(성종 5)에 지평持平, 장령掌令, 집례執禮를 거쳐 동부승지同副承旨 부제학에 오른 문재였다. 그 후 황해도·경상도 감사를 역임하다가 대사헌이 되었고 세자 사부世子師傅를 겸했다.

숙혜 옹주의 둘째 아들 묘비 (경기도 포천)

묘소 앞에는 당시에 세운 듯한 묘비가 있었는데 판독이 불가하였고 호석과 상석은 근년에 바꾼 것이라 했다. 묘전에 서서 풍우 설상을 이기며 오는 손님을 맞는 문관석은 반천 년의 세월에도 변함이 없었다.

옛 묘비를 대신한 빗돌에는 '가선대부대사헌순정공이선생지묘배정부인안동권씨쌍조부우嘉善大夫大司憲純貞公李先生之墓配貞夫人安東權氏雙兆祔右'라 했는데 보편적으로 부인의 묘는 부좌인데 이곳에선 부우祔右로 모셨다. 당시 묘 터의 사정에 의한 것으로 생각하면서 산등 너머에 있는 부마 이정녕과 숙혜 옹주의 혼령을 찾아갔다.

부마 이정녕과 숙혜 옹주의 혼령

소빈 노씨와 숙혜 옹주는 같은 산맥 남쪽과 북쪽에 서로 등을 맞댄 채 유택을 잡았다. 북향으로 자리한 숙혜 옹주와 부마 이정녕의 묘소엔 아직도 잔설이 떠날 줄 모르고 문관석의 그림자마저 길게 뻗어 마치 계절이 다른 곳에 온 것 같았다.

숙혜 옹주는 소빈 노씨에게 천금 같은 자식이었다. 태종의 4공주 외 13옹주 중 여섯째로 태어나 명문거족인 성주 이씨 집 이정녕에게 출가하였다.

부마 이정녕의 자는 단부端父, 시호는 장절章節이며, 관직은 관찰사觀察使였는데, 1425년(세종 7)에 숙혜 옹주와 결혼하여 부마가 되었다. 성원위 자헌대부를 제수 받고, 1432년(세종 14) 다시 정헌대부에 올랐다.

1433년(세종 15) 사은사로 명나라에 다녀왔으며 1443년(세종 25) 풍수학 제조提調와 성균관 직강直講으로 있을 때 경상도 성주에 단종의 태실을 두고자 이장경李長庚의 묘를 딴 데로 이장하라는 조정의 결정에 반대한 죄로 잠시 탈관되었다. 그러다가 1445년(세종 27) 봉헌대부를 제수 받지만 결국은 230여 년 전에 모신 성주 이씨 중시조 이장경의 묘소는 힘에 밀려 이장하였고 그 자리는 조정의 계획대로 단종의 태묘가 되었다. 그렇게 길지를 쫓아다니면서 남의 묘 터를 강제로 뺏기까지 한 것은 아무리 조정에서 한 일이라 해도 도리가 아닌 듯하다. 사실 터가 아무리 좋다 하더라도 터와 그곳에 묻힐 사람의 연이 닿지 않으면 오히려 화를 부른다는 말이 있다. 그때 그곳을 지정한 지관은 아마도 그 사실을 몰랐던 모양이다. 그곳에 묻은 태의 주인 단종이 비참한 최후를 맞이하고 말았으니 말이다.

이장경ㅣ성주 이씨 시조에서 12세손으로 고려 고종 때 호장. 덕망이 높았고 아들 5형제가 모두 문과에 급제, 그 공이 인정되어 성산 부원군에 추봉된 성주 이씨 중시조.

그런 예는 또 있다. 현재 여주에 있는 세종 대왕의 영릉英陵도 비슷하다. 본래 세종 대왕의 능은 아버지 태종의 헌릉 옆(현 서울 강남구 세곡동 국가정보원 내)에 있었는데 그 아들 수양 대군의 분탕으로 말미암아 여러 왕자가 피의 전쟁을 벌였다. 이를 이상하게 여긴 예종은 신하들과 논의한 끝에 조부 세종 대왕의 능이 흉지라는 결론을 얻었다.

이에 궁을 중심으로 사면팔방 대신들과 지관을 함께 보내 길지를 찾기 시작했는데 지관 안효례가 여주 쪽에 이 나라에서 제일가는 명당이 있다고 복명했다. 그러나 그곳은 광주 이씨 전 우의정 이인손의 체백이 묻힌 자리였다. 남의 묘 터였지만 예종은 이를 빼앗으려는 욕심에서 이인손의 맏아들 평안도 병마절도사 이극배李克培를 소환하여 압력을 가했다. 임금의 압력을 물리칠 신하가 어디 있으랴. 결국 이극배로부터 묘 터를 빼앗은 예종은 그곳에다 세종 대왕의 영릉을 조성하였다. 이때 영릉을 이곳에 조성한 덕분에 조선 왕조의 역사가 100년 연장되었다고 한다. 당시 지관 안효례가 좋은 일을 한 것인지 나쁜 일을 한 것인지 얼른 판단이 서질 않는다.

부마 이정녕은 1447년(세종 29)에 충청도 관찰점觀察點 척사拓士로 나가 백성을 사랑하며 선정을 베풀어 도민의 존경을 받았다 한다. 1450년(세종 32)에 숭덕대부 성원위가 되었다. 1455년(단종 3)에 죽으니 조정에서는 2일간 조회를 폐하고 관원을 보내 장례를 치르게 하였다고 역사는 전한다.

여기서 한 가지 의문이 가는 대목이 있다. 부마는 원래 벼슬에 오르지 못하고 정치에 개입하지 못한다는 사항이 법으로 정해져 있었는데

숙혜 옹주 묘소 (경기도 포천)

어떻게 이정녕이 충청도 관찰점 척사로 재임할 수 있었다는 건지 모르겠다.

상하로 모셔진 부마와 옹주의 묘소

부마 이정녕의 이력을 잠시 살펴보다 말고 필자는 묘소 주변을 가만히 살폈다. 힘 있게 뻗어 내린 산맥을 타고 북쪽을 향해 자리한 이정녕의 묘는 산맥의 제일 상단에 있었는데 그 규모가 임금의 능 못지않았다.

묘원의 터는 넓지 않았지만 4각의 호석을 두른 봉분 앞에는 당시에 세운 듯한 아담하게 생긴 묘비와 옆자리로 밀려난 상석이 자리를 지키고 있었다. 어찌 된 일인지 무관석은 보이지 않았고 곧게 선 문관석만 옛 모습을 잃지 않고 부마의 혼령을 지키고 있었다.

옛 비석을 대신할 오석은 흰 갓을 썼는데 이 무덤의 주인이 부마 이정녕이라고 알려 주고 있었다.

숭정대부성원위장절공이정녕지묘배숙혜옹주전주이씨부하崇政大夫星原尉章節公李正寧之墓配叔惠翁主全州李氏祔下라 했고 그래서 부마와 옹주는 합장이 아니라 상하에 모셔져 있었다.

아래쪽에 있는 숙혜 옹주의 묘는 호석이 옛것이 아니고 새로 조성한 것이라 오랜 세월의 깊은 맛과는 거리가 멀었다. 단아하게 생긴 옛 묘비의 글씨는 판독이 여의치 않았지만 숙혜옹주지묘叔惠翁主之墓라는 글자는 희미하게나마 알아볼 수 있었다.

이제까지 찾아본 대부분의 공주, 옹주, 대군, 군부인들은 합장 내지 갈장(옆자리)을 취하고 있었는데 이곳 부마와 옹주는 별거하고 있었다. 그러나 영혼만은 항상 함께하리라 믿어본다.

부마의 발치를 지키는 맏아들

아버지와 어머니 숙혜 옹주의 묘소 아래쪽에 만년의 집을 마련한 이는 우찬성을 지낸 바 있는 맏아들 이집李諿이다. 이집의 자는 화숙和叔, 시호는 공숙恭肅이다.

1479년(성종 10)에 문과에 급제하였다. 동생인 순정공純貞公보다 10

부마 이정녕의 묘소 (경기도 포천)

년이나 늦게 문과에 급제한 셈이었다. 1485년(성종 16) 황해도 관찰사,
다음해 대사헌을 거쳐 이조 참의가 되었고 1488년(성종 19)에는 전라
도 관찰사, 호조 참의, 홍문관 부제학까지 겸하였으며, 다시 강원도
관찰사를 거쳐 1492년(성종 23) 사헌부의 수장인 대사헌이 되었다.
1503년(연산군 9) 한성 판윤, 춘추 관사. 세자좌빈객을 겸했지만, 1506
년(연산군 말년)에 잠시 관작을 뺏겼다가 중종반정 후에 기용되어 형
조·이조 판서를 거치고 의금 부사도 겸하다가 1508년(중종 3)에 우찬
성 숭정대부에 이른 사람이다. 묘봉 분의 형태나 규모는 어머니 숙혜
옹주와 같았고 비석에는 '숭정대부우찬성이공집지묘崇政大夫右贊成李
公諿之墓'라 쓰여 있었다.

　묘역 가장 아래쪽으로 옹주의 장손 이운거李云秬의 유택도 있었다.
이운거는 부마 이정녕과 숙혜 옹주의 장손이며, 관작은 동지돈녕 부

사였다. 돈녕부라는 관청은 조선조 때 왕실 친척의 친선을 도모하고
자 만든 관청이었다.

1484년(성종 15)에 사마시에 합격했고, 1488년(성종 19) 성종이 선농
단先農壇(농사가 잘 되어 달라고 제사를 지내던 장소. 지금의 제기동에 있다)에
제사를 지낼 때 제헌관의 찬자贊者가 되었다. 그 후 사헌지평(사헌부의
소속관 정5품), 1506년(연산군 말년)에 제주 목사, 중종 때 수원·남원·
남양·연안·안동 등의 부사, 광주·진주의 목사 등을 역임했다.

그의 묘비에는 '가선대부증이조판서동지돈녕이공운거지묘증정부
인청송심씨증정부인강릉김씨합조嘉善大夫贈吏曹判書同知敦寧李公云巨之墓
贈貞夫人靑松沈氏贈貞夫人江陵金氏合兆'라 쓰여 있다.

이운거의 이조 참판과 부인 청송 심씨, 강릉 김씨는 모두 세상을 떠
난 후 자손에 의하여 받은 직함이다.

이렇게 한 시대의 제왕과 어린 궁녀의 사랑으로 시작한 일대기는
끝이 났지만 글로는 다 쓰지 못한 사연들도 많을 것이다. 모진 고문을
받았음에도 숙혜 옹주가 떨어지지 않고 세상에 태어난 것도, 하나뿐
인 딸을 예도禮道를 중시하는 명문 성주 이씨 집안에 출가시킨 것도
모두 소빈에게는 행운으로 보인다. 자손도 없이 태종으로부터 버림받
았다면 소빈 노씨라는 존재는 한 줄의 역사 기록으로만 남았을 것이
분명하다. 신이 점지해 준 숙혜 옹주로 인하여 소빈 노씨의 존재는 한

왕실 친척은 왕과 동성은 9촌 이내, 이성은 6촌 이내 왕비와 동성은 8촌 이내, 이성은 5촌 이내, 세
자빈과 동성은 3촌 이내를 말한다.

결 돋보이게 된 셈이었다.

이제 소빈 노씨의 이름은 억겁의 세월이 흐른다 해도 지워지지 않을 것이다. 아울러 외손봉사를 당연하게 여기며 잘 모셔온 성주 이씨 부마 이정녕 장절공의 후대에 행운이 겹치기를 기원해 본다.

찾아간 길 130리 해는 지고 날씨는 심술을 부려 추웠지만 뜻있는 기행이었기에 돌아서는 걸음이 한결 가벼웠다.

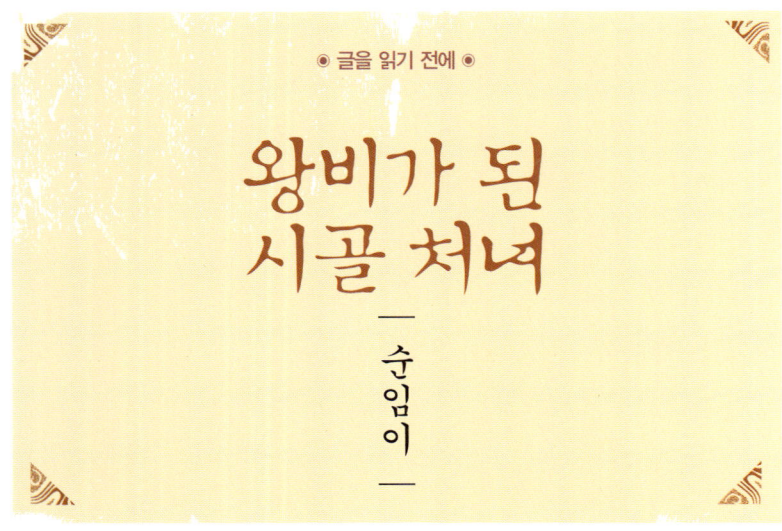

왕비가 된 시골 처녀

— 순임이 —

**이야기의
시대적 배경**

조선왕조가 문을 열고 도읍을 정하는 과정에서 정도전과 무학 대사 사이에 궁궐의 위치 때문에 설전이 오갔다는 이야기는 앞에서 이미 소개한 바 있다. 이때 정도전의 좌향론에 밀려 궁궐 방향을 잡는 데 아무 역할도 하지 못한 무학 대사는 앞으로 2백 년 안에 왕위 싸움이 두 번 일어나고, 방탕한 임금이 두 사람 나올 것이며, 국가의 안위가 걱정되는 외침을 두 번 당할 것이라고 예언했다. 이 또한 앞의 쉬어 가는 페이지에서 이미 소개한 내용인데 태종의 골육 싸움과 세조의 왕위 찬탈, 연산과 광해군의 악정, 그리고 임진왜란과 병자호란이 연이어 일어나면서 무학 대사의 예언은 적중했다.

그런데 무학 대사의 이러한 예언보다 더 섬뜩하게 느껴지는 일이 있다. 남을 무수하게 해하거나 정의롭지 못한 일을 행하며 권좌를 차지한 임금은 끝이 항상 좋지 않았다는 사실기다. 여기서 끝이 좋지 않았다는 것은 임금 자신의 비참한 최후일 수도 있고 후손들의 몰락일 수도 있다.

앞에서 예로 든 태종과 세조만 놓고 보더라도 상황은 정확하게 일치한다. 물론 태종은 아들 성군 세종에게 왕위를 물려주고 태상왕으로서 복된 말년을 누리다가 눈을 감았지만 그가 쌓은 이승에서의 죄과는 손자 대에 이르러 끔찍한 화가 되어 나타나기 시작했다. 장손 문종이 병약하여 수를 다 누리지 못했는가 하면 문종의 아들 단종은 숙부에게 왕위를 찬탈 당하고 어린 나이에 한 많은 생을 접어야 했다.

그런가 하면 할아버지의 행악을 그대로 본떠 형제들을 죽이고, 어린 조카의 왕위를 빼앗으며 권좌에 오른 세조는 평생 피부병에 괴로워 하였으며 약관을 갓 넘긴 생때 같은 두 자식이 죽어 넘어지는 꼴을 보아야만 했다. 그뿐만 아니라 손자 성종 대에 이르러 모든 업이 사라지고 후손들이 번창해 가는가 싶었지만 희대의 패륜 군주 연산이 등극함으로써 세조와 세조의 후손들은 역사어 큰 오점을 남겼다.

이 이야기에 등장하는 현덕 왕후 권씨는 우여곡절 끝에 문종의 비가 되어 조선 제6대 임금 단종과 경혜 공주를 낳은 사람이다. 궁녀의 신분에서 일약 한 나라의 국모가 되기까지 현덕 왕후 권씨가 겪어낸 시련에 초점이 맞춰져야 하겠지만 태종 임금이 이승에서 쌓은 업보가 손자들 대에 이르러 서서히 불행이 되어 나타나기 시작한 시점이 었다는 점을 기억한다면 훨씬 유익한 역사 읽기가 되지 않을까 생각 해 본다.

세자빈 폐출 사건

　다음 대에 나라 살림을 이끌어 갈 세자빈 책봉과 관련된 사항은 국
가의 중차대한 문제가 아닐 수 없었다. 개국 초의 혼란을 극복하고 상
왕 태종이 닦아 놓은 확고한 기틀 위에서 선정을 펼쳐 가던 세종 임금
은 세자 향珦의 배필을 정해 주고자 바삐 서두르고 있었다.

　때는 바야흐로 1427년(세종 9) 4월 9일.

　세자 향의 빈으로 간택된 사람은 상호군上護軍(정3품 무관직) 김오문金
五文의 딸이었다. 그날 세자 향과 가례를 올린 김오문의 딸에게는 휘빈徽
嬪이라는 빈호가 내려졌는데 여기서 '휘' 자는 아름답다는 뜻이다. 휘빈
김씨는 당시 18세에 이르러 몸과 마음이 한창 무르익어 가는 나이였다.
그에 반해 14세에 불과했던 세자 향은 이성에 대하여 잘 알지 못했다.

세자 향은 이성에 관심을 기울이기보다는 학문을 좋아하여 성리학은 물론이고 천문과 역수曆數, 산술에도 정통했고, 서도書圖에도 능하여 많은 이들의 기대를 한 몸에 받았다.

그러나 가례를 올린 이상 세자는 휘빈 김씨와의 부부 생활에 담을 쌓고 지낼 수만은 없었다. 게다가 휘빈 김씨의 성화가 대단하여 세자는 차츰 여인들이 지닌 성적 매력과 부드러움에 눈을 뜨기 시작했다.

이때 휘빈 김씨는 어린 세자를 사로잡음으로써 총애를 얻고자 무진 애를 썼는데 그녀가 뿜어내는 향긋한 냄새와 물오른 육체에 휘감겨 정신이 아찔해질 때마다 세자는 내심 혀를 내두르곤 하였다. 무서우리만큼 육체를 탐하는 휘빈 김씨가 부담스러웠던 것이다.

그러나 휘빈 김씨에게는 세자의 속마음쯤은 알 바 아니었다. 한 마리 뱀처럼 세자를 칭칭 휘감은 채 욕망을 남김없이 풀어냈으며, 그러고 나서도 세자를 놓아주지 않고 유희를 즐기곤 하였다. 이런 사정이다 보니 세자는 휘빈 김씨의 품에서 헤어날 길이 없었고, 차츰 학문에도 관심을 잃어 갔다. 기실 두 사람은 하늘이 맺어준 인연 아니던가. 부부간에 무엇을 하든 주변 사람들이 참견할 까닭은 없었던 셈이었다.

그러나 향은 휘빈 김씨의 남편이기에 앞서 조선의 앞날을 책임져야 할 세자였다. 세자가 휘빈의 치마폭에 휘감긴 채 글 읽기에 태만한 모습을 보이자 탁신과 최만리 등이 세종 임금 앞으로 나아가 세자의 근황을 낱낱이 고해바쳤다.

이에 세종은 걱정 가득한 얼굴로 세자의 나태함을 꾸짖으며 학문 닦는 일에 진력하라고 타일렀다. 그러나 그 후로도 세자의 생활은 별반 달라지지 않았다. 세자를 독차지하려는 욕심에서 휘빈이 음탕한 생활을 계속 이어간 탓이었다. 게다가 휘빈은 남자의 마음을 사로잡는다는 압승술에 관심이 많았다. 그리하여 교접하는 두 마리 뱀이 흘린 정기가 묻은 천을 몸에 차고 다녔으며, 이성에 눈을 뜬 세자가 궁녀에게 관심을 보이자 그가 좋아하는 궁녀의 신발 뒷굽을 잘라다가 불에 태워 그 재를 술에 타서 마시게까지 하였다. 그렇게 하면 세자가 그 여자를 다시는 좋아하지 않는다는 헛된 소리를 믿은 까닭이었다. 이외에도 휘빈 김씨는 온갖 해괴한 방법을 다 동원하여 세자를 독차지하고자 집착하곤 하였다.

휘빈 김씨의 근황은 곧 세자 향의 어머니 소헌 왕후와 임금의 귀에 들어갔다. 놀라움을 금치 못하던 두 사람은 곧 종묘에 친히 행차하여 덕을 잃은 세자빈을 폐하고자 한다는 뜻을 조상에게 아뢰었다.

『세종실록』에 이와 관련한 휘빈 김씨에 대한 내용이 다음과 같이 나와 있다.

'지금 김씨가 세자빈이 되어 아직 두어 해도 못 되었는데, 그 꾀하는 것이 감히 요망하고 사특함이 이미 이와 같기에 이르렀으니, 오히려 어찌 그가 투기妬忌하는 마음이 없고 삼가고 화합和合하는 덕德을 드러내며, 닭이 세 차례

세종실록 11년 기유(1429, 선덕 4) / 7월 20일(갑자)
근정전어서 임금이 휘빈 김씨의 폐빈에 대해 하교한 내용이 자세하게 기술되어 있다.

울어 새벽이 되었다고 알리어 내조內助를 이룩하고, 종사螽斯의 상서를
불러 들일 것을 바랄 수 있겠는가. 이러한 '부덕不德한 자가 받드는 제
사는' 조종祖宗의 신령이 흠향하지 않을 것이며 왕궁王宮 안에 용납할
수 없는 바이니, 도리대로 마땅히 폐출廢黜시켜야 할 것이다.'

그리하여 해로를 꿈꾸며 시작한 부부간의 인연이 가례를 올린 지 7
년 만에 끊어지니, 김오문의 집은 쑥대밭이 되어 버렸다. 폐서인이 되
어 쫓겨 온 딸을 망연자실 바라보던 김오문은 곧 비상을 준비하여 휘
빈 김씨와 아내를 자결케 하였다. 그리고는 자신도 자결함으로써 김
씨 가문에 닥친 수치를 씻어냈다.

두 번째로 맞이한 세자빈

세자빈 자리가 비자, 임금과 왕후는 또다시 세자의 배필을 찾아주
고자 부쩍 서둘렀다.

세자 향이 두 번째로 맞이한 빈은 하음 봉씨河陰奉氏로, 봉여奉礪의
딸이었다. 당시 봉여는 왕실의 계보인 『선원보첩』璿源譜牒을 편집 기록
하고, 왕실의 잘못을 조사 규탄하는 임무를 맡아 보던 관청에 소속된
소윤이란 종4품의 낮은 벼슬자리에 있었다.

휘빈 김씨의 허물을 물어 폐출시키고 나서 왕실이 어수선하던 차에
맞아들인 봉빈은 절세미인이었다. 그래서 세자 향과 잘 어울리는 짝
이라 했다. 봉빈은 세자와 동갑으로, 재색을 겸비하고 있었기에 세종

과 소헌 왕후 심씨는 근심을 놓을
수 있었다. 이제 후사만 빨리 본
다면 걱정할 일이 하나도 없는 셈
이었다.

그러나 세종과 소헌 왕후의 기
대를 비웃듯 동궁에서는 심상치
않은 일이 일어나고 있었다. 봉빈
의 폐출로 이어진 일련의 사건들
이 바로 그것이었다. 이에 대해
설명하기에 앞서 잠시 당시 왕실
의 이런저런 사정을 살펴보기로
하겠다.

하음 봉씨 시조 봉우 사적비 (경기도 강화)

세종은 그 당시 국사에 힘쓰는 한편 인재들을 두루 등용하여 밝은
정치를 펼침으로써 성군의 위치에 올랐다. 그뿐만 아니라 왕자들 역
시 많아 앞날이 매우 밝아 보였다. 대군 8명, 군 10명, 공주 2명과 옹주
2명까지 모두 합해 18남 4녀를 둔 강성한 임금이었으니 말이다.

그러나 세종과 소헌 왕후의 맏아들로 태어나 장차 다음 대권을 이
어받아야 하는 세자는 건강이 그리 좋지 못했다. 날 때부터 허약한 체
질을 물려받은 까닭이었다. 그럼에도 세자는 모자람 없는 임금이 되
고자 불철주야 지식과 인성을 키워 갔다.

이러한 때에 세자를 포근히 감싸주며 현숙한 내조의 덕을 발휘할
세자빈이 왕실에 들어와 주었다면 바랄 나위가 없었을 것이다. 그러

나 휘빈 김씨에 이어 다시 맞이한 봉빈奉嬪은 결코 어질고 정숙한 여자가 아니었다. 그 때문인지 세자와 봉빈 사이는 점점 틈이 벌어졌다. 그리하여 세자는 시간이 지날수록 봉씨를 멀리했다.

당시 세종 임금의 집무처는 경복궁에 있었다. 그러다 보니 세자궁도 그 옆에 자리 잡았다. 그런데 문제는 세자의 침전이 창덕궁에 있었다는 사실이다. 이 때문에 세자는 책을 보다가 시간이 조금 늦어지면 귀찮은 마음에 집무실에서 밤을 새우거나 잠을 청하곤 하였다. 결국 세자는 공부를 핑계로 외박을 자주 하였던 셈이다. 이에 따라 세자와 세자빈 사이에는 푸근한 부부간의 정이 움터 오를 틈이 없었다.

독수공방 외로운 밤이 계속되자 봉빈은 공공연히 하소연을 하고 다녔다. 그러다 보니 봉빈의 하소연이 세종의 귀에도 들어갔다. 세자의 집무실이 침전에서 멀리 떨어져 있어 이 같은 일이 생긴 것으로 판단한 세종은 곧 창덕궁 근처로 세자의 집무실을 옮기도록 하였다. 창덕궁은 경복궁 동쪽에 자리 잡고 있다. 이 때문에 세자의 집무실을 이때부터 동궁東宮이라 칭하게 되었다고 한다.

세종의 배려로 집무실을 침전 가까운 곳으로 옮겼지만 세자는 여전히 봉빈을 찾지 않았다. 정이 없으니 그녀를 보고 싶지 않았던 것이다.

남편이 자신을 아무리 멀리하더라도 무던하게 기다리는 것이 그 당시 조선 여자들의 천형과도 같은 일반적인 삶이었다. 그러나 봉빈은 그러한 삶을 거부해 버렸다. 봉빈의 처소에서 일기 시작한 일련의 심상찮은 변화들은 그래서 생긴 것이었다.

제4대 세종 가계도

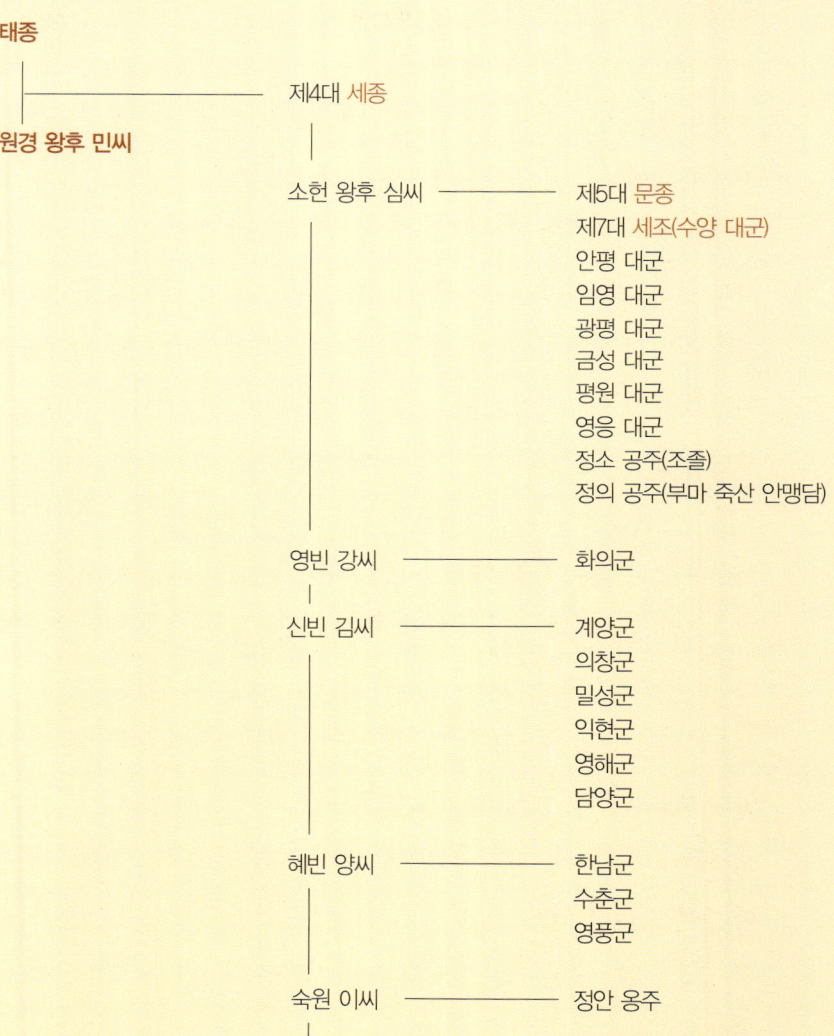

태종

원경 왕후 민씨

제4대 세종

소헌 왕후 심씨 ──── 제5대 문종
제7대 세조(수양 대군)
안평 대군
임영 대군
광평 대군
금성 대군
평원 대군
영응 대군
정소 공주(조졸)
정의 공주(부마 죽산 안맹담)

영빈 강씨 ──── 화의군

신빈 김씨 ──── 계양군
의창군
밀성군
익현군
영해군
담양군

혜빈 양씨 ──── 한남군
수춘군
영풍군

숙원 이씨 ──── 정안 옹주

상침 송씨 ──── 정현 옹주

시골 처녀 순임이의 운명

첫 번째 세자빈 휘빈 김씨를 통해 여자를 알게 된 세자가 봉빈을 철저하게 외면한 것은 그럴 만한 이유가 있어서였다.

사실 봉빈을 처음 맞이했을 때 세자는 미모가 출중한 그녀를 무척 사랑했다. 그런데 부부간의 정을 미처 쌓아 올리기도 전에 봉빈이 세자의 잠자리 능력에 불만을 품고는 노골적으로 내색했다. 역사는 당시의 상황을 이렇게 기록하고 있다. 봉빈의 불만이 워낙 노골적이다 보니 부담을 느낀 세자가 점점 그 구실을 못했다고.

그리하여 봉빈으로부터 멀어진 세자는 마음씨 고운 궁녀 순임이를 사랑하게 되었다. 순임이라는 나인은 본시 세자빈 처 소속이었다. 그러나 세자빈 봉씨가 마음에 두고 있던 다른 나인으로 바꾸니 순임이는 자연 세자의 처소로 자리를 옮겨 갔다.

순임이의 고향은 충청도 홍성 땅 합덕이었고, 성씨는 안동 권씨, 양반의 혈통이었다. 12세 때 궁으로 들어온 그녀는 세자보다 4살 어린 소녀였다. 순임이는 자기주장이 강하고 세자를 공경하기보다 어린아이 다루듯 했던 휘빈, 봉빈 두 세자빈과 완연히 달랐다. 얼굴이 순하게 생긴 데다 마음씨마저 비단결 같은 어린 소녀였다. 세자는 그런 순임이에게 몸과 마음이 점점 끌렸다.

결국 시골 처녀 순임이는 세자의 은총을 입게 되었고, 그 때문에 세자빈 봉씨로부터 죽지 않을 만큼 고문을 받기도 했다.

아무리 그래도 세자는 봉씨의 처소를 찾지 않았으며 그 대신 순임이에 대한 집착을 키워 갔다. 그러던 중 순임이가 잉태했다.

마땅히 축복받아야 할 일이었으나 순임이는 이 사실을 숨겼다. 무엇보다 두려웠다. 자신을 아끼고 사랑해 주는 왕세자가 있어 때때로 기쁨에 사로잡히기도 하였지만 봉빈이 무서웠고 세자빈이 엄연히 존재하는데 덜컥 세자의 씨를 잉태해 버린 자신 또한 무서웠다. 장차 자신에게 어떤 벌이 내려질지 상상하기도 싫었다.

'양반의 혈통을 이어받았다고는 하나 한미한 집안에서 태어나 궁녀로 들어온 처지에 덜컥 임신해 버리고 말았으니 이 무거운 죄과를 어찌 다 감당한단 말인가.'

어린 소녀 순임이는 결국 마지막으로 자기가 가야 할 곳을 정하기에 이른다. 연못에 풍덩 뛰어들어 아귀 전쟁터 같은 궁중 생활에서 벗어나려는 것이었다.

마침내 연못가로 나간 순임이는 뱃속의 아기를 부드럽게 어루만지며 속삭였다.

"아가야, 미안하다. 우리가 편안해지는 길은 이것밖에 없단다."

그런데 순임이가 연못으로 뛰어들려 할 때였다. 어느 결에 달려왔는지 세자가 순임이의 몸을 덥석 잡았다.

"너 이게 무슨 짓이란 말이냐?"

"놓아 주셔요. 저 같은 죄인은 죽어 마땅합니다."

순임이는 세자의 손을 뿌리치려 하였다. 그러나 아무리 허약하다 해도 장성한 남정네의 힘을 당해낼 수는 없었다.

오래지 않아 순임이가 임신 중이라는 사실을 알아차린 세자는 기쁨을 감추지 못하면서도 순임이를 꾸짖었다.

"네가 죽으면 난 어찌한단 말이냐. 봉빈이 있다지만 그 사람에게선 마음이 떠난 지 오래이다. 내겐 너뿐이니라. 그러니 다시는 이런 못된 짓 하지 말거라. 알았느냐?"

세자의 손이 얼마나 따뜻했는지 모른다. 순임이는 차라리 세자와 인적 뜸한 산속으로 들어가 오순도순 살았으면 좋겠다는 생각을 해보았다.

"전 궁중 생활이 두렵사옵니다. 서로 시기하고 상처 입히고, 괴롭히는 이런 생활은……."

순임이 흐느꼈다. 세자는 와락 그녀를 끌어안으며 소리쳤다.

"내가 너를 지키리라. 무슨 일이 있어도 너를 괴롭히지 못하게 하리라. 이제부터는 안심해도 좋다. 그간 너를 안전하게 지켜 주지 못한 것 미안하다. 이제 됐느냐?"

순임이는 세자의 품에 안긴 채 눈을 감았다. 마음대로 죽지도 못할 인생이라면 세자의 말을 믿어 보는 수밖에 없으리라.

순임이를 안심시켜 놓고 돌아선 세자는 한달음에 모후 소헌 왕후 심씨에게 달려갔다.

"어마마마 동궁전 궁녀 순임이를 제 여자로 거두고 싶습니다. 허락해 주십시오."

세자의 목소리는 간절하기 이를 데 없었다. 그러나 소헌 왕후는 단호했다.

"세자빈이 엄연히 있는데 세자 입장에서 궁녀를 거두겠다니! 그게 말이 된다고 생각하오?"

"하오나 그 아이 몸속에서 제 씨가 자라고 있나이다. 제발 허락해 주십시오."

순임이의 뱃속에서 아기가 자라고 있다는 말에 소헌 왕후는 흠칫 몸을 떨었다. 세종은 이제나저제나 손자를 기다리고 있었다. 그 때문에 소헌 왕후는 남몰래 애태우곤 했다. 세자와 봉빈 사이가 좀처럼 가까워지지 않았기 때문이다. 그런데 엉뚱하게도 동궁전 궁녀가 세자의 아기를 잉태하였다니!

사정이 이쯤 되자 소헌 왕후는 순임이를 허락하지 않을 수 없었다. 곧 이 소식을 세종에게 알리니 세종 또한 기쁨을 감추지 못하며 순임이를 며느리로 인정했다. 이후 왕과 왕비는 어린 순임이를 극진하게 사랑해 주었다.

종말은 스스로 만든다

그즈음 봉빈은 실로 은밀하고 놀라운 생활 속으로 점점 빠져들고 있었다. 세자의 발길이 멀어지자 자기가 부리던 나인을 강압하여 술과 동성연애로 세월을 보내고 있었던 것이다.

그러던 중 동궁전 궁녀 순임이가 세자의 씨를 잉태하였고 임금과 왕후로부터 며느리로 인정받았다는 소식을 접하고는 파르르 몸을 떨며 어찌할 줄을 몰랐다. 그것은 참으로 자존심 상하는 일이 아닐 수 없었다. 얼마 전 세자와 가까이 지내는 순임이를 끌어다 놓고 초주검이 될 정도로 고문을 가한 적이 있었다. 그때 살펴본 순임이는 어느 모로 보나 자신과 비교가 되지 않는 여자였다. 그런데 세자는 어찌하여 절세미인이라고 해도 과언이 아닌 자신을 뿌리치고 순임이에게 가 버렸단 말인가.

"으음, 내가 이러고 있을 때가 아니지. 그깟 상처 입은 자존심이 뭐 그리 중요하겠는가."

순임에게 세자빈 자리를 빼앗기는 광경이 불길하게 떠올랐다. 봉빈은 세차게 도리질 치며 자리를 박차고 일어났다. 위기감에 사로잡힌 그녀는 곧 얼토당토않은 연극을 꾸며냈다. 자신 또한 잉태했다고 왕실에 거짓말을 한 것이다. 한 달여 전이던가, 세자가 자신을 찾아와 하룻밤 머물다 간 일이 있었다. 그때 일을 기억하여 아기를 잉태했노라 꾸며대니 왕과 왕후는 물론이고 세자마저도 감쪽같이 속았다.

그러나 위기감에 사로잡힌 나머지 엉터리로 지어낸 거짓말이 얼마나 오래가겠는가. 그녀의 거짓말은 오래지 않아 백일하에 드러났고, 그에 따라 봉빈의 입지는 눈에 띄게 불안해졌다.

이런 와중에 산달을 맞이한 순임이는 애석하게도 딸을 낳았다. 그나마 봉빈에게 심한 고문과 매질을 당한 탓인지 앙증맞은 어린 생명은 바로 숨을 거두고 말았다.

세상에 태어나 꽃도 피우지 못한 아기의 저주 때문이었을까. 갈수록 방자해져서 세자의 출입도 거절한 채 술과 동성연애로 세월을 보내던 봉빈의 행각이 차츰 궁내에 퍼졌다.

그러한 이야기를 접한 세자는 그냥 묻어둘 일이 아니라고 판단하여 왕과 왕비에게 봉빈의 행각을 남김없이 실토했다. 그 사실이 확인되자 폐출이란 결정이 내려진 것은 어찌 보면 당연한 결과였다.

봉빈의 운명은 누가 결정했는가

경북궁의 북문인 신무문^{神武門}을 통하여 대궐 밖으로 쫓겨날 때, 앙칼진 폐빈 봉씨는 뜨거운 눈물을 쏟아 눈이 퉁퉁 부어올랐다.

무소불위의 권력을 가지고 생사여탈권까지 행사할 수 있는 것이 왕이라고 하지만 명분 없이는 아무 일도 처리하지 못한다. 반대로 이야기하면 봉빈이 명분을 제공했기에 궁에서 쫓겨난 셈이었다.

여느 임금들이었다면 봉씨를 사사시켰을 것이 불을 보듯 훤하다. 하지만 본디 어진 임금이다 보니 세종은 봉빈을 사가로 돌려보내는 선에서 모든 일을 마무리 지었다.

우선 봉빈의 죄목을 살펴본다면 첫째는 궁녀와 동성애를 한 죄, 둘째는 궁녀로 하여금 음탕한 남자들의 노래를 부르게 한 죄, 셋째는 궁중에서 술을 마신 죄, 넷째는 시어머니가 내린『효경』과『열녀전』등을 읽지 않고 내팽개쳐 버려둔 죄, 다섯째는 시기 질투를 해서 내명부에게 매질한 죄라고 적고 있다. 위의 다섯 가지 이외에 세자의 잠자리를 배척한 일 등은 기록하지 않았다. 봉씨는 당연히 극형을 각오하고 있었을 것이다.

신무문(神武門)
신무문은 1433년(세종 15) 경복궁이 창건될 때 그 북문(北門)으로 들어섰다가, 1475년(성종 6) 예문관 대제학 서거정의 건의에 의해 신무문이란 이름으로 편액되었다. 북문은 일반적으로 특수한 경우를 제외하고는 잘 이용하지 않는다.

어쨌든 삭탈된 봉씨는 소복을 입고 동궁을 나와 마지막으로 왕위 두 분께 하직 인사를 하려 했다. 그러나 소헌 왕후의 노여움 때문에 봉씨는 그냥 돌아설 수밖에 없었다.

이제 그녀는 정1품 순빈도 아니었다. 궁녀와 똑같은 서인일 뿐이었다. 봉씨가 폐빈이 되어 나가자마자 세자빈과 동성애를 했던 나인들은 더러 죽기도 하고 출궁되기도 하였다.

오래지 않아 폐비 봉씨가 친정집에 도착하였다. 7년 전 폐빈 김씨의 사가 김오문의 집에서 벌어졌던 정경과 똑같은 일이 봉여의 집에서도 일어나고 있었다. 울음소리가 용마루를 들썩거리는 가운데 봉씨의 어머니가 딸을 얼싸안았다.

"마마, 이게 어인 일이십니까. 빈 마마."

"어머니, 제가 무슨 죄로 이렇게 당해야만 합니까? 원통하고 분합니다. 지난 7년 동안 독수공방하면서 외간 남자라도 끌어들였습니까, 사람을 죽였습니까? 다른 궁녀들이 다 하는 여자끼리의 유희를 좀 하였기로서니, 으흐흑…"

폐빈 봉씨는 그때까지 자기의 잘못을 조금도 뉘우치지 않고 있었다. 아버지 봉여는 자신의 딸이 가증스럽기만 했다.

이때 봉여의 나이는 60세였다. 그는 음보蔭補로 기용되어 사헌부 감찰(검찰청 직원)과 경상도 창녕 현감(종6품관)을 지냈다. 그러다가 딸이 세자빈에 간택된 행운으로 정소사, 진헌사가 되어 명나라에 다녀오고 나서 세종 임금으로부터 사돈의 예우를 받고 있었다. 당시 봉여는 지돈녕 부사知敦寧府使라는 정2품의

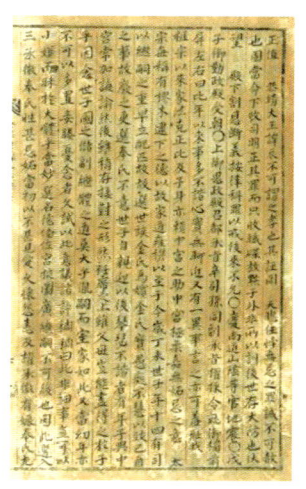

세종실록 18년 병진(1436, 정통 1) / 10월 26일(무자)
두 번째 세자빈 봉씨를 폐출시키다. 봉빈의 폐출 사유가 자세히 기록되어 있다.

높은 관직에 앉아 있었다. 그가 이처럼 출세한 것은 모두 딸 덕분이었지만 이제 그 딸 때문에 오히려 망신을 하고 폐가를 맞이하게 되었다.

마침내 무엇인가 마음을 굳힌 봉여가 식솔들을 모두 바깥으로 쫓아내 버리고, 부르르 떨면서 아내와 봉빈을 불러들였다. 그러곤 아내를 설득시켜 또 바깥으로 내보내고 자신의 허리띠를 풀어 딸에게 내밀었다.

"자, 목을 매달아라. 이미 너는 폐인 첩지까지 받고 쫓겨났으니 순빈도, 마마도 아니니라."

한낱 더럽고 요사스러운 계집에 불과하기에 죽음만이 있을 뿐이라

는 뜻이었다.

"어서 목을 매어라."

그러나 거듭되는 재촉에도 봉씨는 꿈쩍하지 않았다.

"아버지, 제가 왜 죽어야 합니까? 억울합니다."

아버지 봉여는 자신의 죄를 뉘우칠 줄 모르는 딸이 측은하기까지 하였다. 그는 무슨 말인가 하려다가 체념하듯 고개를 좌우로 내저으며 손을 뻗어 봉씨의 목을 졸랐다. 살고자 발버둥질하던 봉씨는 곧 사지를 축 늘어뜨렸다.

늙은 봉여의 몸과 얼굴에는 땀이 흥건했다. 한동안 딸의 시신을 내려다보며 멍하니 앉아 있던 봉여는 눈에 괸 피눈물을 훔쳐냈다. 세상 어떤 부모가 제 자식을 죽이고 싶겠는가. 봉여는 기가 막힌 나머지 터져 나오려는 한숨과 통곡을 간신히 되삼키며 딸의 시신을 정성껏 수습했다. 그러고는 임금께 사배四拜를 올리고 나서 사당으로 갔다.

조상에게 그간의 일을 고유告由할 때 봉유는 저도 모르게 눈물을 철철 흘렸다. 그러나 그의 표정만은 결연하기 이를 데 없었다. 이윽고 사당에서 물러나온 봉여는 딸에게 넘겨주려고 했던 허리띠로 목을 매었다.

이 소식은 곧 세종 임금에게 알려졌다. 세종은 이렇게 말했다.

"봉여도 윤리에 밝은 선비이니 어찌 그 딸과 더불어 살아남겠는가. 과인이 덕이 없어서 번번이 며느리 꼴을 못 보고 죄 없는 사돈 집안만 멸문을 시켜 놓는구나. 죽은 지돈녕 부사 봉여의 벼슬을 내리지도 말고 더 추증하지도 말며, 시호를 공숙恭肅으로 내려 그의 영혼을 위로하여 주도록 하라."

이러한 경황 중에서도 봉여에게 사돈의 예우를 다했고, 7년 전 같은 운명으로 죽은 김오문의 생전 벼슬도 되돌려 주었으니 세종 대왕은 과연 성군이었다.

순임, 왕비가 되다

봉씨가 폐출되자 자연스럽게 세자빈 자리는 순임에게 돌아갔다. 갓 낳은 딸의 죽음으로 상심에 빠져 있던 권빈(순임)은 1435년(세종 17) 다시 딸을 낳았다. 이가 곧 수양 대군의 왕위 찬탈에 맞물려 남편을 잃고 관비로 전락한 채 오욕의 세월을 살아간 경혜 공주였다.

비록 딸을 낳았지만 세자 향은 신분의 격을 두지 않고 늘 권빈을 사랑했다. 사람 사이에는 궁합이라는 것이 정말 있는지 세자는 권빈의 처소에만 가면 항상 마음이 편안했다.

그러나 금슬 좋은 부부 사이에 두 번째 아이는 좀처럼 생겨나지 않았다. 왕위를 이을 적자의 탄생이 자못 다급한 상황이었다. 그러나 세자는 권빈을 압박하거나 서두르지 않고 한결같은 모습으로 사랑해 주었다. 지아비의 이러한 사랑에 화답하듯 권빈이 장차 조선 제6대 임금 단종으로 등극할 세자 홍위弘暐를 낳은 것은 경혜 공주를 낳은 지 6년 만인 1441년(세종 23)이었다.

후세 사람들은 단종을 일컬어 한의 역사를 남긴 임금이라고 이야기한다. 이를 예감케 해주듯 단종은 태어나자마자 돌이킬 수 없는 슬픔을 그 작은 가슴에 떠안아야 했다. 어머니 권빈이 단종을 낳고 며칠 만에 눈을 감아 버린 것이다.

비록 짧은 생애였지만 시골 처녀 순임이는 나름대로 참 행복한 삶을 살았다 해도 과언이 아닐 터였다. 일약 세자빈에 올라 장차 이 나라의 지존이 될 세자의 아낌없는 사랑을 한 몸에 받았으니 말이다.

그러나 그녀가 세상에 남기고 간 후덕한 마음과 복덕은 자신의 소생들이 세상을 탈 없이 살아가는 데 아무런 영향도 끼치지 못했다. 선대 임금들이 쌓아 놓은 화를 희석시키기에는 턱없이 부족한 덕이요, 복이었는지도 모를 일이었다.

단종의 운명과 두 여인의 한

단종이 태어난 지 3일 만에 권빈이 죽자, 소헌 왕후 심씨는 불길한 마음을 지울 길이 없었다.

'어린 왕손이 유약하니 역성혁명이 일어나지 말란 법도 없지 않은가. 이를 막자면 강력한 왕실을 만들어야 할 텐데……. 허나 아무리 생각해도 쉽지 않겠구나. 왕손이 정상적으로 맞이한 비의 몸에서 태어났다 해도 불안한데 시녀의 몸에서 났으니 명분이 없구나, 명분이…….'

이것은 사실 단종의 숙부 수양 대군이 왕위를 찬탈하는 과정에서 내놓은 명분이었다. 그리고 보면 소헌 왕후 심씨는 앞일을 훤히 내다

보고 있었던 셈이다.

그러나 여기서 한 가지 주의 깊게 살펴봐야 할 것은 형제간에 피를 뿌리며 왕위를 차지한 태종의 끔찍했던 역사가 단종 대에 이르러 하늘의 보복으로 되돌아온 것 아닌가 하는 점이다. 누가 보더라도 엉뚱한 발상이라고 일축해 버릴 수는 없을 것이다. 게다가 책임 소재야 어찌 되었든 부왕 문종의 포용력 부족으로 불행하게 한을 품고 죽어간 두 여인의 원한까지 더해져 단종은 그토록 불행한 삶을 살아갈 수밖에 없었는지도 모를 일이었다. 그리고 보면 세상사는 뿌린 대로 거두기 마련인 모양이다.

소빈 노씨와 현덕 왕후 권씨, 그리고 숙빈 최씨. 우리는 지금까지 어려운 환경에서 저마다의 삶을 살아가다 임금이나 왕세자를 만남으로써 전혀 다른 인생의 장을 맞이한 세 여인의 삶을 속속들이 들여다보았다. 비록 남성에 의해 여성들의 인생이 결정되었던 시대였다 할지라도 자신의 본분을 지키는 현명한 처세가 중요하다는 것을 우리에게 일깨워 준다.

현덕 왕후의
혼령을 찾아서

저마다 곡절이 있고 사연이 있는 우리네 인생은 하나하나가 모두 각별하다. 내게 주어진 칠십 평생이 특별하지 않다고 느낄 사람은 세상에 아무도 없다.

그러나 돌이켜 생각해 보면 진실로 특별하다고 여길 만한 인생은 그리 많지 않다. 그래서 인생은 덧없고 허망하며, 아침 이슬에 불과하다는 말이 생겼는지도 모른다.

우리 인생은 미로와도 같다. 바로 코앞에 닥친 일도 모르는 채 복잡하게 뒤얽힌 미로 속에서 헤매다가 믿기 어려운 비극이나 기쁨을 만나 울고 웃곤 한다. 그러다가 전혀 예상하지 못했던 순간에 목숨을 잃기도 하는 것이 우리 인생이다.

이승의 삶이 다했다고 해도 끈끈한 인연이 세상에 남아 있어 죽은 자의 넋은 저승으로 차마 떠나지 못한다. 어린아이 하나만 남겨 놓고 불귀의 객이 되어 버린 어미의 혼령을 생각해 보라. 홀로 남은 아이가 행여 잘못되지나 않을까 애태우며 이승의 삶을 기웃거리곤 할 것이다.

오늘은 문종의 비이자, 단종 임금의 모후이기도 한 현덕 왕후를 만나러 가는 날이다. 필자는 지도와 수첩, 물병 등과 같은 준비물을 휴대 가방에 챙겨 넣고, 책상 앞에 잠시 앉아 극적이라고밖엔 달리 표현할 길이 없는 현덕 왕후의 생애를 돌이켜 생각해 브고 있었다.

궁녀의 몸으로 왕세자의 비가 되었을 때만 해도 현덕 왕후, 아니 어린 순임이는 내심 훤하게 열린 자신의 앞날을 그려코고 있었을 것이다.

그러나 누가 상상인들 해 보았으랴. 단종을 출산하고 사흘이 채 되지 못하여 순임이가 세상을 달리하게 되리란 사실을 말이다. 모르긴 해도 불쌍하기 이를 데 없는 순임이의 혼령은 병약한 문종과 어린 단종이 걱정되어 한시도 곁을 떠나지 못했을 것이다.

그런데 이를 어쩌면 좋단 말인가. 문종이 승하한 데 이어 어린 단종마저 수양 대군에게 내쫓긴 몸이 되었다가 사사되고 말았으니……

현덕 왕후 사후에 일어난 일련의 일들을 차례차례 더듬어 보던 필자는 저절로 한숨을 내쉬었다. 인생은 각본 없는 드라마라고 한다지만 현덕 왕후가 세상에 남기고 간 인연들을 어찌 그리도 모질게 꺾어 버릴 수 있는 것인지 운명을 주관하는 신이 있다면 따져 묻고 싶은 심정이었다.

민신閔伸의 비명

밖으로 나오니 겨울 찬바람이 윙윙 울어대고 있었다. 필자는 차에 오르자마자 시동을 켜고는 잠시 멍하니 차창 밖을 내다보았다. 골목 구석

민신의 단위 (경기도 양주)

에 엉겨 붙은 허연 잔설이 유난히 차갑게 느껴졌다.

현덕 왕후의 혼령은 서울에서 40리 정도 떨어진 경기도 구리시 인창동, 속칭 동구릉東九陵 내에 머물고 있다. 가까운 곳이니 서두르지 않아도 되었다. 필자는 밤새 얼어붙은 자동차 엔진이 충분히 예열되기를 기다리며 다시금 피비린내 나는 세조 때의 일을 떠올려 보았다.

문치의 임금 성군 문종은 재위 2년 4개월 동안 병마와 싸우다가 젊은 청춘 39세를 일기로 세상을 하직하였다. 문종 임금은 부왕 세종 대왕의 영릉英陵(현 국정원 내에 있었던 구 영릉) 좌측에 모셔질 예정이었다. 그러나 묏자리에서 물과 암석이 나서 부득불 다른 곳을 알아보게 되었다. 이때 비로소 물이 나는 자리라는 것을 안 조정에서는 부랴부랴 세종대왕 영릉도 여주로 이장하였다.

아무튼 부왕 곁에 묻히지 못한 문종은 우여곡절을 겪은 끝에 현재의 경기도 구리시 인창동 동구릉(도성 동쪽에 모신 무덤이 아홉 곳이라 하여 붙은 이름) 내에 유택을 마련했다. 이때 충신으로 이름 높던 이조 판서 민신은 태조 대왕의 능인 건원릉 우단에 문종의 묏자리를 정하고 사역 감독을 하고 있었다. 그런데 오래지 않아 민신에게 끔찍한 일이

현재 국정원 자리에 있었던 구(舊) 세종 대왕릉 자리

비석에는 다음과 같은 말이 쓰여 있다.
이곳은 조선 제4대 세종 대왕(1397~1450)과 정비인 소헌 왕후(1395~1446)의 합장능이 있었던
자리이다. 이 능은 제8대 예종 1년(1469)에 경기도 여주군 능서면 영릉(英陵)으로 옮겨졌다.

1 건원릉 (태조 이성계)

2 현릉 (문종 현덕 왕후)

3 목릉 (선조, 의인 왕후, 인목 대비)

4 휘릉 (인조의 계비 장렬 왕후)

5 숭릉 (현종, 명성 왕후)

6 혜릉 (경종비, 단의 왕후)

7 원릉 (영조 정순 왕후)

8 경릉 (헌종, 효현 왕후, 계비 효정 왕후)

9 수릉 (순조 원자의 문조와 그의 비 신저
　의 왕후)

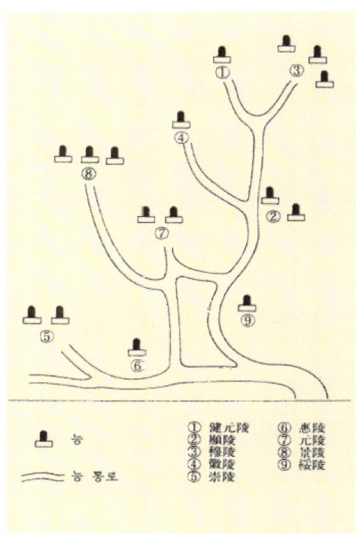

① 健元陵　　⑥ 惠陵
② 顯陵　　　⑦ 元陵
③ 穆陵　　　⑧ 景陵
④ 徽陵　　　⑨ 綏陵
⑤ 崇陵

　능

능 동로

동구릉 배치도

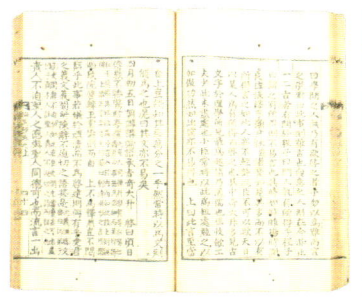
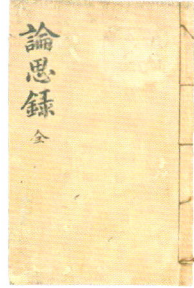

찾아온다. 수양 대군이 보낸 삼군진무(병조에 속한 낮은 무신) 서조徐遭
가 민신을 참살해 버린 것이다.

수양 대군은 이때 이미 왕위 찬탈을 결심하고 있었던 것이 분명했
다. 그렇지 않고서야 자기 형님의 묘 조성 공사 감독관 민신을 참살해
버릴 이유가 없었다. 하긴 수양 대군은 문종과 민신에게만 몹쓸 짓을
저지른 것이 아니었다.

놀랍게도 수양 대군은 단종을 낳고 죽은 현덕 왕후에게도 끔찍한
짓을 저질렀다. 현덕 왕후가 경기도 안산 바닷가에 묻히자 사람들을
내려 보내 묘를 파헤쳐 버렸던 것이다. 그러고는 현덕 왕후의 시신을
강물에 내던졌다.

그런데 이상한 일이었다. 현덕 왕후의 시신은 물속에 가라앉지도
않고 바다와 강물 사이를 둥둥 떠다녔다. 그랬던 그녀의 시신이 강물
을 거슬러 올라가다가 양화대교 인근에서 발견된 것은 그로부터 여러
날이 지난 다음이었다.

강물에 발을 씻다가 왕후의 시신을 발견한 농부는 처음엔 흠칫 놀
랐으나 인정상 시신을 그냥 지나칠 수 없다고 생각하였다. 그리하여

엄흥도(嚴興道) 조려각(旌閭閣) (강원도 영월)

단종 시신을 암장한 영월 호장 엄흥도에게 1726년(영조 2)에 어명으로 정려하고 1792년(정조 16)에 비각을 세웠다. 엄흥도는 단종이 승하한 후 군수에게 성장을 청하였으나 세조를 두려워하여 성사치 못하고, 통곡하며 동강과 서강이 합류하는 금강에서 옥체를 건져내어 관곽과 의식을 준비하여 영월 서북방 지역인 그의 선산 동지을산 자락에 밀장하였다.

시체를 수습했는데 옷으로 보나 무엇으로 보나 왕실에 속한 사람이 분명해 보였다. 이윽고 현덕 왕후를 양지바른 곳에 묻어 준 농부는 때마다 벌초를 하고 제를 올려주곤 하였다.

그런데 그로부터 12년이 지난 어느 날이었다. 당시 조정에서는 문종 임금이 승하하는 바람에 능을 조성하는 일로 분주했다. 그런데 그 날 밤, 농부의 꿈에 현덕 왕후가 나타난 것이었다. 현덕 왕후는 농부에게 자신의 신분을 알리며 조정에 신고해 달라고 이르는 한편 농부의 앞날을 축복해 주기까지 하였다. 대대로 복을 받을 것이라고 일러

문종의 현릉 (경기도 구리 동구릉)

준 것이다.

아무튼 세상을 달리한 다음에도 세조 때문에 불행을 겪어야 했던 현덕 왕후는 이름 없는 농부의 도움으로 문종이 묻힌 현릉顯陵에 유택을 마련할 수 있었다.

그러나 현덕 왕후의 수난은 여기서 멈추지 않았다. 단종 복위 사건이 일어나자 친정아버지는 물론이고 동기마저 몰살당한 가운데 왕후의 위패도 내려지고 말았다. 다행히 1513년(중종 8)에 신하들의 주청으로 다시 봉향되기는 하였으나 현덕 왕후의 원혼은 지하에서 피눈물을 흘리고 있었을 것이다. 어린 아들 단종은 숙부 수양의 손에 생목숨을 잃었으며, 경혜 공주는 순천 관아의 노비로 끌려가는 끔찍한 아픔을 겪어야 했으니 말이다.

젊은 영혼 현덕 왕후를 뵙고 싶어서

경기도 구리시 인창동 동구릉까지 이어진 40리 길은 필자의 생각보다 훨씬 가까웠다. 보통 고인의 혼령을 찾아가는 길은 거리가 가깝건 멀건 필자에게 부담으로 다가오는 것이 사실이다. 알려지지 않은 선현의 묘소를 찾아가자면 길 잃은 미아처럼 산속을 헤매야 하는 경우가 대부분이었기 때문이다.

그러나 현덕 왕후의 능소는 서울에서 비교적 가까운 동구릉 내에 있었으므로 그 어느 때보다 수월한 여행이 되었다. 얼마 되지 않아 동구릉에 당도한 필자는 바로 현릉을 향해 숨 가쁘게 걸어갔다.

먼저 문종 임금의 유택을 찾았는데 좌우에 시립한 채 유택을 경비하던 문·무신석이 필자의 방문을 달가워하지 않는 것만 같아 걸음을 멈출 수밖에 없었다.

"당신은 어느 나라 백성인데 겁도 없이 무상출입하는 거요? 전하께서 쉬시는 곳임을 모른단 말이오?"

석물들의 꾸짖음이 실제로 들려오는 듯하였다. 무신석과 문신석은 우람하기 이를 데 없었다. 그 위세만으로도 잡귀들의 접근을 충분히 막아낼 수 있을 것 같았다.

필자는 잠시 머뭇거리다가 문·무신석 사이를 지나쳐 태고의 신비를 간직한 장명등 앞으로 갔다. 모르긴 해도 이 정도의 규모와 고태스러움을 갖춘 장명등은 우리나라에 흔치 않을 터였다.

장명등 바로 뒤에는 혼유석이 버티고 있었는데 그 크기가 실로 엄청났다. 필자는 혼유석 앞에 옷깃을 여미고 서서, 성군 세종 대왕으로 부터 전폭적인 신뢰를 받았으나 병약하여 뜻을 맘껏 펼치지 못한 문종의 생애를 떠올리며 참배했다.

현덕 왕후의 능은 필자가 선 곳에서 빤히 바라보이는 곳에 있었다. 정자각 바로 뒤, 나란히 솟은 두 폭의 언덕 위에 왕과 왕후의 능이 동원이강同原異岡 형식으로 단릉처럼 배치되어 있었던 것이다. 주지하다시피 동원이강이란 홍살문이나 정자각을 위시한 부속 시설을 하나만 만들고 2기의 봉분을 조성하는 형식이다.

왕후의 능으로 천천히 다가가 보니 침엽수림이 무성한 산 쪽으로 곡장을 둘렀고 문·무신석과 장명등, 혼유석 등이 문종의 그것과 크게 다르지 않았다.

필자는 새삼스레 한 발짝 뒤로 물러나서 문종과 왕후의 능을 가만히 바라보았다. 세자 시절, 두 번의 혼인 실패로 상심했던 문종은 시골 처녀 순임이를 만나 마음의 위안을 얻었고, 그때부터 두 사람은 애틋하게 서로 사랑하며 축복받은 세월을 보냈다.

그러나 두 사람은 하늘의 시샘을 받은 듯 죽음으로 갈라서야 했고, 그로부터 수백 년이 흐른 지금까지 수양 대군에게 입은 끔찍한 살육의 상처를 보듬으며 지내고 있다.

현덕 왕후의 고운 심성을 떠올리게 하는 둥그런 봉분을 하염없이 바라보며 필자는 조용히 눈을 감았다. 왕후는 숙부에게 죽임을 당한 어린 아들이 불쌍하여 저승에서마저 영면하지 못할 것이다.

그러나 필자는 현덕 왕후의 슬픔 저편에 자리한 빛나는 영광을 알고 있다. 조선 왕조의 한 축을 이루는 임금의 어거니이자 국모였던 그녀의 영광스러운 과거를 말이다. 시골 처녀 순임이, 미천한 궁녀 순임이가 고운 심성 하나로 이룬 일이었기에 필자는 현덕 왕후의 뿌리 깊은 슬픔을 위로하기에 앞서 공경하는 충심을 전해 올리고 싶은 심정이었다.

무덤 앞에 세운 석인상을 가리켜 그 호칭이 구분된다. 왕과 왕후 무덤 앞에 세운 석인상은 문·무신석, 정승·판서 등 정3품관(당상관) 무덤 앞에 세운 석인상은 문·무관석, 일반 벼슬인 무덤 앞에 세운 석인상은 문·무인석이라 한다.

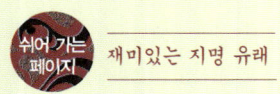

고자새말과 소리치 고개

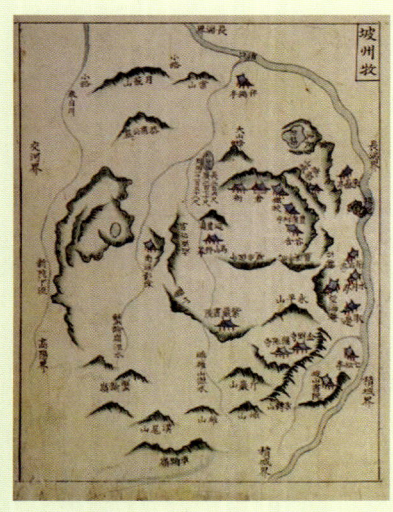

경기도 파주목 지도

경기도 파주 시청 소재지인 금촌리에 가보면 특이한 땅 이름이 있어 이방인의 눈길을 사로잡는다. 권력자들의 억압에 숨죽이며 살아온 백성의 소리 없는 아우성으로 생겨난 이름이라 한 번쯤 살펴볼 필요가 있을 것 같다.

금촌리 인근 '새말'이라는 동네는 조선 시대에 고자(내시)들이 집단을 이루어 살던 곳이다. 궁궐 출입이 잦은 내시들은 보잘것없는 권세를 믿고 백성에게 온갖 횡포를 부렸다. 내시들이 어찌나 권세를 부리며 괴롭히는지 사람들은 그 마을을 '고자새말'이라고 불렀다. 풀어서 이야기하면 '고자세 마을' 또는 '고자 새말'이 되겠다. 지명 유래만 얼핏 살펴봐도 내시들의 횡포가 얼마나 심했는지 짐작해 볼 수 있을 것이다.

그런데 이웃 마을 사람들은 늘 고자새말에 있는 고개를 넘어 다녀야 했다. 그 고개를 넘어야 할 때면 내시들의 횡포에 가슴부터 답답해졌다고 한다. 그래선지 그 고개를 '답답고개'라 불렀다. 그리고 무사히 다리만 건너면 마음 놓고 소리를 지를 수 있었다 하여 냇가에 놓인 다리를 '소리치다리(순달교)'라고 이름 지었다. 힘없는 백성의 애환과 재치가 잘 드러난 지명 유래요, 일화라 할 수 있을 것이다.

그런가 하면 수도 서울에도 곳곳에 재미있는 지명 유래가 남아 있는데 그중 하나가 서초구 방배동의 유래이다.

양녕 대군은 조선조 제3대 임금인 태종의 맏아들로 이름은 제禔요, 자는 후백厚伯이다. 그는 1404년(태종 4)에 왕세자로 책봉되었으나 실덕이 많다 하여 1418년(태종 18)에 폐위되었다.

그 후 양녕은 정치와는 담을 쌓고 주유천하로 풍류를 즐기면서도 형제간에 우애가 돈독하여 많은 일화를 남겼다.

전해 오는 이야기에 따르면 양녕은 조선 초 격변기 속에서 스스로 훌륭한 임금이 될 수 없다고 판단한 나머지 자기보다 월등한 충녕에게 자리를 양보하고자 미치광이 짓을 하였다고 한다.

충녕이 왕위에 오르자 살아 있는 폐세자는 위험인물로 배척의 대상이 될 수 있었지만 세종은 형을 믿었고 양녕 또한 오해 받을 짓을 하지 않았다.

그때 그는 도성 내에 들어가지 않고 한강 남쪽에서 한양을 바라보며 동생인 상감이 나라를 잘 다스려 주기만을 빌면서 남으로 내려갔다. 이때 등을 돌려 남쪽으로 내려갔다 하여 방배동方背洞이란 지명이 생겨난 것이다.

한번은 양녕이 한바탕 사냥을 끝내고는 둘째인 효령 대군이 불도를 닦는 사찰에 들러 고기를 굽고 술을 마시며 효령 대군에게 물었다.

"불도는 닦아서 무엇에 쓰려는가?"

이에 효령이 공손하게 대답했다.

"성불하려고 닦습니다."

그러자 양녕은 호탕하게 웃으며 소리쳤다.

"그것참 잘 되었다. 이 몸은 살아서는 임금의 형이고, 죽어서는 부처의 형이니 누가 감히 나를 건드리겠는가?"

이렇듯 양녕은 거리낌 없고 자유분방한 인생을 산 사람으로 유명하다.

생각해 보면 양녕의 지혜와 양보심이 아니었더라면 세종 대왕 같은 성군은 없었을 것이며 형제간의 우애와 금도襟度가 없었다면 따뜻한 일화 또한 생겨나지 않았을 것이다.

명당이 만든 명장 임경업

임경업 장군의 할아버지 묘는 현재의 서울시 가락2동 프라자 아파

임충민공 충렬사(林忠愍公忠烈祠)
충민공 임경업 장군의 충절을 기리기 위해 세운 사당이다. 1679년
(숙종 23)에 사당을 세웠고, 1706년에 장군에게 충민이라는 이름을
내렸으며, 1727년(영조 3)에는 사당 이름을 충렬사라 했다. 사당 앞
왼쪽에는 장군 부인의 곧은 절개를 기리기 위해 세워진 '정부인완
산이씨정렬비'가 있다.

트 지역에 있었는데 이 곳은 '매화작지형'으로 불리는 최고의 명당
으로, 이로 인해 임경업 장군이 태어났다고 한다. 1976년 4월에 충주
시 단월동 충렬사 뒷산으로 이장한 이 묘소에는 재미있는 일화가 전
해져 온다.

　지금으로부터 약 5백년 전, 서울에서 홀어머니를 모시고 가난하게
지내는 한 총각이 있었다. 그는 가세가 빈한하고 글을 제대로 배우지
못하였기에 마을 사람들이 다만 '임 도령'이라고만 불렀다.

　어느 해 이른 봄날이었다. 임 도령은 끼니를 이을 길이 없어 생각다
못해 광주에 살고 있다는 친척 집으로 식량을 구하러 떠났다. 친척 집
을 잘 아는 것은 아니고 어머니 말씀을 듣고 어림짐작으로만 알고 있
었으나 배고픔을 견디다 못해 무작정 길을 떠나게 된 것이다.

　그는 광나루에서 한강을 나룻배로 건너 남한산 쪽을 향해 걸어갔
다. 들판을 지나고 언덕을 넘어 여기저기서 어렵게 길을 물어가며 남

한산 기슭까지 당도했으나, 산중에서 힘들게 길을 찾다 보니 지친 몸에 방향을 분간하기가 어려워졌다. 오랜 시간을 헤매다 보니 금세 해가 저버렸고, 설상가상으로 하늘에서 일어난 먹구름이 비바람까지 뿌리기 시작했다.

당황한 임 도령은 왔던 길을 찾아 내려가 보려 했지만 컴컴한 어둠 속에서 익숙치도 않은 길을 찾아가려니 더럭 겁부터 났다.

'제대로 알지도 못하고 길을 나서는 게 아니었어. 집에는 늙으신 어머니 홀로 계신데 이를 어쩌면 좋단 말인가?'

어둠 속에서 체념한 임 도령이 한숨만 내쉬고 있을 때였다. 문득 멀리서 반짝거리는 불빛이 임 도령의 눈에 들어왔다. 임 도령은 남아 있는 모든 희망을 그 불빛에 걸고선 거의 기어가다시피 하여 걸어 나갔고, 드디어 도착한 그곳에는 자그마한 집 한 채가 덩그라니 자리하고 있었다. 집 주변에 다른 인가도 전혀 없고 집 안에서도 인기척이 나지 않아 불안한 마음이 들었지만 임 도령은 용기를 내어 주인을 불러 보았다.

"지나가던 과객이 말씀 좀 여쭈옵니다. 게 누구 안 계십니까."

그러자 기다렸다는 듯 작은 사립문이 소리도 없이 열리면서 한 처녀가 나타났다. 깊은 산중에서 젊은 처자를 만났다는 것도 신기하였지만, 집에서 새어나오는 불빛만으로도 감탄이 절로 나올 만한 미색임을 확인할 수 있었다. 뜻밖의 상황에 놀란 임 도령이 잠시 말문을 잃고 처녀를 바라보고만 있자, 처녀가 먼저 말문을 열었다.

"무슨 일이신데 이런 야심한 밤중에 찾아오셨는지요."

청아한 처녀의 목소리에 퍼뜩 정신이 든 임 도령은 더듬더듬 자신의 신분과 이곳까지 오게 된 사연을 말해 주었다. 이야기를 다 듣고 난 처녀는,

"우선 날도 궂고 밤도 깊었으니 방으로 드시지요."

라고 말하면서 임 도령을 선선히 집 안으로 안내하였다. 혹시나 수상한 사람으로 보여 거절당하지나 않을까 걱정하던 임 도령은 처녀의 선선한 태도에 놀라며 황급히 그 뒤를 따랐다.

방 안에 들어서자 밖에서 보았던 외관과는 전혀 다른 모습이었다. 값비싼 자개로 만든 가구와 화려한 꽃병풍 등으로 치장된 방 안의 모습은 도저히 예사 촌가라고 볼 수 없는 모습이었다. 태어나서 처음 보는 화려한 풍경에 놀란 임 도령이 넋을 놓고 있는데, 어느샌가 들어온 처녀가 진수성찬이 차려진 상을 들고 와 앉았다.

"어서 물기부터 닦아내십시오. 그리고 차린 건 없지만 소녀의 정성을 보아 한 번 드셔 보시지요."

살포시 건네는 수건을 받아들고서야 정신을 차린 임 도령은 서둘러 물기를 닦아내고는 자리에 앉았다. 그러자 처녀가 술병을 들어올리더니 나긋나긋한 자세로 잔에 술을 따라주기 시작했다.

"저는 용녀라 하옵니다. 깊은 산중에서 혼자 살다보니 사람을 만난 것이 얼마만인지... 이렇게 궂은날 도련님께서 방문해 주셔서 얼마나 든든한지 모르겠사옵니다."

임 도령은 낭랑한 처녀의 목소리에 취해 따라주는 술을 연거푸 들이켰다. 한참을 그렇게 먹고 마셨을 때, 처녀가 갑자기 임 도령 곁으

로 가까이 다가서더니 달콤한 미소를 지으며 은근한 눈빛을 흘렸다.

"이렇게 도련님을 만나 뵙게 된 것도 다 옥황상제님의 인연이 아니겠습니까. 부디 소녀의 외로운 마음을 외면하지 마시옵소서."

술도 거나하게 취했겠다, 절세미인의 유혹을 마다할 이유가 없었다. 임 도령은 뜻밖에 얻은 행운에 도취되어 원앙금침 속에서 꿈결 같은 하룻밤을 보냈다.

이튿날 아쉬운 마음을 뒤로 하고 길을 떠나던 임 도령은 아름답고 다정했던 처녀를 도저히 잊을 수가 없어 발걸음을 돌려 다시 밤을 지내던 곳으로 돌아왔다.

그런데 이상하게도 집도 용녀도 간 곳이 없고 그 자리에는 한 그루의 커다란 고목만이 비스듬히 서 있을 뿐이었다. 그리고 그 옆에 머리를 풀어헤친 한 여인이 가만히 서 있기에 자세히 살펴보니 어젯밤을 함께 했던 아리따운 처녀였다. 반가운 마음에 말이라도 건네보려고 하자 여인은 어제와는 사뭇 다른 냉담한 태도로 천천히 입을 열었다.

"이제 저의 그간의 사정을 말해드리도록 하겠습니다. 저는 5백 년 묵은 암구렁이로 하늘로 승천할 기회만 엿보다가 인간 남자인 당신과의 하룻밤 덕분에 용이 되어 소원을 이루게 되었습니다. 이 은혜는 결코 잊지 않을 터이니 부디 만수무강하시기 바랍니다."

말을 마치자마자 용녀는 무언가에 빨리우듯이 하늘로 솟구쳐 올라가 버렸다. 점점 멀어져 가는 용녀를 바라보면서 임 도령은 안타까움에 하늘을 향해 용녀의 이름을 부르짖었다. 그러자 멀리서 용녀의 마지막 음성이 들려왔다.

"서방님, 곧 제가 올라간 자리에 비늘 세 개가 떨어질테니 그 비늘이 떨어진 자리에 꼭 서방님 댁 묘자리를 쓰시옵소서. 그러면 서방님 자손에 만세에 이름을 떨칠 용맹한 장수가 나올 것입니다."

이 말을 마지막으로 용녀의 모습은 영원히 사라져 버렸고, 곧이어 하늘에서 비늘 세 개가 떨어지더니 순식간에 매화나무 세 그루로 변하였다. 임 도령은 그 비늘을 주워 집으로 돌아와 어머니에게 있었던 일을 모두 말씀드리고 아버지의 산소를 그 매화나무가 있는 곳으로 이장하였는데, 이 곳이 바로 '매화작지형' 명당이다. 즉 병자호란 때 명장 임경업 장군이 바로 이 명당의 발복으로 태어나게 되었다는 것이다.

또한 이 부근에는 임경업 장군이 투구를 썼다는 투구봉, 농을 열고 갑옷을 꺼내 입었다는 개농리, 용마를 얻어 탔다는 마산 등의 지명이 함께 전해져 오고 있다.

뛰어난 재능을 갖추었음에도 신유한이 능력을 충분히 발휘하지 못한 것은
신분의 벽 때문이었다. 그는 여종의 몸에서 태어난 서자였던 것이다.
신유한의 아버지는 평산 신씨로 글을 하는 선비였고, 하인을 많이 부리며 살아가는 귀족층이었다.
조선 시대 귀족층 남자치고 첩을 두지 않은 이는 드물다고 하였으니 신유한도
그런 사연에 따라 세상에 태어났으려니 여기겠지만 사정이 달라도 한참 다르다.
신유한의 출생과 관련된 사연은 일면 재미있으면서도 안타깝기 그지없다.

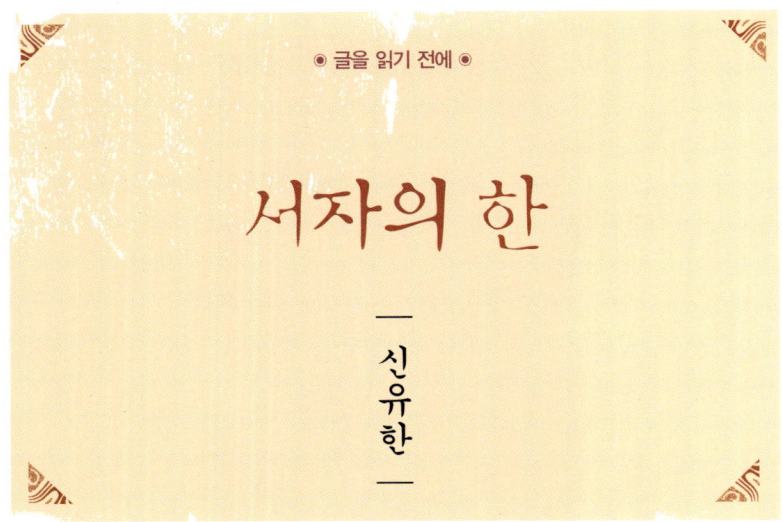

서자의 한

신유한

조선 제19대 임금 숙종 시기에는 조선 중기의 특징이라고도 할 수 있는 붕당정치가 최고조에 달하면서 정국이 파행으로 치달았다고 숙빈 최 씨 편에서 이미 밝힌 바 있다. 당시 상황을 살펴보면 임진왜란 이후 조선 사회에 팽배해진 혼란이 여전히 이어지고 있었다.

그러나 숙종은 이러한 혼란상을 왕권 회복의 기회로 이용하는 비상함을 발휘했다. 즉, 정계를 개편할 수 있는 왕의 권한을 적극적으로 활용하여 이른바 환국 정치로 왕권을 강화시켜 나갔던 것이다. 남인과 서인, 노론 등이 정권을 잡은 것은 결국 숙종이 차례로 손을 들어준 결과였다. 물론 숙종의 도움으로 정국 주도권을 잡은 자들은 그대가로 임금에게 충성해야 했다. 이에 따라 숙종은 왕권을 강화할 수 있었고, 임진왜란 이후 붕괴된 사회 체제를 복구하는가 하면 경제·국방·군역·대외 관계 등에서 상당한 치적을 남겼다. 구체적으로 실례를 들면 대동법 전국 확대 시행, 양전 사업 종결, 상평통보 주조, 군제 개편 완료, 왜관 무역 등이 바로 그것이다.

신유한申維翰은 이러한 시기에 서자로 태어나 암담한 세월을 보내다가 아버지의 결단으로 과거에 급제하는 기쁨을 누린다. 그러나 기쁨도 잠시, 신유한은 집안사람들의 질투와 손가락질에 막혀 고통스러운 나날을 보내게 된다. 신유한에게는 세상의 벽보다 집안사람들의 편견과 질시가 더 큰 고통이었던 셈이다. 신유한이 어려움을 어떻게 헤쳐 나가는지 살펴보는 것도 이 글을 읽는 재미 중 하나일 것이다.

낮잠 자던 아버지의 태몽 덕분에 세상에 태어난 신유한. 그의 눈물 겨운 이야기는 예나 지금이나 변함없는 각박한 세상인심의 단면을 적나라하게 보여주고 있어 일면 씁쓸함을 안겨 준다.

신유한은 무슨 일이 있었기에

　신유한은 1681년(숙종 7)에 태어나 1752년(영조 28)에 세상을 떠난 사람이다. 향년은 71세였는데 정치 상황이 몹시 혼란스러운 시기에 벼슬관으로, 문장가로 활약하며 굴곡 많은 삶을 살다가 눈을 감았다.

　그는 본관이 영해(경상북도 영덕군 속면)이며 자는 주백周伯, 호는 청천青泉이었다. 경상도 고령 출신 신태시申泰始의 아들로 태어난 그는 1705년(숙종 31)에 진사시에 합격하였고, 1713년(숙종 39)에는 증광시增廣試(조선 시대 나라에 큰 경사가 있을 때 실시한 임시 과거 시험) 문과에 병과로 급제했다.

　그로부터 6년 후 제술관製述官으로서 통신사 홍치중洪致中을 따라 일본에 다녀왔고, 봉상시 첨정奉常寺僉正이 되었다. 신유한은 문장으로 이름이 났는데 특히 시 부문에 걸작을 많이 남겼으며 저서로는 『해유록』海遊錄, 『청천집』青泉集과 승려 유정이 기록한 『골계도』滑稽圖를 편찬한 『분충서난록』奮忠紓難錄 등이 있다.

신유한의 이력을 잠시 살펴보았는데 이상한 점이 한 가지 눈에 띄었다. 24세 때 이미 진사가 되었고, 32세에 이르러 문과에 급제했음에도 불구하고 즉시 보직을 받지 못하다가 38세가 되어서야 제술관이 되었다는 점이다. 게다가 그가 처음 받은 직책도 문제였다. 제술관은 승문원에 속한 벼슬로서 전례문을 만들어 바치던 임시직에 불과했으니 말이다.

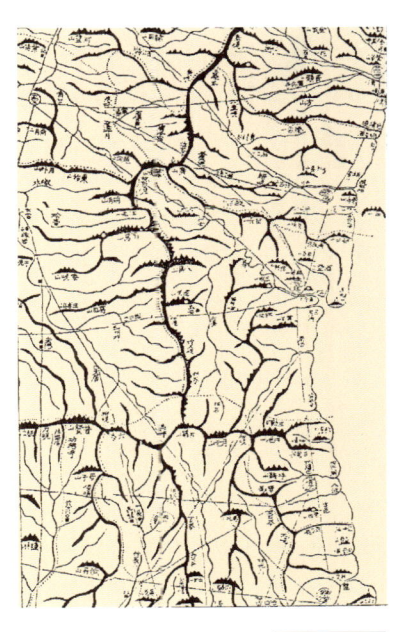

영덕군 고지도

당당히 문과에 급제한 사람인데 조정에 미운털이라도 박혔던 것일까. 그렇지 않고서야 이처럼 출사가 늦은 것도, 급제 후 6년 만에 받은 첫 직책이 임시직이라는 것도 납득이 되지 않는다.

그뿐만 아니라 그는 이후로도 능력에 비하여 중하게 쓰이지 못했다. 나이 59세에 이르러 종6품에 해당하는 경기도 연천 현감 자리를 얻은 것이 고작이었다.

사실 그는 젊은 나이에 조정으로부터 능력을 인정받은 사람이었다.

아메노모리 호슈(雨森芳洲)
성신지교린(誠信之交隣)이란
문구를 통해 미래 지향적인
한일 관계를 제창했던 일본
의 학자·정치가. 1719년 통
신사 수행원으로 일본에 파
견돼 호슈와 친분을 쌓은
관리 신유한(申維翰)은 "이
생에서 그대를 다시 만날
기약이 없네"라는 시로 그
와의 이별을 안타까워했다.

제술관으로 일하던 시절, 통신사 대열에 끼어 일본에 다녀온 것이 이를 증명한다. 자고로 뛰어난 능력의 소유자가 아니면 사신이나 통신사로서 외국에 다녀오는 것이 불가능한 시절이었기 때문이다.

그렇다면 신유한은 무슨 이유로 그처럼 승진이 늦었으며 숨을 거두는 그날까지 귀하게 쓰이지 못했던 것일까. 참고로 비슷한 시기에 활약한 홍치중, 남태기와 신유한의 일생을 비교해 보면 신유한이 얼마나 홀대를 받았는지 극명하게 나타난다.

홍치중은 1706년(숙종 32) 정시庭試(조선 시대 나라에 경사가 있을 때 대궐 안에서 보인 과거) 문과에 병과로 급제하고 나서 지평, 헌납, 대사간, 승지 등을 거쳐 경상도와 전라도 관찰사를 지냈으며 말년에는 영의정으로 승진하는 영광을 누렸다. 그런가 하면 남태기는 1732년(영조 8) 정시 문과에 을과로 급제한 뒤 예조판서까지 올랐다.

이들 두 사람과 비교해 보더라도 신유한은 인성이나 개인적 능력에서 절대 뒤지지 않는 사람이었다. 게다가 업무상에도 큰 흠결이 없었다. 이런 점들을 놓고 미루어 생각해 보면 조정에서 신유한을 의도적으로 외면한 것이 분명했다.

평산 대신 영해를 본관으로 쓴 이유

뛰어난 재능을 갖추었음에도 신유한이 능력을 충분히 발휘하지 못한 것은 신분의 벽 때문이었다. 그는 여종의 몸에서 태어난 서자였던 것이다.

신유한의 아버지는 평산 신씨로 글을 하는 선비였고, 하인을 많이 부리며 살아가는 귀족층이었다. 조선 시대 귀족층 남자치고 첩을 두지 않은 이는 드물다고 하였으니 신유한도 그런 사연에 따라 세상에 태어났으려니 여기겠지만 사정이 달라도 한참 다르다. 신유한의 출생과 관련된 사연은 일면 재미있으면서도 안타깝기 그지없다.

어느 날인가, 신유한의 아버지 신태시가 낮잠을 자다가 심상치 않은 꿈을 꾸고는 자리에서 벌떡 일어섰다. 이글거리는 태양이 자신의 입속으로 쑥 빨려드는 꿈이었다. 사람이 태양을 머금는다는 것은 예사 꿈이 아니다, 이런 생각에 사로잡힌 채 곰곰 꿈 해몽을 해보던 신태시는 한순간 잔뜩 고무된 표정을 지었다. 하늘이 뛰어난 자손을 자신에게 점지해 주고자 그런 태몽을 꾸게 한 것이 틀림없다고 확신한 것이다.

마음이 다급해진 신태시는 즉시 부인에게로 달려갔다. 때마침 부인은 베틀 앞에 앉아 일하고 있었다. 방으로 허겁지겁 뛰어 들어온 신태시가 다짜고짜 손을 잡아끌며 옷을 벗기려 하자 부인은 화들짝 놀라 신태시를 멀뚱멀뚱 바라보았다.

"대낮에 왜 이러십니까?"

부인이 정색하며 묻는데도 신태시는 답답한 표정만 지을 뿐 대답이 없었다. 이윽고 신태시가 다시 한 번 강하게 끌어당기며 옷고름을 풀려 하자 부인이 그의 손을 뿌리쳤다.

"지체 있는 양반 집안에서 이 무슨 해괴한 꼴이란 말입니까?"

신태시는 답답하여 미칠 노릇이었다. 그렇다고 방금 꾼 꿈 내용을 모두 발설해 버릴 수는 없는 일 아닌가. 하여 손짓 발짓 다 해 가며 부인을 달래 보려 했지만 정숙하기로 이름 높은 부인의 태도는 단호하기만 했다.

'허어, 이거 낭팰세. 이 일을 어떡하면 좋단 말인가.'

신태시는 내심 혀를 차며 부인을 안타깝게 바라보았다. 하긴 윤리와 도덕을 근본 삼아 살아가는 집안에서 벌건 대낮에 잠자리를 같이 하자고 달려드는 자신이 정상은 아닐 터였다.

부인의 완강한 태도를 보다 못해 속절없이 돌아서고 만 신태시는 마당을 초조하게 거닐기 시작했다.

그야말로 벙어리 냉가슴 앓는 심정으로 서성이는데 때마침 점심상을 보려고 부엌으로 들어갔다 나오는 여종 하나와 눈이 마주쳤다. 얼굴도 곱상하고 행동거지 또한 얌전한 여종이었다.

신태시는 여종의 아리따운 몸을 새삼 아래위로 살펴보며 끄응, 앓는 소리를 냈다. 평상시 같으면 여종을 상대로 어찌 상상인들 해보았으랴만 태몽을 꾸었다는 생각에 도취한 나머지 신태시는 눈에 보이는 것이 없었다. 꿩 대신 닭이라고 하지 않았던가.

신태시는 여종을 가만히 손짓하여 불렀다. 청빈한 선비로서 주변의 존경을 한 몸에 받는 신태시의 부름을 받자, 여종은 쪼르르 달려와 주인 앞에 조아리고 섰다.

"흠, 흠……."

신태시는 여종에게 사랑방 쪽을 가리키며 조용히 따라오라고 손짓하였다. 여종은 앳된 처녀였다. 그 고운 얼굴에 호기심을 가득 담은 채 주춤주춤 신태시를 따라오기 시작했다.

이윽고 사랑방 문을 조용히 열고 안으로 들어간 신태시는 문단속을 단단히 하고 여종 앞에 마주 섰다. 일순 어린 여종을 상대로 이 무슨 해괴한 짓인가 하는 양심의 가책을 느꼈으나 하늘이 점지해 준 태몽을 저버릴 수도 없는 노릇이었다.

하여 덜덜 떨리는 손을 뻗어 여종의 옷고름을 풀었다. 허연 속살이 드러나자 여종은 화들짝 놀라며 자신의 옷을 여몄다.

"왜 이러시옵니까."

여종은 울먹이고 있었다. 신태시는 애가 탔다. 속 시원하게 방금 꾼 꿈의 내용을 설명하고 싶었으나 효험이 달아날까 두려워 그럴 수가 없었다. 결국 부인에게 그랬던 것처럼 손짓 발짓 몸짓까지 해 가며 여종에게 뜻을 전하고자 애썼다. 여종은 눈물 그렁그렁한 눈으로 신태시를 바라보았다. 속사정을 낱낱이 알 수는 없으나 뭔가 그럴 만한 연유가 있는가 보구나 하는 생각이 들었다.

이런 생각과 함께 여종은 자신의 처지를 돌아보았다. 상전은 말 그대로 자신의 운명을 손에 쥔 사람이었다. 그의 뜻에 따라 면천이 될 수도 있고, 심지어 물건이나 토지처럼 매매되기도 한다. 신태시의 고

매한 인격을 감안해 보건대 그런 일은 벌어지지 않겠지만 주인이 마음먹기에 따라 여종은 지옥 같은 생활을 감수해야 하는 경우도 생길 수 있었다.

한편, 신태시는 그 순간에도 자신의 간절한 뜻을 여종에게 전하려고 손짓 발짓을 이어가고 있었다. 그런 신태시의 모습은 측은해 보이기까지 했다.

"나으리, 무슨 말씀 못할 사정이 있으시옵니까?"

여종이 이렇게 묻자, 신태시는 기다렸다는 듯 고개를 끄덕이며 여종을 덮쳤다.

"어머나! 왜 이러시옵니까."

얼떨결에 벌어진 일이라 여종은 정신이 하나도 없었다. 그저 주인의 품에서 벗어나야 한다는 생각에 두 다리와 팔을 버르적거릴 따름이었다. 그러나 완강한 남자의 힘을 어찌 당한단 말인가. 한순간 온몸에서 스르륵 힘이 빠지며 신태시를 허락하고 말았다.

그로부터 10개월 뒤였다. 길몽을 꾸고 나서 합궁한 여종은 마침내 떡두꺼비 같은 아들을 출산했다. 하늘이 점지해 준 아들이라는 생각에 신태시는 한량없이 기뻤다.

이때 경상도 영해부 야성현(현 영덕읍) 신태시의 집에서 부친의 전폭적인 기대와 사랑을 한 몸에 받으며 태어난 아기가 바로 신유한이었다. 오래지 않아 갓난아기를 앞에 두고 앉은 신태시는 세상에 태어난 과정이 남다른 이 아이를 정성껏 키우리라 다짐하고 또 다짐했다.

그러나 세상일은 자기 뜻대로 되는 예가 드문 법이다. 마침내 아들을 얻었다는 기쁨은 순간에 지나지 않았다. 그러한 기쁨에 취해 보기도 전에 태산 같은 걱정이 앞을 막아선 것이다. 아무리 길몽을 받고 태어났다 해도 여종의 소생인 까닭에 아이가 헤쳐 가야 할 앞날은 험난하기만 했다.

'아무래도 부인에게 좀 더 매달려 볼 걸 그랬어. 급한 마음에 여종을 통해 꿈을 성사시켰으나 아이의 앞날이 걱정이로구나.'

신태시는 부인이 원망스럽기까지 하였다. 그러나 이미 엎질러진 물이니 어쩔 도리가 없었다. 신태시는 그저 아이가 탈 없이 잘 자라 주기만을 바랄 따름이었다.

아비의 간절한 마음을 알고 있었던지 신유한은 어릴 때부터 총명함을 맘껏 뽐내며 무럭무럭 자랐다. 아들의 그런 모습을 발견할 때마다 신태시는 안타까움을 금치 못했으며 어떻게 하든 서자의 신분에서 벗어나게 해 주고자 전전긍긍했다.

그러나 인척들은 물론이고 동네 사람들이 모두 신유한의 신분을 아는 터라 좀처럼 방법을 찾아낼 수가 없었다. 기실 그 당시 동네 사람들은 신유한을 두고 이렇게 속닥거렸다.

"그 집 종년이 낳은 아들이 매우 영특하다지?"

"그럼 뭐해. 서자로 태어난 놈이."

이웃이라고 하지만 그들은 신태시와 같은 성을 쓰는 집안사람들이기도 하였다. 야성현에는 평산 신씨들이 많이 모여 살고 있었던 것이다.

사촌이 땅을 사면 배가 아프다고 했던가. 가까이 사는 인척들은 어느덧 영민한 신유한을 인정하지 않고 손가락질하는 것이 습성처럼 굳어져서 신태시의 심사를 뒤집어 놓곤 하였다.

그렇지 않아도 신유한 때문에 고민이 많았던 신태시는 집안사람들의 눈총과 시기를 이겨내지 못하고 아이를 멀리 떠나보내기로 하였다. 이윽고 경상도 고령 땅에 사는 아주 먼 족친 신 선비를 찾은 신태시는 그간의 사정을 낱낱이 털어놓으며 도움을 청했다. 신태시의 처지를 딱하게 여긴 신 선비는 자신과 같은 항렬인 한동네 사람에게 신유한을 양자로 들이도록 조치해 주었다. 신유한의 양부는 공교롭게도 본관이 평산이 아니라 영해였다. 이로써 영해 신씨가 된 신유한은 양반의 호패를 얻을 수 있었으며 그때부터 글공부에 전념하여 24세에 진사시를 통과하였고, 증광시 문과에도 급제하여 관로로 접어들었다.

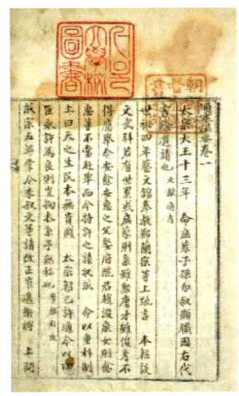

통색촬요(通塞撮要)
조선 시대 서얼차대(庶孼差待) 규정에 반대하는 글을 모은 책으로 서얼 허통과 문벌 중심의 인재 등용의 문제점을 지적하고 있다. 4권 2책.

서자의 굴레

문과에 급제했을 때만 해도 신유한은 자신의 운이 훤히 트이리라 확신했을 것이다. 그러나 그의 앞날은 결코 밝지 못했다. 비록 양반 집안에 양자로 들어가 신분에 문제가 없었다고 하지만 원래 서자 출신이었던 그가 문과에 합격하자 모해하는 자들이 나타나 그의 앞길을 가로막은 것이다.

이때 신유한의 발목을 붙들고 늘어진 것은 어릴 적부터 그를 질시하던 평산 신씨 집안사람들이었다. 그들은 신유한이 문과에 급제한 후에 내직에 보직되었다는 소문을 접하자 불안감에 사로잡혔다. 자신들이 배척하던 아이가 장차 크게 될 수도 있겠다고 생각하자 후환이 두려웠던 것이다. 그리하여 그들은 신유한이 서자 출신이라는 사실을 사방으로 소문내기 시작하였다. 그러한 소문은 곧 한양까지 널리 퍼졌다.

결국 조정 내에서마저 신유한이 신분을 속이고 문과에 응시하였다는 사실을 모두 알았다. 이는 신유한의 정치 생명에 치명적 타격을 가했다. 청춘에 급제하여 시와 글씨 등 여러 분야에서 탁월한 업무 능력을 인정받았으나 신유한이 항상 하급직에 머문 까닭이 여기에 있었다. 59세가 되어서야 겨우 종6품관인 연천 현감으로 부임했으니 신유한의 답답한 심정이야 오죽했으랴.

경기도 연천현 지도

그러나 어릴 때부터 서얼이라는 손가락질을 받으며 성장한 탓이었을까. 속이 부글부글 끓었지만 신유한은 자신에게 닥친 모든 상황을 긍정적으로 받아들였다.

'기실 중인보다도 못한 처우를 받는 서얼 주제에 문과에 급제하였으며 벼슬살이까지 하게 되었으니 꿈을 이루었다 해도 과언이 아니지 않은가.'

신유한은 쓸쓸한 심정으로 이런 생각을 해보며 연천 고을을 편안하게 다스리는 일에 모든 정성을 쏟았다.

미수 허목(許穆) 선생

눈물과 이별의 강, 임진강을 베개 삼아 드넓게 펼쳐진 연천 땅은 삭녕朔寧이라고 불리며 백성과 애환을 함께 해 왔다. 지금은 허리 잘린 국토의 상징으로서 신음을 토해 내는 통한의 땅으로 변해 버렸지만 좋은 옥토가 있고, 풍광이 좋아 예부터 수많은 시인 묵객이 모여들어 임진강 맑은 물을 먹물로 변하게 하였던 곳이기도 하다. 또한 이곳은 일찍이 조선 중기의 대학자 허목許穆을 탄생시킨 곳으로도 널리 알려져 있다.

허목 이후 연천의 이름을 빛낸 이가 바로 신유한이었는데 그가 연

천 현감에 임명되었을 때 공교롭게도
연천 인근은 흉년이 들어 민심이 흉흉
하기 이를 데 없었다. 연천에 당도한
그는 백성을 구휼하는 데 힘을 쏟아
거칠어졌던 민심을 한 데 모을 수 있
었다.

 그리하여 고난을 극복하고 평안을
되찾자 신유한은 허목의 옛집을 찾아 '관허상국은거당원기觀許相國恩
居堂國記'를 지어 존경의 뜻을 내보였으며, 때때로 허목의 자손들과 학
문을 강론하기도 하였다. 그런가 하면 고인의 뜻을 계승하고자 연천
관아 선비들을 청하여 학문 연구에 힘쓰도록 권장하는 것도 잊지 않
았다.

 이렇듯 연천에서의 생활을 돌보던 그는 또한 아름다운 산수 풍광을
즐기며 시심을 북돋곤 하였다. 웅연에서 노닐던 중 허목의 자취가 남
은 자그마한 초당을 발견한 그는 다음과 같은 시를 세상에 남겼다.

                떠돌이 나그네 있어
                노새 타고 관아를 나서노라.
                우연히 강가의 바위를 찾고

인하여 나무 그늘 속의 집에 이르렀다.

포구의 햇살 신선의 자취 남았는데

처마의 구림(구름)이 갈대꽃을 덮고 있네.

주인의 흉금胸琴 예스럽기도 하여라.

수레 멈춘 곳이 곧바로 연하煙霞구나.

이러한 시 외에도 징파강澄波江에 이르러 다음과 같은 시를 짓기도
하였다.

활짝 갠 한낮에 떠 있는 배 한 척.

가을 강에 소요하노라니 병든 몸이 맑아진다.

뚜렷한 단풍나무 소나무 멀리서도 색깔이 선명한데

가물거리는 바위와 개펄은 예전부터 들었노라.

시는 머릿속 시상을 따라 엮어 내기 어려운데

졸음은 삐걱삐걱 삿대 소리에 쉬 놀라 깨네.

베개에 기대니 가는 곳마다 흥이 일지만

구름 너머로 가는 새가 가장 마음을 끄네.

그즈음 신유한은 아쉬울 것 하나 없는 생활을 해 나가고 있었다. 환
갑을 바라보는 나이라 관직에 대한 욕심은 접은 지 오래였다. 그저 눈
앞에 펼쳐진 풍광과 마음속으로 스쳐 가는 시상을 시로 나타내어 한
갓지게 음미하는 이러한 생활이 좋았다.

그러나 그마저도 신유한에게는 분수에 넘치는 호사였던 모양이다. 신유한을 비하하거나 모해하려는 수작들이 그즈음에도 끊이지 않았던 것이다.

신유한의 보복은 시작되고

서자 출신이라는 약점 때문에 출세가 늦고, 조정에서 곱지 않은 눈길을 받는다지만 오랜 세월 내직에 근무한 신유한이었다. 비록 낮은 직급이라고 해도 지방의 관료들은 적잖이 눈치를 봐야 하는 상황이었다. 신유한은 이러한 점을 십분 활용하여 영해 부사와 영덕 현감에게 압력을 가하기 시작했다. 평산 신씨 집안사람들의 오점을 파고들어 법대로 처벌해 달라는 것이었다.

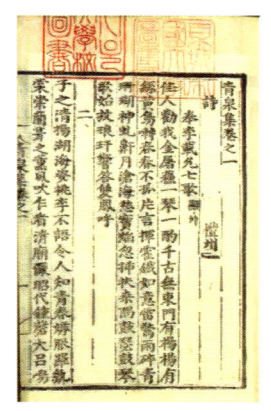

청천집(靑泉集)
신유한의 시문집. 6권 3책. 목판본. 간행연대는 미상이다.

세상에 털어서 먼지 안 나는 사람이 어디 있던가. 영해 부사와 영덕 현감이 작심하고 평산 신씨들을 조사하기 시작하자 줄줄이 죄를 잡혀 들어오기 시작했다.

영해 부사와 영덕 현감의 보이지 않는 압력과 실력 행사에 잔뜩 주눅이 든 평산 신씨들은 부랴부랴 문중 회의를 열었다. 대책을 논의하기 위해서였다.

그러나 딱히 대책이 있을 턱이 없었다. 그동안 신유한에게 저지른 죄가 있었기에 대놓고 비난할 수도 없는 형편이었다.

한편, 신유한은 고향 마을 평산 신씨들로부터 연락이 오기를 기다리고 있었다. 그간의 잘못을 진심으로 뉘우치며 용서를 구한다면 못 이기는 척 화해하고픈 마음이었다. 미우니 고우니 해도 한집안 사람들이었기 때문이다.

그러나 평산 신씨들은 신유한에게 용서를 구하는 대신 궁색한 대책 한 가지를 마련해 놓았다.

"우리가 사는 길은 단 한 가지 방법밖에 없네. 우리 모두 본관을 평산에서 영해로 바꾸기로 하세."

이렇게 의견이 모이자 평산 신씨들은 실제로 본관을 영해로 바꾸어 버렸다. 모든 사람이 그렇게 한 것은 아니지만 어쨌든 신유한이 얼마나 모질게 그들을 몰아붙였는지 짐작할 수 있는 대목이다.

사실 신유한이 좀 더 독하게 마음먹었다면 본관을 바꾸었다고 하여 그들이 안전할 수는 없었을 것이다. 그러나 신유한은 더는 그들을 닦달하지 않았다. 그 정도로 혼이 났으니 다시는 괴롭히지 않으리란 사실을 알았기 때문이다.

한편, 영해로 본관을 바꾼 신씨들은 수세기가 지난 뒤에야 평산 신씨로 되돌아왔다. 정확히 해방 후부터 그러한 기록이 확인되고 있다.

신유한의
태생지를 찾아서

영덕은 필자의 고향이기도 하다. 국토의 변방, 동해의 파도가 넘실대고 생선 비린내와 해초 향기가 나그네의 발길을 멈추게 하는 곳이다. 국토의 변방이라 해도 마음만 먹으면 반나절이면 닿는 곳인데 필자는 그간 고향 나들이를 좀처럼 할 수 없었다. 생활이 분주하고, 선현들의 묘소를 찾아 사면팔방 돌아다니다 보니 정작 고향이 멀게만 느껴졌던 것이다.

서자라는, 태생적 아픔을 안고 일평생 주춤거리며 살다 간 신유한 선생에 관한 글을 쓰고자 마음먹었을 때, 필자는 기실 오랜만에 고향 나들이를 하겠구나 생각하며 마음이 설레었다.

시원스레 뚫린 고속도로를 따라 질주하다 보니 어느덧 낙동강을 지나고 있었다. 우리나라 유교 사상의 산실 안동을 넘어 굽이굽이 신유한 선생의 태생지를 찾아가는 길은 멀고도 험했다.

바야흐로 7월이었다. 고향 냄새를 미리 맡아 보자는 생각에 차창을 여니 후끈한 열기가 느껴졌다. 이리 꿈틀 저리 꿈틀 포장도로는 크고 작은 산들을 굽이굽이 휘어 돌고 있었다. 급커브 지점에 다다를 때마다 필자의 발길은 자꾸 주춤거렸다.

320여 년 전 신유한의 인생도 꼭 이러했다. 앞길이 활짝 열리는가 싶으면 드높은 벽이 나타나 신유한을 절망에 빠뜨린 것이 몇 번이던가. 필자는 신유한의 인생 역경을 천천히 더듬어 보며 서행으로 굽이치는 산길을 지났다.

큰 고개를 넘으니 풋풋한 복숭아 냄새가 확 끼쳤다. 콧날이 울컥 흔들릴 정도로 특유한 향내였다. 영덕은 복숭아의 고장이다.

"이제 다 왔구나."

필자는 적이 안도하며 천천히 영덕 경계를 넘어섰다.

오래지 않아 영덕 읍내에 당도한 필자는 한적한 곳에 차를 대 놓고 걷기 시작했다. 안타깝게도 신유한의 생가는 남아 있지 않다. 그러나 필자는 이 땅 어딘가에서 태어나 인생의 단맛 쓴맛을 모두 맛보며 어린 시절을 보낸 신유한의 모습을 상상해 볼 수 있었다.

신유한에 관한 기록을 가만히 살펴보면 그는 자신의 인생을 그다지 만족스럽게 생각하지 않았음을 알 수 있다. 항상 다른 사람들의 질시를 받으며 뜻을 맘껏 펼치지 못한 까닭이다.

그러나 필자가 보기에 신유한의 인생은 대단히 성공적이었다. 신분의 벽이 드높기만 한 조선 시대에 서자 출신으로서 문과에 급제하였다는 것은 흔한 일이 아니었기 때문이다. 게다가 연천 현민들을 덕으로써 보살피며 시심을 맘껏 꽃피우지 않았던가.

사람의 일생은 시시각각 다가오는 크고 작은 문제들을 해결해 가는 과정이라고 해도 과언이 아니다. 참을성을 점점 잃어 가는 현대인에

평산 신씨 육구당 (경북 영덕)

게 신유한의 굴곡진 인생은 시사하는 바가 참으로 큰 것 같다.

신유한의 이력을 살펴보면 눈에 띄는 점이 두 가지 있다. 경상북도 영해부 영덕에서 태어났지만 앞에서 이미 밝힌 바대로 고령에서 성장한 까닭에 고령 출신으로 불린다는 점과 본관이 뒤바뀌었다는 점이다. 평산 신씨는 고려 개국공신 장절공 신숭겸의 후손으로서 상당히 명예스러운 가문이다. 그럼에도 신유한이 평산 신씨를 버리고 영해 신씨가 된 것은 조선이라는 신분 사회가 낳은 하나의 비극이라고 해야 할 것이다.

다른 이들과 달리 묘소를 찾아가지도 못하고, 영덕 땅을 거닐며 신유한 선생의 자취나마 더듬어 보고자 시작된 필자의 역사 탐방은 해거름 무렵 다소 싱겁게 끝나 버리고 말았다.

필자는 서울로 올라가기 전에 퇴계 선생의 방손, 진성 이씨들이 3백

육구당 현판 (경북 영덕)

여 호 집성촌을 이루어 사는 곳에 들렀다.

　사람들은 보통 큰 집을 짓고 나서는 반드시 그 집에 당호堂號를 걸어놓곤 하였다. 필자가 나고 자란 곳이기도 한 영덕의 진성 이씨 집성촌에도 눈에 띄는 현판 한 점이 걸려 있다. 현판에는 육이당六怡堂이라고 각자刻字되어 있는데, 이는 지금으로부터 150여 년 전 효우재孝友齋 이화영 선생이 아들 여섯 형제에게 화합하며 살라는 뜻에서 내건 당호였다. 과연 선생의 6형제는 선생의 호와 당호의 뜻대로 효심과 충성심이 지극하였고, 훌륭한 선비가 되어 한말에 태백산 호랑이라 불리던 신돌석申乭石과 같은 문무를 겸비한 장군을 문하에서 배출하기도 하였다.

　그런데 공교롭게도 같은 지역 평산 신씨 가문에도 현판이 한 점 걸려 있었는데 당호가 육구당六懼堂이었다. 여섯 육, 두려워할 구, 집 당이라는 글자가 말해주듯 역시나 신씨 가문에서 태어난 여섯 아들이 하나같이 두려운 존재들이란 뜻이다. 이 현판의 주인은 여섯 아들이 세상을 살아가면서 무슨 일이든 저지를 것만 같아 항상 불안했다. 그래서 그런 현판을 내건 것이었다. 그 여섯 아들의 일생이 어떠하였는지 알려진 바는 없지만 세상에 태어나 큰 포부를 안고 망망대해와 같은 세상을 살아가기가 쉽지만은 않았을 것이라는 생각이 든다.

진성 이씨와 평산 신씨의 현판을 둘러보는 것으로 영덕 나들이 일정을 모두 마친 필자는 서울을 향해 자동차를 돌며 다시금 신유한 선생의 한 많은 인생을 떠올려 보았다.

사후에나마 선생의 혼령이 편안히 안식을 취했으면 좋겠다는 바람 간절하다.

방랑 시인의 꿈

— 이달 —

이야기의 시대적 배경

　　손곡孫谷 이달李達은 생몰년이 정확하게 알려지지 않은 사람이다. 그러나 동시대에 서로 교류하며 시인으로 이름을 드높인 동료를 통해 그의 활동 시기를 어느 정도는 유추해 볼 수 있다. 이달과 함께 이른바 삼당 시인으로 불렸던 최경창崔慶昌, 백광훈白光勳이 대략 중종 시대를 거쳐 인종, 명종, 선조 네 임금의 치세 기간에 활동하였으니 이달 또한 그와 비슷하리라는 생각이다.

　　그러나 또 다른 기록을 보면 1539년(중종 34)부터 1612년(광해 4)까지 살았다는 내용이 발견되기도 한다. 이것이 사실이라면 이달은 다섯 임금을 섬기며 74년 향수享壽를 누린 사람이라는 이야기가 된다.

당시의 시대상을 살펴보자면 연산군을 몰아내고 정권을 잡은 반정 공신들이 임금보다 더 많은 권세를 누리며 왕권을 위협하자 임금으로 등극한 중종이 조광조를 등용하던 때로 거슬러 올라가야 한다.

조광조는 신진 사류의 거두로 평가 받고 있었는데 중종은 그를 등용함으로써 반정 공신들을 견제하고 잃어버린 왕권을 되찾고자 하였다. 그러나 조광조는 중종의 바람을 성사시키지 못하였다. 급진적인 정책으로 일관한 나머지 반정 공신으로 대표되는 훈구 재상들의 반발만 불러왔기 때문이다. 급기야 조광조는 훈구 재상들에 의해 제거되고 만다. 이때 조광조 외에도 김정, 김식 등과 같은 신진 사류들이 화를 입었는데 이를 기묘사화라고 부른다.

율곡 이이는 『석담일기』石潭日記에서 조광조를 다음과 같이 평했다.

'조광조는 어질고 밝은 자질과 나라 다스릴 재주를 타고났음에도 학문이 채 이루어지기 전에 정계로 나간 탓에 의욕에 비해 성취가 없고, 오히려 나라를 어지럽힌 꼴이 되었다.'

기실 젊은 학자 조광조는 자신의 이상을 실현하고자 지나치게 급진적인 정책을 고수해 그에게 탄핵 당하지 않은 반정 공신이 없을 정도였다. 이는 기득권 세력의 반발을 불러왔고, 정치에 대한 자신의 이상과 이론을 역설하는 과정에서 중종 임금을 위압하고 강요하는 듯한 인상마저 풍겼다. 이 때문에 조광조는 무한 신뢰를 보내 주던 중종으로부터 등 돌림을 당했고, 끝내 훈구 재상들의 탄핵을 받아 사사되었다.

이로써 왕권 강화를 꿈꾸며 조광조를 등용했던 중종의 소망은 물거품이 되어 버렸다.

　이후 펼쳐진 조선의 정국은 혼란스럽기 그지없는 것이었다. 신사무옥辛巳誣獄과 윤세창의 모역 사건 등이 연달아 일어나면서 조정은 피로 물들어 갔다. 게다가 심정, 남곤 일파의 몰락과 함께 기운을 회복한 사림 세력과 훈구 세력 간에 주도권 싸움이 일어나면서 정국은 극도의 혼탁 양상을 보였다.

　혼란은 12대 임금 인종과 13대 임금 명종 시대에도 변함없이 이어졌다. 이때는 특히 왕의 어머니 문정 왕후 윤씨와 외척 윤원형의 비뚤어진 참견과 정치 농단이 극심하여 정치는 실종되고 백성은 비탄에 빠졌다.

　이들 두 명의 왕이 차례로 죽고 선조 임금이 즉위하였을 때, 조선의 정치사에 일대 혁명이라 할 만한 일이 벌어졌다. 사실 선조는 왕위를 이어받을 만한 적손이 아니었다. 전왕이 자손을 남기지 못하여 부득불 중종의 서손이 왕위를 이어받게 되었던 것이다. 방계傍系 승통의 첫 번째 문을 열어젖힌 것이 선조였던 셈이다.

　조선 정치사에 혁명이라 할 만한 일이 벌어진 것은 이 때문이었다. 방계 혈통이다 보니 외척이 득세할 리 없었고, 위축된 왕권을 의식한 선조가 사림 세력을 중용하며 신권 중심의 붕당 정치 시대를 연 것이 바로 그것이었다. 붕당이란 이념과 이해에 따라 결성된 집단을 뜻한다. 즉, 이념과 이해에 따라 결성된 집단들이 서로 견제하고 비판하며 정치를 이끌어 가는 것이 붕당 정치였다. 이는 오늘날의 정당 정치와 많은 면에서 일치하는 선진적인 정치 행태였다.

그러나 혁명적인 취지에서 시작된 붕당 정치는 우리가 익히 알고 있듯 이조吏曹 전랑銓郞 추천 문제로 서인과 동인이 갈라져 나가고 이후 지속적으로 파가 갈려 나가면서 당쟁이 심화되어 결국 국력을 약화시키는 결과를 초래한다.

이번 이야기의 주인공인 이달은 이러한 시대 상황 속에서 관기의 아들로 태어나 신분의 벽을 통감하며 일생을 살아간 인물이었다. 특히 예문관 대제학을 지낸 이첨의 후손이라는 점에서 이달이 현실적으로 느낀 신분의 벽은 참으로 애달픈 것이었다.

그러나 그의 절망은 그리 길지 않았다. 출세에 대한 욕망을 일찌감치 접어 버리고 문장을 갈고 닦아 조선의 위대한 시인이 되었으니 말이다. 현대를 살아가는 우리와 크게 다를 바 없는 모습이기에 고뇌하고 호흡하며 어려움을 극복해 나간 이달의 일생은 친근함과 애틋함으로 다가온다.

관기의 아들

'아버지…….'

소년의 입이 옴죽거렸다. 그러나 소년은 끝내 입 밖으로 목소리를
내지 못했다.

자신을 낳아 준 아버지가 분명했지만 소년 이달은 '아버지'라고 불
러 본 적이 없었다. 어머니는 아버지가 아니라 '나리'라 불러야 한다
고 늘 윽박질렀다.

"아버지를 나리라고 부르는 놈이 어디 있습니까?"

이달은 답답하고 억울했다. 그러나 그때마다 어머니가 들려주는 이
야기는 한결같았다.

"천한 어미 배에서 나왔으니 아버지라 부를 수 없는 게지. 중인보다

도 못한 것이 서자 신세라고 하지 않더냐.”

서자, 서얼…….

이달은 벼랑 끝에서 떨어져 내리는 듯한 아득함에 사로잡혔다.

‘나는 첩의 자식이다. 그것도 비천하기 이를 데 없는 관기의 몸에서 태어난 아이다.’

이달은 이렇게 자신이 일평생 겪게 될 태생적 슬픔을 알아 가기 시작했다.

이달의 아버지는 부정副正이라는 관직을 지낸 이수함李秀咸이었다.

이달이 태어나기 9년 전인 1530년(중종 25)에 이수함은 봉상시 봉사奉常寺奉事를 지내고 있었다. 봉상시는 나라의 제사와 시호 제정에 관한 일을 맡아 보는 관아였는데 관원으로는 정正(정3품), 부정副正(종3품), 첨정僉正(종4품), 판관判官(종5품), 주부主簿(종6품), 직장直長(종7품), 봉사奉事(종8품), 참봉參奉(종9품) 등이 있었다.

이때 봉사였던 이수함은 제사에 쓰는 장, 즉 된장이나 고추장을 관장하고 있었는데 이를 사사로이 사용하여 탄핵을 받는 몸이 되었다.

“이수함은 제사에 사용할 장을 자기 집에서 사사로이 썼을 뿐만 아니라 봉상시에서 심부름하는 계집종에게 자기 집 길

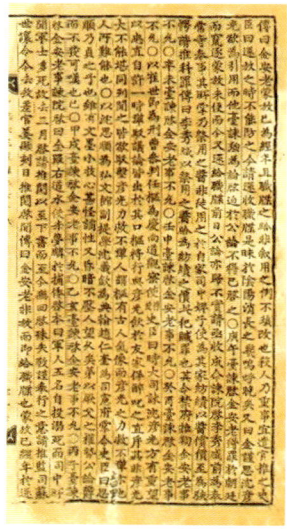

중종실록 25년 경인(1530, 가정 9) / 6월 12일(경오)
장죄(贓罪)를 범한 이수함을 금부에서 추국하게 하다.

쌈을 시키고는 그 품삯으로 장을 내주기도 하였습니다. 그를 추문하여 죄를 정하소서."

간원諫院의 말을 잠자코 듣던 임금은 금부로 하여금 이수함을 추국하도록 하라고 전교했다.

그러나 이수함은 운 좋게도 금부의 추국만은 피할 수 있었다. 추국을 피하는 대신 그는 더 혹독한 대가를 치러야 했다. 관직에서 쫓겨났을 뿐만 아니라 다시는 서용敍用하지 말라는 임금의 교지가 내려졌으니 말이다.

그런데 이수함의 이력을 살펴보면 봉상시 부정을 지낸 것으로 나온다. 아무래도 훗날 죄를 용서받고 복직된 모양이다.

이수함이 이달의 어머니를 만난 것은 관직을 잃고 나서 술과 풍류로 세월을 보내던 때가 아닐까 사료된다. 모르긴 해도 둘 사이에 사랑이 싹 터 올라 각자의 신분을 잊고 빈번하게 만나던 중 덜컥 임신을 한 것이 틀림없었다.

부모는 신분의 격차를 뛰어넘어 사랑을 속삭였지만 이달의 태생적 슬픔과 한은 그때 이미 시작된 셈이었다.

그러나 어찌 보면 천재 시인 이달에게는 이러한 태생적 슬픔이 축복일 수도 있었다. 자고로 모든 것이 풍족한 가운데 불후의 명작을 남긴 예술가는 흔치 않다. 무언가 부족하고 고달픈 삶이었기에 예술가들은 자신을 향해 끝없이 채찍질하며 혼을 일깨운 것이다.

소년 이달, 세상의 한계를 깨닫다

비록 홍주洪州(현재의 홍성) 관기였던 어머니의 몸에서 태어났으나 소년 이달이 속한 홍주 이씨 가문은 과거 급제자는 물론이고 높고 낮은 벼슬관을 수도 없이 배출한 명문이었다.

그러한 가문에서 조선 역사에 길이 빛날 천재 시인이 태어났으니 축복 받아 마땅한 일이었다. 그러나 세상에 태어나기 전부터 이달에게는 서얼이라는, 역사상 유례가

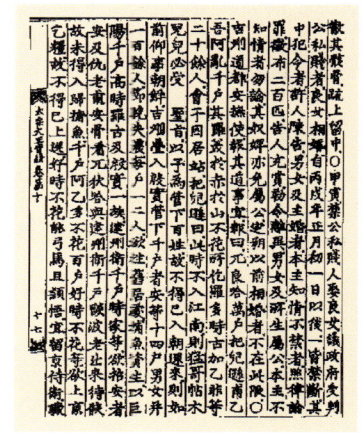

근혼 규정
조선의 혼인 규정으로 서얼 신분의 남자와 양반 여자 사이의 혼인을 금하고 있다. 『태종실록』 권10의 기록.

없는 신분 억압의 악법이 들씌워져 있었다.

문중 어른들은 물론이려니와 주변 사람들마저 이달의 출생을 그리 달가워하지 않았다.

양반들은 이때 상당히 이중적인 모습을 보이고 있었다. 기실 그 당시 서얼이라 불리는 첩의 자식들은 숫자 면에서 상당한 비중을 차지하고 있었다. 이들이 정계에 진출하거나 신분적 제약 없이 세상살이를 하게 된다면 적출 양반들의 입지가 뒤흔들릴 것은 불을 보듯 훤한 노릇이었다. 그리하여 그들은 서얼 금고庶孽禁錮를 철저하게 시행하였고, 한편으로는 자유분방하게 첩을 들여 서자들을 양산해 내곤 하였다.

모순되게도 태생적 슬픔과 가슴속의 한을 극복하고 아름다운 시구詩句로 조선을 뒤흔든 천재 시인의 탄생을 제일 먼저 알아본 것은 고향 산천이었다. 이달이 태어나던 때에 홍주 월산月山의 풀과 나무가 모두 말라죽었다는 이야기가 전해지고 있으니 말이다. 천재 시인이 고향 산천의 정기를 몽땅 빨아들였기에 이런 기이한 일이 벌어진 것이리라.

그러나 사람들의 눈에 비친 손곡 이달은 세상에 널리다시피 한 서자들 중 한 명이었을 뿐이다. 익히 알고 있듯 조선은 양반, 중인, 양인, 천민으로 구성된 계급이 철저하게 지켜지는 신분 사회였다. 서얼의 숫자가 상당했음에도 그들은 어느 계급에도 속하지 못한 채 세상의 손가락질을 감수하며 한 많은 세월을 살아가야 했다.

아버지를 나리라 불러야 하고, 재주와 학식을 갖췄다 하여도 철저한 차별 속에서 제한된 품계 이상으로는 승진할 수 없는 것이 서얼들의 삶이었다. 이달처럼 감수성 예민한 천재가 이를 몰랐을 리 없었다. 오히려 그는 어린 나이에 자신의 앞날을 훤히 꿰뚫어 보았기에 좌절감과 일찌감치 친숙해졌다. 외부에서 받은 절망을 내부로 끌어들여 삭여 내는 능력을 어려서부터 계발하기 시작한 것은 이 때문인지도 모를 일이었다.

이달의 어린 시절 기록을 살펴보면 고사리 손으로 지은 글이 엄청나게 많으며 읽지 않은 책이 없을 정도라고 되어 있다. 혹 세상의 매정한 질서에 순응하며 살아가는 한 자신이 얻을 것이라곤 뼈저린 상처와 낙담뿐이라는 사실을 깨달았던 것은 아닐까.

기실 조선 개국 이래, 아니 그 이전 왕조부터 이어져 온 신분제의 사슬은 아무리 노력해도 극복 불가능한 철옹성 같은 것이었다. 그랬기에 이달은 현실을 냉철하게 바라보았으며 자신의 능력을 살폈고, 이러한 고민 끝에 시로써 이름을 얻고자 마음먹은 것이 틀림없었다.

이달은 출가하여 세상을 방랑하며 살아가고자 마음먹기까지 고향 홍주와 원주의 부론면 손곡리에서 인고의 세월을 보낸다. 독서와 글짓기에 치열하게 매달린 끝에 그의 학식과 재주는 널리 알려졌으나 세상은 그를 알아주지 않았다. 서자가 글을 읽거나 지어본들 무슨 소용 있겠느냐는 것이 세상 사람들의 시각이었을 것이다.

그러나 이달은 그러면 그럴수록 시로써 성공하고자 의지를 불태웠다. 시가 아니면 상처 입은 자신의 영혼을 달래줄 길이 없었으며, 그것만이 매정한 세상에 자신의 이름을 알리고 항거하는 길이라 여겼기 때문이었다.

그러던 중 이달에게 벼슬살이 기회가 찾아왔다. 사역원司譯院에 속한 한리학관漢吏學官 자리였다. 사역원은 외국어 번역과 통역에 관한 일을 맡아 보던 관청이었으므로 학문적 재능이 상당했던 이달이 능력을 발휘하는 데는 문제가 없었을 것이다. 그러나 이달은 벼슬에 별 뜻이 없었다. 제아무리 열과 성을 다해 일한다 해도 서얼이 가진 신분적 한계를 극복하기 어렵다고 판단한 것이다.

그리하여 길지 않은 벼슬살이 끝에 자신의 처지를 다시금 절감하며 집으로 되돌아온 이달은 마침내 출가를 결정하기에 이른다. 넓은 세상으로 나가 시를 더 가다듬고 방랑하며 견문을 넓히기 위해서였다. 아니, 답답하고 한탄스러운 현실에서 벗어나 세상을 훨훨 날아다니듯 주유하며 시를 읊고 싶은 것이 진짜 이유였을 것이다.

천재 시인을 사로잡은 새로운 시풍詩風

사람의 일생에서 주변 사람들과의 관계가 차지하는 비중은 절대적이라고 해도 과언이 아니다. 이달은 이때부터 많은 사람과 관계를 맺으며 인생의 절정기를 준비해 나갔다. 걸인에 가까운 처지로 산천을 주유하며 시를 짓거나 지인들에게 밥을 얻어먹는 것이 고작인 삶이었지만 그의 빛나는 작품들은 이때 대부분 완성되었다.

최경창 글씨

이달의 인생에서 가장 극적인 만남을 들라고 한다면 사암 思菴 박순朴淳의 문하로 들어감으로써 훗날 삼당시인으로 일컬어지게 될 고죽 孤竹 최경창崔慶昌과 옥봉玉峯 백광훈白光勳을 만난 일일 것이다.

사암 박순은 자가 화숙和叔으로 1523년(중종 18)에 태어나 1589년(선조 22)까지 살면서 대제학과 우의정, 좌우정을 거쳐 1572년(선조 5) 영의정에 오른 사람이었다. 그는 글씨와 시에도 능하여 당나라 시풍을 따랐는데 그의 이러한 점이 이달에게 지대한 영향을 끼쳤다.

최경창 묘소 (경기도 파주)

  당시 이달은 주자학을 좇는 시류에 편승하여 논리와 주지적 관점을 중시하는 송나라 시풍에 심취해 있었다. 특히 소장공蘇長公 소식蘇軾의 필법을 익힌 그는 수백 편의 시를 줄줄이 뽑아낼 정도로 절정의 재주를 뽐내고 있었다.

  그러나 사암 박순의 문하로 들어가면서 이달은 송나라 풍 시가 지닌 한계를 절실하게 깨닫는다. 다음은 박순이 이달에게 해 준 이야기이다.

  "시는 마땅히 당나라 풍을 받아들이는 것이 옳다고 생각하네. 소식의 시는 의기가 장하고 거리낌이 없어 좋지만 당시唐詩보다 떨어지는 것이 사실이네."

  사암 박순은 논리와 주지적 관점을 따르는 송나라 시보다 서정적 색채와 낭만이 짙게 나타나는 당나라 시를 높이 치고 있었다. 이달로서는 깜짝 놀랄 만한 이야기가 아닐 수 없었다.

박순 영정과 글씨

그런 이달을 묵묵히 바라보던 박순이 이태백李太白과 왕유王維, 맹호연孟浩然의 시를 찾아 보여 주었다.

산중문답 山中問答

이백

問余何事棲碧山　문여하사서벽산
笑而不答心自閑　소이부답심자한
桃花流水杳然去　도화유수묘연거
別有天地非人間　별유천지비인간

어찌 푸른 산중에 사느냐 물어도
대답 없이 빙그레 웃는 마음 한가롭기만 하다.
복사꽃 흐르는 물 따라 아득히 먼 곳으로 떠나가니
인간 세상이 아닌 별천지라네.

이백의 악부樂府를 음미하듯 읽던 이달은 생경하면서도 놀라운 시풍에 압도된 나머지 한동안 말문을 열지 못했다. 어쩌면 이달은 자신의 한 맺힌 심사를 적절히 승화시키는 데에는 당풍의 시만큼 적절한 것이 없으리라 그 순간 깨달았는지도 모를 일이었다.

그간 배운 시작법을 깡그리 버리고 당풍을 익히고자 마음먹은 이달은 다시 원주시 부론면 손곡리로 돌아갔다. 그러고는 문을 닫아걸고 칩거하면서 이태백의 시는 물론이려니와 유수주劉隨州, 위좌사韋左司, 백겸伯謙의 시를 모두 외웠다.

물경 5년이었다. 5년을 하루 같이 방에 틀어박힌 채 이달은 잠을 잊었으며 끊어져 나갈 듯한 허리와 다리의 통증마저 잊었다. 그저 앉은 자세 그대로 시를 외우고, 기법을 익혀 나갈 따름이었다. '시를 통해 이름을 얻고, 신분의 벽에 막혀 좌절해야 했던 세월을 보상 받자.' 이런 생각에 사로잡힌 그는 마침내 모방과 습작의 시대를 뛰어넘어 이백과 견주어도 절대 뒤지지 않는 창조적인 시 세계를 구축해 낼 수 있었다.

이때 그는 10여 편의 시를 완성하여 지인들에게 내보였다. 그의 시를 읽어 본 사람들은 하나같이 깜짝 놀라며 새로운 천재 시인의 탄생을 축하하고 나섰다. 당시 최경창과 백광훈은 이미 시로써 이름을 널리 얻고 있었는데 이달의 시를 읽어 본 사람들은 그들 두 대가도 이달에게는 미치지 못하리라 이야기하곤 하였다.

이달은 서얼이라는 태생적 슬픔과 좌절을 마음속으로 끌어들여 삭여내고 나서 이를 다시 호방하고 자유롭게 펼쳐 냄으로써 처량함이라든가 어둠보다는 곱고 청명하면서도 아름다운 독특한 시 세계를 창조해 냈다.

산사 山寺

寺在白雲中 사재백운중
白雲僧不掃 백운승불소
客來門始開 객래문시개
萬壑松花老 만학송화노

산사는 흰 구름 한가운데 자리하고
스님들은 그 구름 쓸지도 않네.
손이 찾아오니 문 비로소 열리고
골짝마다 송화가 늙어 가는구나.

이렇게 자신의 시 세계를 공고하게 다져 놓고 세상으로 다시 나간 이달은 산천을 주유하며 본격적으로 시 창작에 몰두한다.

방랑 시인의 애환 뒤에 남은 영광

세상을 향해 시를 쏟아 내기 시작한 이달은 그 명성을 듣고 찾아온

이들과 교유하며 점차 세상을 바라
보는 안목 또한 넓혀 갔다. 젊은 시
절, 이달은 최경창이나 백광훈뿐만
아니라 조선의 대문장으로 이름 높
은 허균許筠의 형 허봉許篈과도 친하
게 지냈다.

이달이 허균과 허초희許楚姬의 스
승이 될 수 있었던 것은 뛰어난 시
재 때문이기도 하였지만 허봉과 맺
은 친분 관계가 큰 작용을 하였을
것이다.

허봉 묘 (경기도 용인)

홍만종洪萬宗이 지은 시평서인 『소화 시평』小華詩評을 보면 이달과 허
균의 첫 만남에 관한 재미있는 일화가 실려 있다.

때마침 이달이 허봉의 집을 방문한 날, 형님 집에 다니러 온 허균은
이달의 허름한 겉모습만 보고 깔보는 듯한 태도를 보이며 자신의 형
에게 시에 관한 이야기를 주절주절 늘어놓았다. 조선의 대시인 앞에
서 동생이 결례를 범하는구나 싶었던지 허봉이 정색을 하며 입을 열
었다.

"허어, 이 사람. 조선의 대시인이 이 자리에 계시는데 그래 아우는
소문도 듣지 못했단 말인가? 손곡 선생, 우리 아우를 위해 시 한 수 부
탁해도 되겠습니까?"

이런 말과 함께 허봉은 운자를 불러 주었다. 그러자 이달은 기다렸

다는 듯 시 한 수를 읊어 보였다.

曲欄晴日坐多時　곡란청일좌다시

閉却重門不賦詩　폐각중문불부시

墻角小梅風落盡　장각소매풍락진

春心移上杏花枝　춘심이상행화지

날이 맑아 구석진 난간에 오래 앉아

중문 닫아걸고 시도 짓지 않았네.

담 모롱이 작은 매화가 바람에 지는데

춘심은 살구꽃 가지 위로 옮겨 가는구나.

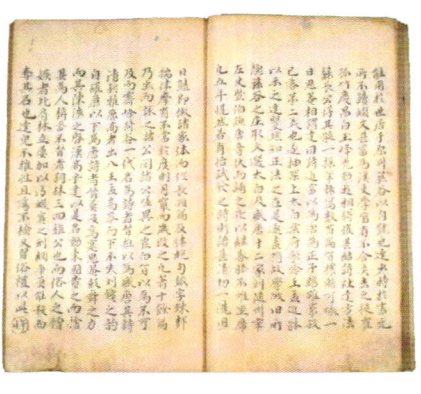

손곡산인전(蓀谷山人傳)
허균이 지은 한문 소설. '손곡산인'은 허균의 스승 시인 이
달이 강원도 원주 손곡에서 살았기 때문에 붙여진 제목이다.

이달이 읊는 시를 들으며 허균은 내심 무척 놀랐다. 시구 하나하나가 절묘하기 이를 데 없어서였다. 허균은 결국 얼굴빛마저 바꾸며 이달에게 백배사죄하였다.

그날 이후 스승과 제자 사이가 되어 시를 논하고 인생을 논하며 두 사람은 30년 나이 차이를 뛰어넘어 정다운 벗처럼 지냈다.

이처럼 조선의 문장가를 단번에 사로잡을 정도로 뛰어난 문재를 자랑하며 세상을 떠돌기 시작한 이달은 주변 사람들의 칭송이 끊일 날 없었으나 그 내면에는 항상 상대적 박탈감과 고뇌, 끝 모를 슬픔이 자리하고 있었다.

돌아보면 편히 누워 쉴 만한 집 한 칸 없는 처지였다. 겉으로는 시를 칭찬하면서도 사람들의 내면에 은밀하게 깔린 비웃음을 이달은 모르지 않았다. 조선 시대의 서자란 그런 것이었다.

선산도중 善山道中

西風吹葉葉聲乾　서풍취엽엽성건
長路悠悠厭馬鞍　장로유유염마안
數口在京家食窘　수구재경가식군
一身多病旅遊難　일신다병여유난

서풍 불어와 잎사귀마다 이는 마른 소리
먼 길 아득하기만 하여 말안장도 싫증나네.
서울 사는 몇 안 되는 식구 사는 것 근색한데
이 한 몸은 병이 많아 여행길도 어렵구나.

주머니에 돈 한 푼 없는 형편이라 이달은 늘 지인들의 도움 속에서 살아갔다. 방랑객은 늘 피곤한 법이다. 아는 이의 집에 깃들어 며칠

김시습의 초상화에다

손곡 이 달

김시습의 도는 어디에나 있네
남은 그림자 절간에도 있네
한 조각 물 속의 달
천년 쇠북 소리여.

제금열경사진첩

悅卿道高下 열경도고하
留影在禪林 유영재선림
一片水中月 일편수중월
千秋鐘梵音 천추종범음

한양에 들렀다가 2.

손곡 이 달

성채는 들쑥날쑥 큰 집들이 잇달았는데
권문세가의 풍류 소리 구름과 연기를 흔드는구나
패릉교 위에서 나귀를 탄 나그네가
양양의 맹호연 혼자만은 아닐 것일새

洛陽有感 二

城闕參差甲第連 성채참차갑제연
五侯歌管沸雲煙 오후가관비운연
灞陵僑上騎驢客 패릉교상기려객
不獨襄陽孟浩然 부독양양맹호연

이달 선생의 시비(詩碑) (강원도 원주)

지내다 보면 자연스레 주인의 안색이 신경 쓰였고, 조금이라도 달갑
지 않은 기색이 보이면 미련 없이 떠나곤 하였다.

항상 보는 모습이지만 조선의 산천은 늘 새로웠고, 궁핍한 생활을 면
치 못하는 백성의 삶 또한 애틋하기만 했다. 고통을 겪어 본 자만이 괴
로워하는 이를 진정으로 이해한다고 했던가. 세상에 태어나 지금껏 살
아오면서 이달은 정신적, 물질적으로 늘 헐벗은 상태를 면하지 못했다.
그랬기에 백성의 고통을 외면하지 않고 시로써 형상화하곤 하였다.

이가원 移家怨

老翁負鼎林間去 노옹부정림간거
老婦携兒不得隨 노부휴아부득수

逢人却說移家苦 봉인각설이가고
六載從軍父子離 육재종군부자리

노인은 솥 지고 숲으로 사라졌는데,
노부인은 아이를 데리고 따라가지 못하는구나.
길에서 만난 사람들 집 떠난 고통 호소하는데,
싸움터에 나간 자식과 아비 여섯 해 동안 헤어졌다네.

전란에 휩싸인 조선의 산천은 피폐해질 대로 피폐해져 있었다. 이
달은 피난을 가느라 집을 나선 백성의 모습을 목격할 때마다 가슴이
무너져 내리곤 하였을 것이다.

박조요 撲棗謠

隣家小兒來撲棗 인가소아래박조
老翁出門驅小兒 노옹출문구소아
小兒還向老翁道 소아환향노옹도
不及明年棗熟時 부급명년조숙시

이웃집 아이가 대추를 따러 왔는데
노인이 급히 문 나서며 아이를 쫓는다.
도망치던 아이 노인에게 돌아서며 소리친다.

내년 대추 익을 때까지 살지도 못할 거면서.

저절로 웃음이 새어 나온다. 형이상학적인 시보다 백성의 진솔한
삶이 올올히 드러난 이런 시가 좋은 것은 어인 까닭일까.

습수요 拾穗謠

田間拾穗村童語　전간습수촌동어
盡日東西不滿筐　진일동서불만광
今歲刈禾人亦巧　금세예화인역교
盡收遺穗上官倉　진수유수상관창

밭에서 이삭 줍는 아이 하는 말이
온종일 동서로 다녀도 광주리가 차지 않는다.
올해 벼 베는 사람들은 꾀가 많아져서
이삭 하나 안 남기고 관아 창고에 다 바쳤다네.

수탈 당하는 백성의 삶, 헐벗고 굶주린 그들의 삶에 관한 이야기는
역사책마다 빠지지 않고 등장하는 대목이다. 그러나 이달의 '습수요'
만큼 그 수탈상과 백성의 괴로운 생활을 명료하게 나타낸 글은 일찍
이 본 적이 없었다. 뼈아픈 현실을 고발하고 있지만 이달의 시는 전혀
어둡지 않다. 시에 등장하는 어린 아이들은 어쩌면 시인 자신인지도

모를 일이다. 마음속에 쌓이고 쌓인 아픔과 한을 삭이고 또 삭여낸 끝에 토해낸 시구라 이달의 시에 나타난 이들의 모습은 경쾌하게 슬프고, 아름답게 괴로우며, 우아하게 배가 고프다.

방랑 중에 만난 사람들

천재 시인 이달의 방랑 기록이 본격적으로 나타나는 시기는 1572년(선조 5)부터이다. 그의 나이 34세 때였다.

먼저 4년여에 걸쳐 호남 지방을 여행하고 다시 북으로 방향을 잡아 금강산 유람까지 마친 이달은 양사언楊士彦이 부사로 있던 강릉과 관동 지방을 방랑했다. 이어서 1577년(선조 10)에는 훗날 삼당시인三唐詩人으로서 깊은 우정을 나눈 바 있는 최경창을 찾아 홍농弘農(현재의 영광)으로 내려간다. 그곳에서 최경창에게 많은 도음을 받으며 적지 않은 기간 머물렀는데 당시의 재미있는 일화 하나가 전해진다.

최경창이 근무하는 영광 관아에 아리따운 관기가 한 명 있었다. 이달은 그녀를 몹시 예뻐하여 어느 날인가 저자에서 파는 자줏빛 비단을 사 주고 싶어 몸이 달았다. 그러나 주머니를 두져 봐야 동전 한 푼 없는 처지였다. 생각다 못한 이달은 최경창에게 시를 한 수 지어 보내기에 이른다. 그간 신세 진 것만 해도 몸 둘 바를 모를 지경이라 차마 대놓고 돈을 좀 달라고 이야기할 수가 없었던 것이다. 이때 이달이 지은 시는 다음과 같다.

금대곡증고죽사군 錦帶曲贈孤竹使君

商胡賣錦江南市 상호매금강남시
朝日照之生紫煙 조일조지생자연
美人欲取爲裙帶 미인욕취위군대
手探囊中無直錢 수탐낭중무치전

중국 상인이 저자에서 비단을 파는데
아침 해가 비추니 자줏빛 연기가 피어나듯 곱구나.
아름다운 여인이 가져다가 치마끈을 만들고 싶다는데
손으로 주머니를 뒤져 봐도 돈이 없구나.

평상시 이달을 무척 아끼던 최경창은 시를 읽자마자 빙그레 웃으며 답장을 썼다.

'그대의 시를 값으로 따진다면야 어찌 천금만 되겠는가? 허나 이곳은 피폐한 현이라서 넉넉한 형편이 되지 못하니 뜻대로 줄 수가 없다네.'

최경창은 이런 글과 함께 한 구에 백미 열 석씩 총 마흔 석을 보내 주었다.

영광에 한동안 머물다 길을 떠난 이달이 영성寧城(현 천안)에 이르러 그만 병을 얻고 만 것은 1578년(선조 11)이었다. 당시 영성 군수는 손여성孫汝誠이었는데 병든 이달을 정성껏 돌봐 주었다. 손여성의 호의를 입어 병이 거의 나아갈 즈음 이달은 뜻밖의 반가운 인물을 만난다.

영성 군수 손여성이 마련한 광한루 시회詩會에서 이달, 최경창과 더불어 삼당시인 중 한 명인 백광훈을 만난 것이다. 백광훈 외에도 여러 문사가 참여하여 주옥같은 시를 남겼는데 이달은 특히 백광훈과의 만남에 큰 의미를 두며 우정을 나누다가 한양으로 같이 올라갔다. 그 당시 최경창마저 영광 군수를 사직하고 1580년 대동 찰방으로 부임하기 전까지 한양에서 지냈기 때문에 세 사람은 봉은사奉恩寺를 중심으로 활동하며 시사를 결성하였다.

이달, 최경창, 백광훈. 박순의 문하에서 시재를 길러 온 이들 세 명의 시인들은 삶의 비애와 고독, 좌절을 시에 많이 나타냈는데 지나친 어두움에서 벗어나 인간 정서를 곱고 순수하게 표현했다는 점에서 상당한 평가를 받았다.

옥봉 백광훈 서실
최경창·이달과 함께 삼당시인(三唐詩人)이라 불린다. 28세인 1564년 진사시에 합격했으나 과거를 포기, 정치에 참여할 뜻을 버리고 산수를 방랑하며 시와 서도(書道)를 즐겼다.

이달은 훗날 지기들이 모두 숨을 거두고 나서 그들과 함께 활동하던 봉은사에 들른 적이 있었다. 그들과 정겹게 지내던 때를 회상하며 지은 이달의 시가 지금도 전해진다.

舊友凋零盡 구우조령진

流年次第催 유년차제최

沈吟倚柱久 침음의주구

西日下生臺 서일하생대

옛 벗들은 영영 떠나가 버리고 아무도 없는데

흐르는 세월이 이번에는 내 차례를 재촉하는구나.

근심에 잠겨 오래도록 기둥에 기대고 있으려니

저녁 해는 생대 아래로 떨어져 내리네.

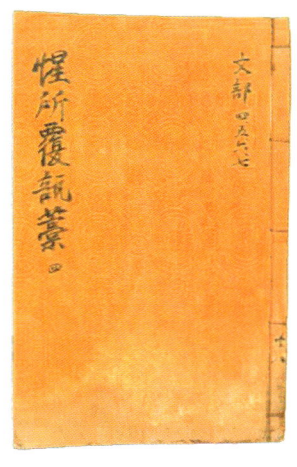

손곡집(蓀谷集)
이달의 시집. 6권 1책. 목활자본. 1618년
(광해 10) 허균이 평소 암기하던 이달의
시 200여 수와 홍유형(洪有炯)으로부터
얻은 130여 수를 이재영(李再榮)에게 6권
으로 편집하게 하여 간행하였다.

이처럼 그리운 벗을 다른 세상으로 떠나보냈지만 이달 주변에는 그래도 사람이 많았다. 시로써 조선은 물론이려니와 멀리 중국과 일본 문사들의 심금을 울린 여류 시인 허난설헌과 홍길동의 작가 허균, 이이, 성혼 등이 바로 그들이었다.

이들 중 특히 허균은 이달의 제자로써 스승의 작품들을 수집하여 『손곡시집』을 엮은 바 있으며 「손곡산인전」을 지어 이달의 탁월한 시재와 인간적 비애를 그려냈다.

한편, 이달은 세종 대왕의 증손자이기도 한 벽계 도정碧溪都正 이종숙李終叔과도 안면이 있어 유명한 일화를 남기기도 하였는데 그 일화 속에는 개성 출신 명기 황진이가 등장한다.

벽계수 이종숙과 황진이. 웬만한 독자들이라면 아래의 시를 우선 떠올릴 것이다.

청산리 벽계수야 수이 감을 자랑 마라.

일도창해하면 돌아오기 어려우니

명월이 만공산하니 쉬어간들 어떠리.

이달은 벽계수가 황진이를 마음에 두고 있다는 사실을 알고 그녀를
현혹시킬 방법을 알려준 바 있었다. 그러나 황진이가 읊어대는 위의
시조를 듣고 말안장에서 떨어져 창피를 톡톡히 당했다는 것이다.

이달의 쓸쓸한 말년

덧없는 세월은 말없이 흘러 이달은 어느새 말년을 맞이하고 있었
다. 늙은 몸으로 북방 지역을 유람하기도 한 그는 일흔이 넘은 나이에
이르러 평양에서 칩거하며 살았다고 알려져 있다.

노 시인은 허름한 집에 머물며 인생의 회한을 곱씹곤 하였을 것이
다. 관기의 아들이라는 죄 아닌 죄를 뒤집어쓴 채 평생 울분을 삼키며
전국을 떠돌았고, 천 년 세월이 지나도 사라지지 않을 주옥 같은 시를
피 토하듯 세상에 쏟아 놓았다.

어려운 환경을 딛고 일어나 정승 판서가 된 것만이 성공적인 인생
은 아니다. 손곡 이달은 살아서나 죽어서나 신분의 벽 때문에 올바른
평가를 받지 못했지만 조선에, 아니 유구한 우리 역사에 길이 빛날 명
작들을 창작해 낸 진정한 성공자이다.

이달에 대한 구구한 평가는 허균이 세상에 남긴 다음 시 한 편으로
대신하고자 한다.

蓀谷吟詩到白頭　손곡음시도백두
百篇濃麗近隨州　백편농려근수주
今人肉眼雖嗤點　금인육안수치점
豈廢江河萬古流　개폐강하만고류

손곡은 시를 읊다 백발이 되었는데
꽃처럼 아름답고 고운 백 편의 시, 유수주에 가깝다오.
세상 사람 겉모습만 보고 제아무리 비웃어도
장강과 황하 만고의 흐름 어찌 막으리오.

손곡 이달 선생의 문학비 (강원도 원주)

천재 시인,
이달의 발자취를 따라서

───────

　길고도 고달팠던 겨울이 지나고 삼라만상이 생기를 되찾는 화사한
봄이 돌아왔다. 경쾌한 왈츠라도 한 곡 울려 퍼지지 않을까 기대될 정
도로 주변의 만물은 생동감이 넘쳤다.

　그러나 나그네가 되어 길을 나선 필자의 발걸음은 그리 가볍지 않
았다. 슬픈 사연이 깃든 역사의 현장을 찾아가야 하는 날이면 늘 겪는
일이다.

　서울에서 그곳까지 가려면 경부고속도로와 영동고속도로를 지나야
한다. 조선조 5백여 년 동안 강원도 감영(도청 소재지)이 있었던 곳, 바
로 원주이다.

　원주는 강릉과 함께 강원도를 대표하는 고을이었다. 그래서 강릉과
원주에서 각각 한 자씩 따다가 강원도라는 지명을 만들었다. 이런 예
는 다른 지명에서도 많이 나타나는데 참고로 나열해 보자면 전주와
나주에서 한 자씩 따다가 전라도라는 지명을, 황즈와 해주에서 한 자
씩 따다가 황해도를, 충주와 청주에서 충청도를, 경주와 상주에서 경
상도를, 평양과 안주에서 평안도를, 함흥과 경원에서 함경도라는 지

명을 각각 만들어 냈다.

평일이라 그런지 길은 시원하게 뚫려 있다. 서울에서 132km. 330리 머나먼 길이 암담하게 펼쳐져 있다. 조선조의 천재 시인 손곡 이달 선생을 만난다는 생각에 필자는 즐거우면서도 마음이 무거웠다. 시대를 잘못 타고 태어나 멸시와 천대를 받으며 살았지만 하늘이 내린 재주로 피를 토하듯 주옥 같은 시를 세상에 쏟아 낸 선생이다.

원주에 도착하여 필자가 만나 볼 사람은 손곡 선생 말고도 더 있었다. 개성 명기 황진이에게 봉변을 당한 세종의 증손자 벽계 도정 이종숙이 바로 그 사람이다. 손곡 이달과 벽계수, 황진이, 그리고 허균과 허초희……. 몇 백 년 세월의 공백을 뛰어넘어 조선 시대로 빨려드는 것만 같은 착각이 일었다.

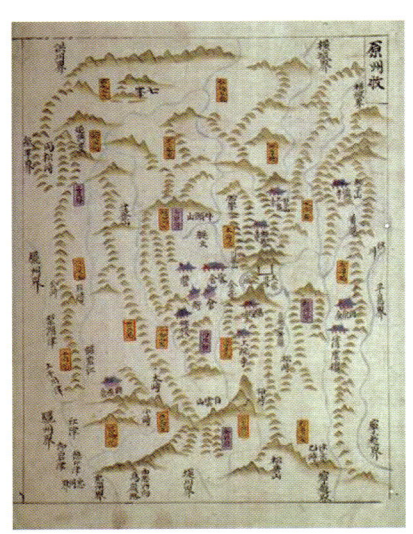

강원도 원주목 지도

원주의 옛 이름은 북원北原이다. 말 그대로 국토의 제일 북쪽에 있다는 뜻이다. 이와 함께 충주 지방은 중원中原, 곡창지의 길목 남쪽의 큰 지역을 남원南原이라 하였다. 그리고 이들 세 지역을 통틀어 삼원三原이라고 불렀는데, 북원은 삼한 시대 마한 영역의 제일 동쪽 끝에 있었고, 백제가 마한을 병합함에 따라 백제의 북쪽

경계를 이루게 되었다.

그러나 북원은 고구려 장수왕 때 고구려의 영토로 넘어가면서 평원군平原君이라는 이름으로 불렸고, 그 뒤 신라의 북상으로 주인이 다시 바뀌자 북원소경北元小京이라는 이름을 얻었다. 이후 685년(신문왕 5) 이곳에 성이 조성되었고, 757년(경덕왕 16)에는 북원경北元京이라 할 정도로 지리적 중요성을 인정받았다.

원주 지역의 변천사를 좀 더 살펴보자면 고려 시대에 이르러 원주 출신 원충갑 장군의 공적으로 익흥 도호부로 격상되며 행정의 중심지가 되었고, 1353년(공민왕 2)에는 치악산에 왕자의 태胎를 봉안한 것을 계기로 원주목이라고 불리게 되었다. 조선 시대로 접어들어 1395년(태조 4)에 강원 감영(도청 소재지)이 되기도 했으나 이 고장 여인이 남편을 살해한 사건이 일어나자 애석하게도 현으로 강등되어 원주목이 되었다. 그런데 1728년(영조 4)에 원주는 또다시 현으로 강등되고 만다. 정무중이 모반 사건을 일으킨 까닭이었다.

이처럼 영광과 좌절을 번갈아 겪으며 백성과 숨결을 같이해 온 원주가 원주목으로 다시 격상되면서 옛 이름과 번성을 되찾은 것은 1737년(영조 13)부터였다. 한때 이곳은 원성군이라고 불렸다. 그러나 발음상 좋지 않다 하여 원주로 개명, 그 이름을 현재까지 이어 오고 있다.

차령산맥의 힘이 뻗쳐 원주 동남부에는 비로봉, 삼봉, 남대봉 등 높고 험준한 산지가 자리하고 있다. 그런가 하면 원주천 지류인 홍양천과 사제천이 합해져서 섬강이라 불리는 아름다운 물줄기를 이루다가 부론면富論面 부근에 이르러 남한강으로 유입된다. 이들 하천 유역에는 기름진 충적평야인 문막 평야가 자리하고 있다.

이곳 부론면에는 손곡蓀谷이라는 동네가 있는데, 그 지명에 얽힌 전설 같은 사연이 전해지고 있다. 손곡의 원래 지명은 손위실, 즉 나라를 넘겨준 곳이었다. 이성계에 의해 추방된 고려 공양왕이 이곳에 이르러 왕위를 내놓았다 하여 손위실이라는 지명을 얻은 것이다. 그런데 손위실은 중종 시대에 이르러 손곡이라는 지명으로 바뀐다. 서얼신분을 한탄하며 전국을 유랑하던 이달 선생이 한때 이곳에 머물며 자호自號를 손곡이라 한 데서 유래한 지명이었다.

손곡 선생의 혼백은 어디에

손곡동으로 들어서는 길목 왼편에, 무속인들이 알록달록한 천에 소원을 적어 걸어 놓은 듯한 숲이 나타났다. 그곳을 힐끗거리며 서서히 자동차의 속력을 줄이는데 '임경업 장군 추모비'라 적힌 키 큰 돌기둥이 눈에 띄었다. 손곡 선생의 시비詩碑가 임 장군 추모비 바로 옆에 있다 하였으니 목적지에 다 온 셈이었다.

필자는 자동차를 길가에 세우고 천천히 걷기 시작했다. 오가는 사람들이 쉽게 찾아볼 수 있도록 하려는 생각에서였을까. 필자의 예상과 달리 손곡 선생의 시비는 길가에 있었다.

이윽고 검은 돌에 음각으로 글자를 새긴 선생의 시비 앞에서 걸음을

손곡 시비 (강원도 원주)

멈춘 필자는 한숨부터 잘게 베어 물었다. 이승에서의 삶만 해도 한이 맺힐 텐데 선생은 유택을 세상에 남기지 않았다. 아니, 어딘가 있을 텐데 후세들이 찾아내지 못하는 것이리라. 세상을 달리한 뒤에도 후세들의 참배조차 받지 못하는 선생의 혼은 참으로 외로울 터였다.

예맥요 刈麥謠

田家少婦無夜食　전가소부무야식
雨中刈麥林中歸　우중예맥림중귀
生薪帶濕煙不起　생신대습연불기
入門兒女啼牽衣　입문아녀제견의

농가의 젊은 아낙 저녁거리가 떨어져
비 맞으며 보리 베어 수풀 사이로 돌아오네.
비에 젖은 생가지는 불이 붙지 않고
문으로 들어서니 배고픈 어린 딸은 옷을 끌며 우네.

손곡초등학교 입구에 세워진 선생의 시비에는 「예맥요」가 음각되어 있었다. 비 내리는 날, 가난한 농가의 저녁 풍경이 가슴 절절하게 다가온다. 어린 아이는 얼마나 배가 고팠으랴. 그런 아이를 달래며 땟거리를 장만해 보고자 부산하게 움직이지만 비에 젖은 생가지는 매운 연기만 풀풀 날릴 뿐 불이 붙지 않는다. 아낙의 가슴에 그렁그렁 들어찬 서러움이 이달의 그것과 크게 다르지 않았으리라는 생각을 지워내기 어렵다. 이승에서의 삶이 얼마나 뼈저렸으면, 또한 그러한 아픔과 슬픔을 얼마나 처절하게 곱씹으며 삭여냈으면 이처럼 아름답고 구슬픈 시를 지을 수 있었던 것일까.

필자는 선생의 심정을 조금이나마 이해해 보고자 조용히 눈을 감고 「예맥요」의 주옥같은 시구들을 읊조려 보았다.

그런데 이상한 일이었다. 선생의 피맺힌 삶에 너무 집착한 까닭인지 어느 순간 필자는 생전에 선생이 시를 읊으며 지나쳤을 법한 강가의 갈대밭 주변을 지나고 있었다. 물론 머릿속에서 일어나는 환상에 불과했지만 필자는 손곡 선생의 발자취를 찾아보고자 사방을 두리번거리고 있었다.

그러나 필자는 환상 속에서조차 선생의 발자취를 찾아낼 수가 없었다. 그저 이명耳鳴처럼 바람결을 따라 들려온 희미한 목소리만 감지해 냈을 뿐이다.

'시비 앞에 눈 감고 선 과객은 뉘신데 그리 처연한 표정을 짓는 게 요? 입춘도 지나고 우수도 지났다지만 일기가 불순하니 그만 떠나시 구려.'

필자는 눈을 번쩍 뜨고 주변을 살폈다. 이른 봄 마른 산천을 스치며 불어오는 찬바람뿐, 필자에게 말을 건넨 이는 보이지 않았다. 그러나 필자는 손곡 선생의 외로운 혼이 잠시 이곳에 깃든 것이 분명하다고 생각하며 공손하게 인사를 올렸다.

'고통스러운 이승의 삶을 인고하며 선생께서 남기신 주옥 같은 시 들은 우리 후손에게 말할 수 없는 감동과 자랑스러움을 안겨주고 있 나이다. 선생께서 마련하신 천년 유택이 어디인지 모르겠으나 이제는 편안히 영면하소서. 좋은 계절에 다시 한 번 찾아뵙겠습니다.'

인사를 마치고 돌아서는 길, 우뚝 선 산맥과 주변의 수목들이 모두 선생의 넋이요 부드러운 눈길처럼 느껴진 것은 어인 까닭일까. 필자 는 다시 한 번 선생의 편안함을 하늘에 빌며 벽계수 이종숙을 만나고 자 발걸음을 서둘렀다.

벽계수 이종숙 나으리

벽계수 이종숙의 묘소는 강원도 원주시 문막면 동화리에 있었다.

벽계수의 묘소 (강원도 원주)

원주 시내를 등에 진 채 산길을 오른 지 10여 분, 부인 해평 윤씨와 합장한 묘가 편안한 모습으로 필자를 맞았다. 봉분에 듬성듬성 자란 잡초가 거슬렸지만 동남쪽을 등지고 서북쪽을 바라보는 진좌술향_{辰坐戌向}으로 잡은 묏자리는 다시 봐도 참으로 편안했다.

후손들이 새로 세워 놓은 듯 고태스러움과는 다소 거리가 멀어 보이는 묘비에는 다음과 같이 적혀 있었다.

明善大夫李公終叔貞夫人海平尹氏之墓
명선대부이공종숙정부인해평윤씨지묘

묘비를 살피고 나서 봉분 앞에 선 필자는 이종숙과 부인 해평 윤씨에게 참배했다. 그러고는 돌아서서 내려가려다가 묘소 앞에 두 손을 모으고 섰다.

필자는 사실 역사 인물들의 묘소 앞에만 서면 기분이 묘해진다. 역사에 너무 집착하는 데서 오는 현상인지 몰라도 세상을 달리한 지 수백 년이 지난 조상이 마치 살아 있는 사람처럼 느껴지기도 한다. 봉분을 향해 중얼중얼 이야기를 건네곤 하는 것도 그런 이유에서다.

"벽계 도정 나으리, 이렇게 뵙게 되어 반갑습니다. 저는 우리 역사를 쫓아 전국을 방랑하는 사람으로서 마침 손곡 선생을 뵈러 온 길에 개성 명기 황진이와 나리가 세상에 남긴 일화가 생각나 예의가 아닌 줄 알면서도 이렇게 불쑥 찾아왔습니다."

황진이 이야기를 꺼내니 벽계 도정 이종숙의 심사가 사나워졌던 것일까. 조용하던 숲에서 바람이 갑자기 일었다. 아무리 세상을 달리한 혼백이라 해도 이승에서의 부끄러운 기억은 떠올리고 싶지 않으리라 여기며 필자는 얼른 화제를 돌렸다.

그간 필자는 서울 강남구에 천년 유택을 마련한 이종숙의 고조부 태종 대왕을 위시하여 수없이 많은 사람을 찾아가 보았다. 이들에 대한 이야기를 끝도 없이 늘어놓는데 한순간 이게 뭐하는 짓인가 싶었다.

그리하여 필자는 손곡 이달 선생과 벽계 도정 이종숙, 개성 명기 황진이가 엮어간 조선조 역사의 한 페이지를 가슴속에 조용히 담으며 돌아섰다.

330리 머나먼 귀경길을 되짚어 내려가면서 필자는 문득 역사란 무엇인가, 스스로에게 질문을 던져 보았다. 이런저런 현학적인 말로 역사를 정의내릴 수 있겠으나 필자가 느끼는 역사란 우리 인간의 삶이다. 몇 백 년 전 사람들도 현대의 우리들과 흡사한 고민과 아픔을 견디며 살아왔다. 그러한 과정에서 선조가 쌓아 올린 오욕과 영광, 빛나는 정신이 우리 역사이다. 역사를 되돌아보며 좋은 것은 더 좋게, 안좋은 것은 반성의 계기로 삼아 우리 삶을 변화 발전시키자는 것이 필자가 역사에 매달려 이런 글을 쓰는 이유라고 할 수 있겠다.